政大人文系列叢書

民國史事與檔案

周惠民 主編

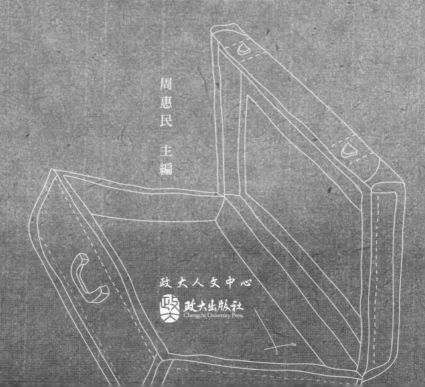

政大人文中心

政大出版社
Chengchi University Press

國家圖書館出版品預行編目 (CIP) 資料

民國史事與檔案 / 呂芳上等著. --初版. --臺北市：
　政大出版社出版：政大人文中心, 政大文學院發
　行, 2013.06
　　面； 公分. -- （政大人文系列叢書）
　ISBN 978-986-6475-35-1（平裝）

　1.現代史　2.清史　3.中華民國史

628　　　　　　　　　　　　　　　　　102011807

政大人文系列叢書
民國史事與檔案

主　　編　周惠民
著　　者　呂芳上、劉維開、邵銘煌、馮明珠、周惠民、
　　　　　呂紹理、唐啓華、林桶法、陳進金、吳景平

發 行 人　林碧炤
發 行 所　國立政治大學人文中心、國立政治大學文學院
出 版 者　政大出版社
執行編輯　林淑禎
封面設計　談明軒
地　　址　11605 台北市文山區指南路二段 64 號
電　　話　886-2-29393091#80625
傳　　眞　886-2-29387546
網　　址　http://nccupress.nccu.edu.tw

經　　銷　元照出版公司
地　　址　10047 台北市中正區館前路 18 號 5 樓
網　　址　http://www.angle.com.tw
電　　話　886-2-23756688
傳　　眞　886-2-23318496
郵撥帳號　19246890
戶　　名　元照出版有限公司

法律顧問　黃旭田律師
電　　話　886-2-2391-3808

排版印刷　鴻柏印刷事業股份有限公司
初版一刷　2013 年 6 月
初版二刷　2014 年 10 月
定　　價　270 元
Ｉ Ｓ Ｂ Ｎ　9789866475351
Ｇ Ｐ Ｎ　1010201226

政府出版品展售處
• 國家書店松江門市：104 台北市松江路 209 號 1 樓
　電話：886-2-25180207
• 五南文化廣場台中總店：400 台中市中山路 6 號
　電話：886-4-22260330

民國史事與檔案

導 論

　　在史學研究領域中，現代史的研究課題因事涉現代社會各種現象的解釋與詮釋，與時政關係較爲密切，最足以反映社會價值。1960年代以後，大陸史學界研究的議題多半集中在資本主義、農民戰爭、土地所有制與漢民族形成等課題上，對文化、經濟、社會等其他領域的關注相對少些；歷史解釋也多從唯物論出發，與臺灣地區學者的史學發展差異頗大。1955年，中央研究院近代史研究所成立，由於諸多檔案尚未整理，學者的研究重心乃集中於整理檔案、編輯史事，遂有《中華民國史事日誌》等鉅製問世。負笈異國者，自以尋求歐美新知爲要，無論社會史、經濟史，力求與西方比肩、看齊。近三十年來，學界研究領域雖頗能與世界史學發展同步，但每每缺乏適當的主體論述、解釋與分析，即便對近代中國形塑之過程，亦多套用西方或日本漢學觀點及發展模式。

　　近年來，兩岸學術交流密切，史學界同仁的往還日益頻繁，對許多史事的看法，從原本各持己見，到建立起對話機制，進而組織研究社群、舉辦研討會、互相邀請講學，尤以中國現代史研究最爲凸出。臺灣所藏各種檔案多經整理，開放學界運用，相關學術論述逐漸累積，許多議題且爲兩岸所共同關切，吸引學者參與，並推動特定議題研究，交流檔案、史料，甚至共組研究團隊。現代史研究的發展，足

以見證兩岸學術的共榮與競合。

　　為進一步深化兩岸學術，政治大學文學院、人文中心、中國近代史學會與財團法人中正文教基金會特於2012年夏季邀請兩岸的著名高校歷史學研究生，在臺北舉行為期七天的「民國史事與檔案」史學營，希望兩岸研究生能認識臺灣地區所藏的重要檔案，認識學者如何利用這些檔案研究相關課題，並導引研究生參訪檔案庋藏機構，了解其保存狀況；又安排現代史領域的專家學者為之導讀，以檔案入手，印證史事，獲參與同學一致肯定。

　　《蔣中正日記》是近年來兩岸史學研究交流最重要的議題。蔣氏步武前賢，以日記自省，五十餘年未曾間斷。2004年，蔣介石日記移往美國史丹福大學胡佛研究所，並於2006年逐步開放部分內容，供學術研究。其日記中所透露的個人想法，記錄的決策內幕，對現代史的認識與了解，自有意義。國史館呂芳上館長與政大歷史學系劉維開教授長年參與《蔣中正日記》解讀團隊，分別就蔣介石的日記研究現況及《蔣中正日記》對民國史研究的意義與限制，詳加闡述，並提醒學界，因日記屬個人記錄，與史實尚有落差，蔣氏日記中仍有頗多為個人體會，未必客觀忠實，以之印證史事，自然理想，但日記並不能解構現代史，明矣。

　　近十年來，清史成為國際學界的關注焦點，有關新清史的論述則有各言爾志的繽紛。中國大陸清史編纂委員會投入大量人力物力，推動清史纂修工程，整理文獻、介紹檔案不遺餘力，臺北故宮博物院庋藏的清史相關檔案，亦經常吸引兩岸眾多研究學人之參閱研討。故宮博物院馮明珠院長介紹故宮所藏主要檔案的內容與形式，諸如宮中檔、軍機處檔、電寄檔等，說明這些檔案的利用情形，並特別整理清

宮所藏與民國史有關的檔案，說明故宮檔案的重要。

　　近來，與清宮有關的影劇節目甚多，編劇每每附會渲染，坊間宣傳亦誇大不經，影響社會視聽甚鉅。政大歷史學系周惠民教授以北京第一歷史檔案館所藏檔案，說明清代宮廷膳食制度，澄清民間對宮廷飲食的錯誤認識，並說明故宮檔案的應用儘可能的擴張、延伸。

　　中央研究院近代史研究所收藏許多民國時期的重要檔案，其中，大陸遷臺的部分不在少數，《外交檔案》更是重要。這批檔案起於晚清創建總理衙門，一直到民國十七年為止，包括總理各國事務衙門檔案、外務部檔案（1901-1911）與北洋時期檔案（1912-1928），可以與北京第一歷史檔案館、南京第二歷史檔案館所藏互相印證。而臺北所藏，應屬最為完整，也便於讀者查考。東海大學歷史學系唐啓華教授多年研究北洋時期的外交制度與實務，特地以中央研究院近代史研究所的檔案為例，肯定北洋時期外交的工作成效，並提醒研究者查考檔案原件，避免不要的心證與成見。

　　復旦大學歷史學系吳景平教授對宋子文檔案著力甚深，除介紹各地所藏的相關檔案及研究狀況外，也利用各地檔案討論國民政府的內政與外交，從人物研究、政治體制運作重要的內政與外交事件，實際演示檔案與研究間的緊密環扣。

　　東華大學歷史學系陳進金教授原本任職國史館，對國史館庋藏的《閻錫山史料》用功尤勤，特將《閻錫山史料》的內容與利用狀況說明清楚，希望能將「政治放回到二十世紀中國史」，並吸引更多青年學者利用檔案從事研究，提升民國史研究的廣度與深度。

　　輔仁大學歷史學系林桶法教授鑽研民國史事多年，不僅能運用檔案資料，還特別重視口述歷史與回憶錄，能夠印證史實，讓親歷其境

者說出自己的歷史。此次也現身說法，從其力作《1949大撤退》出發，介紹蔣介石來臺的原因與時機，及其對臺灣經濟社會的影響。

日本在臺殖民統治五十一年，改變近代臺灣的樣貌，也留下大量檔案資料，研究者可從各種不同視角，研究臺灣殖民時期的歷史。單從殖民與被殖民者的心態角度觀察，也可以有不同的切入點。臺灣仕紳留下許多日記、詩文，可以較為深入當時臺人的內心世界，體會其生活內容，了解其感受和對諸般事務的評價。臺灣大學歷史學系呂紹理教授特別從心態史的角度出發，介紹臺灣仕紳的日記，為與會的青年學者開一扇新的觀景窗。

主辦方又特別安排任教於輔仁大學的蕭道中助理教授、海洋大學的應俊豪副教授、政治大學林果顯助理教授、中央大學博士後研究陳世榮博士，與時任中央研究院近現代史研究所博士後研究王文隆博士擔任輔導，與參與的學員秉燭夜談，分享其學術歷程與經驗，頗獲共鳴。所有的努力，都著眼於引領學界根苗認識學術堂奧，指望他們能儘快茁壯，迅速成林。

希望參與課程之兩岸同學甚多，或限於場地、經費，或因個人籌畫不及，向隅者眾。為彌補此遺憾，政大人文中心特與授課專家商議，補充、整理其講稿，印行為《民國史事與檔案》，以饗對現代史課題議題有興趣之讀者。值茲出版之際，特綴數語，並盼不吝教言。

《蔣中正日記》與民國史研究

呂芳上*

壹、引言

　　蔣介石研究已是當前民國史研究的顯學，2004年蔣介石日記存放在史丹福大學胡佛研究所，2006年日記開始公開，直接促成蔣「遺產」影響的擴大。「蔣學」不只包含新資料的挖掘，還涉及研究範圍、研究途徑、研究方法的討論與探索。蔣日記的公開，對海峽兩岸、西方及日本近代史學界，究竟造成多大的衝擊？對民國史的認識又形成什麼影響？是饒富趣味的問題。

　　1980年代世局的激烈變動和其同時衍生的影響與結果，將來一定會在二十世紀史中占有重要地位。冷戰局面瓦解，意識型態鬆綁，民主化更衝擊包括海峽兩岸的許多地區和國家。從1920年代開始，蔣介石和毛澤東躍上政治舞臺，到七〇年代中期，至少有半個世紀的影響力，這是無人可以否認的事。二次大戰後不久，蔣介石在中國大陸的挫敗，西方學者早已用「失敗者」爲蔣定位。1975年4月蔣介石過世後的幾十年，臺北「去蔣化」的風潮隨著民主化與統獨之爭起舞。當2000年臺灣政黨輪替時接著便上演中正紀念堂存廢的鬧劇，顯示蔣介石雖

＊國史館館長

蓋棺而論不定。1976年9月，毛澤東去世前後，毛地位如日中天，毛思想是冷戰時期美蘇之外「第三世界」革命的動力和思想的泉源。幾十年後，毛思想和地位開始減弱，在中國大陸，兩貓論、和諧論取代了階級鬥爭說、革命不是請客吃飯說，後繼者揚棄了革命浪漫主義，紅色的經典似乎成了遙遠的記憶。

其實毛澤東比蔣介石不幸，因為蔣比較早走下祭（神）壇，恢復了「人」的面目。由於蔣介石日記的開放，哈佛大學的陶涵（Jay Taylor）是近年西方學界首先為「委員長」（Generalissimo）立新傳，顛覆長期以來西文著作對蔣負面評價的第一人。美國、日本、加拿大學界重評蔣介石的會議陸續召開，一葉知秋。在中國大陸，近年蔣介石的歷史研究，由「禁區」變成「顯學」。蔣的歷史定位，正由「人民公敵」的陰影中走出來。在臺灣的中華民國政府，由蔣領導的國民黨實際執政的時間比在大陸還長久。當臺灣學術界把蔣介石當學術研究的對象時，表示蔣已成為一位凡人，不是「神」也不是「鬼」。如果歷史人物不再被塗脂抹粉刻意打扮，公正客觀的評價便易於出現。這一點，蔣確比毛要幸運。

無疑的，蔣介石日記，是一位民國領導人物心路歷程的全面公開，會使「偉人」走向凡俗的色彩更濃，也會讓黨派偏見論述逸出政治鬥爭的框架。蔣介石的生平因日記的公開，及早接受後人及歷史的檢驗，日記因此可以作為蔣介石千秋功過論斷的一種憑藉。重評蔣介石，當然會增加我們對民國史的認識和理解。

貳、蔣介石的日記

一、近代中國知識分子的日記傳統

　　蔣介石記日記，包含時間長達半世紀以上。以日記作進德修業，增進工作歷練的重要方法。這與宋明理學修身日記的傳統，十分接近。

　　宋明理學從事思想的論辯之外，也注重修身實踐。其中以不同方式提醒自己，是一種修養方法。故宋代讀書人以一兩句修身警語書寫的書匾、書聯流行，這就是一種象徵，而自傳、功案、功過格、年譜、書壁等更成為具體實踐的辦法。十八世紀初，蔣介石十分推崇的清儒李塨書壁云：「斷欲、勿罵人、勿躁、勿言人短長、勵肩聖道、表裏並進」，[1]這與蔣日記中格言與雪恥欄的文字，很有幾分相近之處。本來明清理學家認為日記有兩種功用，一是記思慮，自警自惕，一記內心活動、生活細節。供自勘或請成德君子代為診治之用，故記日記須在人之隱微處記下細節，功過並錄，不能嫚飾。李塨記日記，察善過，為彰善糾過，每月結算，過多善少則「跪而自訟」。這就是以日記作為人的一種省察科目。顏元、李塨的日記，還有「以學改政」之心，要轉世不為世所轉之意。顏元主實踐，認為應由日常生活中活出聖賢來，這也與蔣介石的想法接近。明儒記日記還有一種習慣，就是將日記送人評閱，「互觀日記、互質日記、互評日記」，亦即作為反省規過的工具。送閱的對象，有時是師徒、有時是父子。1940年代，蔣介石、蔣經國父子互閱日記，作為奮發向上的一種法門，正有此種意

1　參見王汎森，〈中國近代思想中的傳統因素〉，《中國近代思想與學術的系譜》（河北石家莊：河北教育出版社，2001），頁117-148。

味。[2]此外，明清儒者記日記除了作「自勘」、自我反省工具外，還常「回勘」。即自己在一段時間後、神智清醒之時，道德更有進境之際，回頭再翻檢過去書寫的日記，再診斷自我，保留更完整奮鬥進退的痕跡。[3]這些動作，在蔣的習慣上，也一再出現，這些如拿來與基督教作比附，似又有幾分接近於「告解」的意味。這與基督教傳統對記憶的重視，相當接近。日後蔣介石接納基督教，與此或不無關連。

蔣介石受曾國藩的影響很大，曾國藩又受倭仁的影響。倭仁依照劉宗周《人譜》的辦法寫「日課」，曾國藩則寫日記，並與朋友吳廷棟、馮卓懷等互相傳觀。蔣介石在1914到1915年間流亡日本時，全力攻讀王陽明、曾國藩、胡林翼的全集。特別著力於曾國藩《曾文正公全集》。日記云：讀之「不能掩卷，晝夜不眠，而刻苦砥礪，亦以此為甚」（1931年12月年末反省錄）。蔣自謂1915年後開始寫日記，顯然受曾國藩的影響很大。

蔣是五四人物之一，五四時代雖有反理學之風，但不能忘記當時仍有相當濃厚的宋明理學靠「學案」來誨悟的辦法，「懲忿制欲」的空氣很濃。[4]這個訊息在《顧頡剛日記》、《惲代英日記》中均有透露。惲代英說在武昌組織互助社時（1917年），到處「示人以日記」，也勸人記日記，同時為他自己每天的行為打分數。社員規定六十分以下罰十文，每降十分，再加十文。[5]五四時代讀書人的日記，多抄錄宋明語錄作進

---

2 《蔣中正日記》，1944年1月2日：「批閱經國日記，得益不少。經國能不入固執與孤僻之途，日趨於高明中庸之道，庶幾有成。」1月3日：「互質互觀日記，最有益於人性與修養。」

3 同註1。

4 陶希聖，《潮流與點滴》（臺北：傳記文學社，1964），頁32。

5 惲代英，《惲代英日記》（北京：中央黨校，1981），頁202-208。

德修業之憑藉。二十年後，蔣在日記中也大量抄錄宋元學案和語錄。這個作法，可在傳統中找到發展的脈絡。這種隱私公開化，進而成爲互相檢討、批判的工具，日後更成爲政治新人的過關條件。「小我」自檢成爲完成「大我」的伎倆，顯然已非理學家的初衷了。

二、蔣介石日記的書寫

　　蔣介石自青年時代起養成每天記日記的習慣，持之以恆，至其晚年，身體健康狀況不佳之前，始終不曾間斷。此點可由目前保存在胡佛研究所，從1917至1972年，前後長達五十五年的日記原本得到證實。蔣氏對於自已記日記的恆心，頗爲自得：

> 我自問生平沒有別的長處，其尚敢自信者，就只有有恆一點。所謂有恆並不是從先天的稟受得來的，而是必須自日常生活中，樹立目標，一心嚮往，才能夠養成的。幾十年來，我每日必有日課，每日必有日記，雖在造次顛沛中，也從沒有一天間斷；再說我在閱讀某一種書籍沒有終卷以前，也決不旁騖其他書籍，這就是有恆的起碼要求。[6]

　　記日記、讀書不二（一書未竟不讀他書），正是曾國藩生活信條的重要兩則。蔣氏爲何能如此有恆心的記日記，應該與其對日記的認知有關。蔣氏從1924年擔任黃埔軍官學校校長開始，一直到晚年，多次在演講中要求學生、幹部要養成記日記的習慣，他認爲記日記是件十分重要的工作，不僅能記錄下個人思想的變遷，習慣和行動的改革，

6　蔣介石，〈建立三民主義的中心思想—有恆、務實、力行，革新、動員、戰鬥—〉，秦孝儀主編，《總統蔣公思想言論總集》卷27演講（臺北：中國國民黨中央委員會黨史委員會，1984），頁513-514。

而且是自我反省檢討的重要工具。[7]直到晚年，他仍然強調記日記是自我反省「知恥知病」的最佳方法。

如果從今天的眼光看，日記是個人的記述，具有高度的私密性，但是蔣氏表示，長官調閱或朋友交換參看日記，可以作爲訓練人才的方法，1936年3月出席縣市行政講習所開學典禮講話時，提供與會者訓練部下的四項具體辦法，其中之一即爲調閱、交換日記，表示：「規定一般部屬作日記，並且隨時調閱，藉以考核其生活、行動、工作、思想、修養等等，同時朋友之間，更可以交換日記，藉以彼此窺見道德思想等等而互相觀摩砥礪，也是訓練人才之一法。」[8]他與長子蔣經國交換閱讀日記的原因亦在於此。他甚至有將日記印行的想法，據羅家倫回憶，蔣氏曾將1924、1925兩年日記交其看過，甚至商議付印相關事宜。[9]

後來蔣將日記交由毛思誠、陳布雷等人整理，並作爲《民國十五年以前之蔣介石先生》及「事略稿本」的資料，亦可看出他對於日記，不同於現在一般認爲私密性的記錄，有其個人對日記運用的看法。顯然，蔣記日記的動機，勸部屬寫日記，以日記自勘、互評，甚至於公開。這與上節所說宋明理學家的日記傳統實有密切關連。

蔣氏所使用之日記本有固定格式，早期使用商務印書館印製的「國民日記」，爾後自行印製固定格式，除每日記事外，每年有該年大事表，每月有本月大事預定表、本月反省錄（後改爲「上月反省錄」），每

---

7 蔣介石，〈怎樣盡到做人與革命的責任〉，《總統蔣公思想言論總集》卷10演講，頁201。

8 蔣介石，〈今後改進政治之途徑〉，《總統蔣公思想言論總集》卷14演講，頁132。

9 羅家倫，〈蔣的性格言論和行動〉，1931年6月30日於中央政治學校校長室，中國國民黨黨史館藏毛筆原件。

週有本週反省錄（後改爲「上星期反省錄」）、下週預定表（後改爲「本星期預定工作課目」）。蔣氏日記持續以毛筆書寫，除每日記事外，每週、每月、每年開始必定按照上述表、錄，檢討上週、上月之施政或個人行事，思考本週、本月、本年之預定工作，每年年終必對全年之政治、外交、黨務、軍事等工作進行分項檢討。[10]此外，蔣氏自1928年「五三慘案」發生後，有感於國難深重，自身責任重大，於是年5月10日記道：「余自定日課——以後每日六時起床，必作國恥紀念一次，勿間斷，以至國恥洗雪淨後爲止。」此後，每日日記前必記「雪恥」一項，以誌不忘國恥。抗戰勝利後，蔣氏自記：「舊恥雖雪，而新恥重重，不知此恥何日可以復雪矣！勉乎哉！今後之雪恥，乃雪新恥也，特誌之。」至臺灣仍不間斷，因爲新恥未止。

「雪恥」的內容初期與日本之對華侵略有關，日後則或摘錄先聖先賢之嘉言，或研讀《聖經》心得，如「讀舊約詩篇三十四篇，大衛對其敵人『亞比米立』之裝傻態度甚有所感。」（1937年3月16日）「哲學之

---

10 潘邦正曾列舉《蔣中正日記》的十五項規格，引述於下：（一）日記中有明確年月日：日記以民國爲年號，如民國二十七年；以中國數字記載月日，如民國十八年一月六日（戊辰一月六日）。（二）日記中有明確農曆：如「小寒」、「立春」、「夏至」。（三）日記中有明確星期：每日日記有明確星期，如「星期一」。並有日文表明星期如金曜日，土曜日，火曜日。（四）日記中每日有名人立志語：「敦厚溫恭載道之器——劉念臺」、「困而不學，民斯爲下——論語」。（五）日記中有重要紀念日：如一月一日則記載「中華民國成立紀念」。（六）日記中有當日氣候：如「晴」、「陰」。（七）日記中有當日溫度：溫度以華氏記錄，如「五十度」。（八）日記中有提要：每日提要表示他的心理狀態。如「雪恥」、「立志養氣」、「人定勝天」、「喜怒無常，戒之！」。（九）日記中有上星期反省錄；（十）日記中有本星期預定工作課目；（十一）日記中有重要資訊剪報：「開羅會議宣言」、「史達林病重」、「史達林繼承人」、「蘇蒙聯軍痛創日寇」、「吳國楨罪惡滔天」。（十二）日記中附有地圖，如世界地圖。（十三）日記中有重要大事記載：如「加強軍事建設」、「大陸情報蒐集」、「高級軍官教育」、「對英外交推動」、「建立兵役制度」。（十四）日記中極少部分已遭塗改，大部分爲本人修飾文字所爲。（十五）日記中有反省錄。見潘邦正，〈蔣中正日記的保存，開放及其影響〉，「開拓或窄化？蔣介石日記與近代史研究」學術研討會（中央研究院近代史研究所蔣介石研究群主辦，2008年12月27日），頁4-5。

源皆發於宗教，無宗教即無哲學，除非人類可不需哲學，否則如人生之於哲學不能須臾離也，則宗教之於世界亦不能一日廢棄，故吾視宗教與哲學不能分離者也。」（1937年4月4日）「基督徒的生活是最滿足而豐富的，在物質方面可以享受上帝所賜的一切幸福（並不像其他的宗教一般要滅絕一切欲望的）；同時更可以在靈性方面得到永生的快樂。」（1938年3月1日）；或自我惕勵，如「只求有益於民族與社會之將來，任何詆毀與輕侮皆所樂受也。」（1937年4月5日）「生命在國家與民族而不在子孫，國家即吾夫婦之子孫也。」（1937年4月25日）「濟南恥辱至今已至九年，身受其恥之中心，將何以自解也。」

三、蔣介石日記的保存與運用

　　蔣介石日記手稿本按蔣自己的說法，自1915年開始寫日記。到1972年陽明山車禍，蔣因傷無法再動筆為止，他記日記的時間長達半個世紀以上（五十五年六十六冊）。現存的日記1915年只有山東討袁一星期的記事，其他都在1918年冬永泰之役中喪失。1916到1917年的日記也可能因為1918年在廣東戰役中遺失，1924年的日記目前無法找到，他自己說是「為共匪所竊」。1918年以前的行事，蔣曾經幾度補述，有一部分詳細敘述了他幼年的回憶，附在日記手稿之前；有一部分放在1929年7月的雜記及1931年2月的回憶中，嚴格說來不算是日記。1918年以後雖有部分潮濕霉爛（1935-1936），但大體完整。這套日記原件現存史丹福大學胡佛研究所，1975年蔣過世之後，日記先由蔣經國保管，1988年經國過世後，交由三子孝勇保管。1989年3月，孝勇全家移民加拿大，日記隨之出國，1996年孝勇去世，由其夫人方智怡保管。2004年日記移美國加州史丹福大學胡佛研究所保存。這就是蔣

日記由臺灣經加拿大到美國的「出走」過程。

2006年起，日記分三批正式開放研究。在胡佛研究所提供學者參閱的日記（1918-1972），多是藍色為底的影本，分年分月分卷提供參閱。日記中涉及相當隱私的部分先由蔣家人員檢查作一部分覆蓋，2035年才會公開。學者參閱日記時，不能複印，也不能使用電腦，只能用手抄的方式進行閱讀，有學者戲稱此種工作是「史學研究的手工業」。蔣一開始寫日記便採用商務印書館的「國民日記」型式的日記本，二十四開，用毛筆行書書寫，每一頁大約可以容納兩、三百字。初期的日記，字體大，字數不多，記載多半是個人的日常生活瑣事。1920年代以後的日記越見豐富，抗戰時期蔣的日記，字體小，同時上下「頂天立地」全部寫滿，字數當然增加。大約在北伐五三慘案之後他的日記開始有「雪恥」一欄。1933年8月日記分「雪恥」、「預定」、「注意」三欄，同年7月以後的日記，每週有一檢討，每月有一反省，後來甚至於每年有「年終反省」，內容豐富很多。

從外型上看，蔣中正日記分為四種形態：蔣中正日記原本、蔣中正日記手抄本、蔣中正日記複印本及蔣中正日記微膠本；蔣中正日記複印本目前提供學者閱覽。事實上，日記的版本應該只有一種，即是目前暫存美國史丹福大學胡佛研究院之日記原本的「手稿本」，其他所有與日記相關的「版本」，都是由「手稿本」發展出來，以典藏機構為區分，分別是南京中國第二歷史檔案館典藏的《蔣介石年譜初稿》、《蔣介石日記類抄》與蔣氏日記仿抄本，以及臺北國史館庋藏《蔣中正總統檔案》中「文物圖書」之「事略稿本」及《五記》等日記類抄。至於秦孝儀主編《總統蔣公大事長編初稿》、日本產經新聞古屋奎二編撰《蔣總統秘錄——中日關係八十年之證言》中之「日記」內容，衍生自「事略稿

本」、日記類抄等，不適宜獨立看待。

南京中國第二歷史檔案館典藏的《蔣介石年譜初稿》，即前述黃仁宇引用之毛思誠編《民國十五年以前之蔣介石先生》的原稿，原名《蔣公介石年譜初稿》，已於1992年12月由檔案出版社出版。蔣中正少年時期曾隨毛思誠學習《左傳》、《綱鑑》等，兩人關係良好，蔣氏於1930年代將早年日記、函電、文稿等個人資料交毛氏保管、整理。毛氏曾就相關資料整編爲《蔣公介石年譜初稿》，於1937年3月印行時，改名爲《民國十五年以前之蔣介石先生》。毛氏並手書跋語，敘述成書之經過：係「先生（按：蔣介石）以緘縢數具，親付收藏，檢其中所儲者。手卷也、日記也、公牘也，其餘雜存也，反覆披覽，悉外間所不克見，而爲歷來珍祕之故楮，驚喜以獲至寶。於是什襲以庋之，次比以鈔之，益以公署檔冊，清閣書報，而稚齡故事，則多得於里社傳誦，時日致勤，綴成此編。」此外，毛氏並將蔣介石早年之函電、文稿等，整編爲《自反錄》一書，與《民國十五年以前之蔣介石先生》，同爲研究蔣氏早年事蹟之重要文獻。《民國十五年以前之蔣介石先生》之體例採「編年」與「紀事本末」體例而交互爲用，依蔣介石經歷黨政軍大事，以歲月爲經，以行事之推移爲緯，復就其始終之間，舖陳本末，間且直接引用蔣氏日記，以理解其內心想法。書中有相當數量的資料來自於日記，但是在審閱、編訂的過程中，所引用日記在不影響原意的情況下，字句間頗有調整，與原稿略有出入。

南京第二歷史檔案館庋藏之蔣介石的日記仿抄本，有1933及1934年兩年。日記抄本係照日記原件全文照錄，未加刪減，從史料價值上來看，可以與原始文件等同看待。

國史館所庋藏之《蔣中正總統檔案》，數量龐大，內容豐富，爲研

究蔣介石一生行誼之最重要資料，其中「文物圖書」之「事略稿本」，是以蔣氏日記為主要資料編輯而成的大事長編，自1927至1949年，亦是日記未開放前，研究者所使用重要資料之一。此外，「文物圖書」中，另有《困勉記初稿》、《游記初稿》、《學記初稿》、《省克記初稿》、《愛記初稿》等蔣氏日記之類抄，係陳布雷主持「事略稿本」編纂時期，由參與「事略稿本」撰寫工作之王宇高與王宇正等負責輯錄。各記中摘錄日記內容的重點及起迄時間不一，《困勉記初稿》摘記1921至1943年間，蔣氏處理黨政事務的心迹；《游記初稿》摘記1930至1943年間，蔣氏於日記中之記遊；《學記初稿》摘記1931至1943年，蔣氏於日記中所記讀書心得；《省克記初稿》摘記1915至1942年間，蔣氏於「雪恥」項書寫自省、自勵語句；《愛記初稿》摘記1926至1943年間，蔣氏於日記中記對家人、師友、同志的關愛之意。各記中的摘錄內容並非原文照抄，而是在不失原意情況下的精簡抄錄。這套書合為《蔣中正總統五記》，由黃自進、潘光哲教授整編，於2012年由國史館正式出版。

此外，中國國民黨中央文化傳播委員會黨史館庋藏之《參謀長日記》原稿，係蔣介石於1916年擔任中華革命軍東北軍參謀長時期之日記，自是年7月31日至8月12日，共十三日，毛筆親書於十行紙上，為目前所見最早的蔣氏日記。

蔣記日記很有恆心，偶有間斷，常會自責，例如1928年10月14日記謂「不記日記十日，如此放肆荒蕩，尚何論雪恥，更何論革命也！」蔣的日記為誰而寫？答案應該是為自己，因此真實性可以肯定。因為寫給自己看，故記載許多隱私，會有對人物苛刻的品評。早年日記中透露的是「荒唐歲月」，北伐以後躍為政治知名人物，雖然自許「昔以豪傑自居，今以聖賢自期」，到三〇年代仍不諱言「制慾」（1936年5月

9日）、仍有「暴怒記過一次」（1936年5月1日），「私到太平館吃鴿子，不正也」（1936年8月22日）之類的記載。1921到1932年十二年間，蔣為行動失態、言語失檢、對人失敬，在日記中自己為自己記過十次。顯示蔣記日記大體有類傳統讀書人作修身養性自修工夫與治國施政憑藉、參考的味道，故眼光會逐步放大、放遠。五四之後他自言：「自思日記所記者，於人則怨尤，於己則牢騷，適足以彰心性之鄙劣；而於世界大勢，國家成敗之時勢，多未記錄。其病由於褊陋，執拗太過也。以後當於高明廣大處用力為要。」1940年4月，他檢閱1927年記事，自認當時之軍事政治與文字反不如1926年以前裕如，「勢短機拙，並無遠大整個方略，怪不得何白程朱等之背離也，於人何尤！」1930年後，他常檢讀過去的日記，亦本於自省工夫。這應是得之於宋明儒者「回勘」工夫的真傳。

參、日記中的蔣介石

一、私領域

　　蔣的日記的確提供了蔣個人以及與民國史事相關的重要材料，也就是涉及私領域和公領域。先談私的部分，依據日記內容，他實表現了一個平凡人的愛與恨、情與欲，以及一個青年人走向建立事業過程中的種種感受。他的記載相當真實，例如他與元配毛福梅家庭生活格格不入，他與妾姚冶誠的感情不洽，他在上海活像個火爆浪子，尋花問柳的風流佚事，遭逢青樓無情女的故事，[11] 都不諱言的列入記錄。

---

11 《蔣中正日記》，1919年5日18日：為青樓女子介眉，日記中有「青樓之無情亡義，不知害死多少英雄」之歎。

辛亥革命時他擔任上海滬軍團長,「狎邪自娛,沈迷久之」,日記中不乏狎妓、賭博,樣樣皆來的記載。顯示一個都市年輕人的成長起伏過程,和許多人並無兩樣。

蔣的婚姻,除了元配毛氏以外,還娶妾姚冶誠,再婚陳潔如,生活並不如意,日記中有不少怨言。家庭生活的不滿,導致他對中國家庭與傳統女性的抱怨。[12]1920年以後對宋美齡(日記中稱「梅林」、「三弟」、「三妹」)的追求,[13]乃至日後夫妻生活,則予人親密的印象。

蔣年輕時期的日記裡頭又可看到他讀王陽明集、曾國藩書所受到的影響,顯示人格形成過程中讀書求知與自省,「天理」、「人欲」的鬥爭,一直在他心中翻滾。他自己深切知道脾氣暴躁,1920年三十四歲時,他還自承驕矜、奢侈、暴躁是一生大病,所以要用「敬」、「靜」、「澹」、「一」作座右銘來克制。[14]他的確不斷地注意自己個性的陶冶,雖然還不斷再犯。[15]1921年6月,蔣母王太夫人過世,蔣輓聯說:「禍及賢慈,當日頑梗悔已晚;愧為逆子,終身沉痛恨靡涯」,相當程度表

---

12 《蔣中正日記》,1919年6月:妾姚冶誠侍蔣母疾不慎引發母親動氣,蔣很有大男人主義的在日記中自歎曰:「中國婦女之心,現在決無解放之道,多少禍害由婦女而起,多少事業為婦女所敗,多少英雄為婦女所累也。自今以後,吾主張獨身自由,再不作此罪孽也。」見《蔣中正日記》,1919年6月23日。次年3月21日的日記又因與姚氏相處不洽,大發議論說:「中國婦女只可言授其教育而不可急言解放。有教育則不待解放而自解放,如不言教育而先言解放,則中國男子受婦女之禍患,必伊於胡底。」

13 《蔣中正日記》約略證實了宋靄齡大力助成蔣、宋聯姻的事。1927年6月13日日記說:「琳姊評余欠準備工夫,全憑臨時應付,此誠道著矣。」指的是蔣追求宋美齡事。

14 《蔣中正日記》,1921年1月18日日記曰:「我之暴戾以靜字戒之,我之驕矜以敬字戒之,我之求名貪色以澹字戒之,我之雜亂紛煩以一字戒之。」

15 舉例來說,1917年曾在張靜江家門前打過人力車夫,兩年後到居正家,車夫無理,居家人理論毆打,蔣竟加入戰團圍毆,甚至搗毀家具,「懊悔莫及」、「忍耐性絕無增長,養氣不足,客氣反盛,能不韜晦乎?」(1919年10月1日日記)。但次年9月3日日記中,又有「車夫橫暴,痛毆一場」的記載。

現他年輕時的自我寫照。

　　另一方面，蔣介石與宋美齡的婚姻一度成為政治話題，其後蔣宋夫妻鶼鰈情深，在日記中頗多記載。抗戰時期，1942年10月29日，以為宋美齡體弱，恐有胃癌。11月2日，宋美齡赴美醫病，蔣心甚抑鬱，不知此生尚有幾年同住耶。11月18日宋美齡飛美，送別機場：「別時，妻不忍正目仰視，別後，黯然消魂，更感悲戚。願上帝賜予生育子女，默禱以補余妻生平不足。」11月19日日記：「平時不覺夫妻熱，別時方覺愛情長，兒女情長又多一次經歷。」11月26日，宋美齡抵美，入院蔣得悉夫人並無癌症，心始平安。

　　抗戰時期蔣夫婦一度頗受緋聞謠言之苦。1944年7月3日，「妻甚以共匪謠言誣蔑我人格，損毀我道德，尤以色慾、外遇之流言最可慮。余唯有自反自信，不足為慮，且毫不為懷。」7月4日，「決公開說明，制止謠言。」7月5日，「下午五時，召集各院長及各部會高級幹部，與英美友好人士，約六十人，為夫人進行茶會，順便澄清流言。」7月6日，「妻接匿名信，皆言謠言之事，有一函英人手筆，不只詆毀一個人，且對經兒之謠言亦以其在渝有外遇，且已生育孿生，以歸其外遇之母留養為言。可見流言不止發動於共黨，且有英美人士幫同。」7月9日，「下午三時，送妻到機場巴西養疴。彼在機上，最後哭聲，聞之特痛，即余呼彼大令時，機門已畢，再不能聞其回音矣。」這些記載證諸四○年代寵臣吳國楨的回憶，都屬事實。[16]

　　此外，蔣介石的日常生活相當規律，抗戰時期自訂春夏秋冬四季課表，他早睡早起，與夫人宋美齡的作息頗有不同；先因母親關係信

---

16 吳國楨手稿，黃卓群口述，劉永昌整理，《吳國楨傳》（臺北：自由時報，2004）。

佛，因此早期與太虛法師交往，後來因宋家的影響，成為虔誠的基督徒。他對故鄉有深厚鄉誼和宗族之情，因此常回奉化老家，主導修訂族譜，這與共黨領導人的作風迥異；他又喜車遊、遊山玩水，寫下的遊記有內涵又生動，很有傳統名士之風。

二、讀什麼書？

蔣興趣不廣、嗜好不多，閱讀與遊歷是其生命中最重要的休閒活動，尤以閱讀的影響甚大，從其思想觀念的養成到家庭教育，以至黨政軍要員的訓誡都與閱讀有關。

五四運動時期，中國知識界以辦雜誌、閱讀雜誌為時髦，蔣閱讀《新潮》、《新青年》、《東方雜誌》等雜誌，並閱讀《新村記》、《易卜生記》等書，思想跟著潮流走。

1920年（三十四歲）1月1日，蔣日記中提到預定全年閱讀的書目，除俄語、英語之外，研究新思潮亦列在其計畫之中，該年習俄語外，看《中國哲學史大綱》（胡適著）、《世界大戰史》、《軍制學》、《經濟學》、《杜威講演集》、《歐洲歐戰西北各地圖》，[17] 並以唐宋詩詞與《水滸傳》、《儒林外史》等消遣，續看《通鑑輯覽》，自唐肅宗朝起至卷七十二。對經濟學亦有興趣，1920年1月16日日記云：「看經濟學，心思紛亂，以中國商人惡習不除，無企業之可能。」[18]

1921年（三十五歲），按日看《通鑑輯覽》，至6月初終卷，居王太夫人喪期間，讀《禮記》。8月後，誦《詩經》，習英語。9月18日，看《交戰及統帥學》。嘗云：「欲使此心不紛亂，惟有依程式做事，循課表

---

17 《蔣中正日記》，1920年1月1日。

18 《蔣中正日記》，1920年1月16日。

讀書而已。」

1922年（三十六歲）2月19日，看《交戰及統帥學》終卷，接著看
《胡文忠公全集》（第三次閱讀）。五月後，點讀《尚書》、《六韜》，並
讀《福爾摩斯探案》（在孫中山蒙難艦中）、《洪楊演義》、《石達開日
記》等消遣。下半年看《蒙古地誌》、《新疆遊記》、《經濟學》、《平均
地權論》、《德國社會民主黨史》等書。8月23日，「至杭州到南天門探
勝，般若陀菴觀魚，靜坐看經。」（按：所看者應是佛經）

1923年（三十七歲），當年孫中山派蔣到蘇聯考察，蔣除了看《西
遊記》之外，開始閱讀馬克思思想的相關書籍。自謂初始閱讀時覺得深
奧難懂，多次閱讀後，興趣漸濃，「樂不掩卷」。[19] 1923年9月24日日記
云：「今日看《馬克思學說概要》，頗覺有趣。上半部看不懂，厭棄欲
絕者再，看至下半部，則倦不掩卷，擬重看一遍也。」[20] 10月13日、10
月16日則閱讀《共產黨宣言》，對馬克思及社會主義思想甚有興趣。

1938年1月16日，讀《土耳其革命史》，自覺智慧學識之欠缺，
忍心耐力之不足，所以遭此困厄也。12月5日，開始看《黑格爾辯證
法》，隨後將該書指定為幹部應讀之書。12月7日提到：「革命鬥爭而
不知辯證方法論，如何能不失敗？」12月18日，提到：「昨夜因晚餐
後研究黑格爾哲學太遲，故又失眠不寧。」後來他邀西南聯大賀麟專門
為他講授黑格爾哲學，幾到入迷的程度。[21] 1942年，讀《宋元學案》。
同時開始大量閱讀梁啟超的《飲冰室文集》，包括《中國近三百年學術

19《蔣中正日記》，1923年9月24日、10月18日。

20《蔣中正日記》，1923年9月6日、9月21日、10月4日、10月7日、10月9日，及9月24
日閱讀心得。

21 參見黃克武，〈蔣介石與賀麟〉，《中央研究院近代史研究所集刊》期67（2010年3
月）。

史》、《新民說》、《李鴻章》、《先秦政治思想史》、《清代學術概論》、《盾鼻集》等著。這一年，蔣主張褒揚梁啓超，付諸實行。這是國府對梁任公遲來的褒揚令。

1943年11月29日，赴開羅之行，看梁啓超《自由書》，手不釋卷。日記中論梁啓超曰：「善變之豪傑一文，乃顯示其為吾宗旨之政客自辨也。如梁專為學者，或終生從事教育，而不熱衷政治，則其於國家民族之獲益益多也。惜乎捨其所長，用其所短，至今猶不見為後人所不齒。覽其著作，實多俾益於我民族之復興也。關於常識者，尤卓稱也。」

戰後蔣日記中所列讀書者較少。來臺之初1949年下半年為力挽狂瀾常進出兩岸，1950年雖復行視事，但內外局勢險峻，加上眼疾及失眠問題嚴重，因此所讀之書較少。1949年7月3日，提到：「閱毛製《中國革命戰略問題》頗有所感，應研究今後剿共之戰略思想。」[22]7至8月中屢次提到閱讀毛澤東的論著。[23]

到底蔣介石閱讀多少書，王奇生在研究後也認為「難以查考」[24]但他也提到：「1920-1940年代的蔣日記顯示，一般每年約讀十種左右，1920年代看書較多，一般在十種以上，多至二十餘種，1930-1940年代看書漸減，一般在十種以內，少則三五種。……筆者粗略統計，1919-1949年間，蔣日記所記閱讀（含請專家講讀）書目近二百種，其中中國古籍（經、史、子、集）八十多種，新書（清末民國時期所著譯）一百

---

22 《蔣中正日記》，1949年7月3日。

23 《蔣中正日記》，1949年7至8月日記。

24 王奇生，〈蔣介石的閱讀世界——以1920-1940年代蔣介石日記為中心的探討〉（中央研究院近代史研究所，〈蔣介石權力網路及其政治運作國際學術研討會〉，2009.9.14-16），頁410。

多種，考慮到蔣未將所有閱讀過的書都記於日記中，其實實際閱讀數量，可能多一些。」[25]根據筆者的統計，有記載者閱讀過（含請專家講演）的書籍約一百七十餘種。

　　此外，信仰成為其生活的一部分，日記中常摘錄《聖經》的部分條文自許，例如1934年2月22日，述耶穌語曰：「領袖當為群眾之奴僕」。5月4日，曰：「耶穌信徒必須克己忍辱耐苦，日日背著十字架跟從耶穌即繼續耶穌主義，為眾人贖罪。」1935年3月20日，書《聖經》語於雪恥項下曰：「受屈當忍，眼還眼、齒還齒，勿以惡人為敵，有人打你的左面，你將右面旋轉來給他來打，有人要劫你內衣，你連外衣也給他。」（日記）

　　每個人閱讀的習慣不同，蔣的閱讀習慣，除《聖經》是讀特別的篇章之外，大部分從卷首至卷尾逐字循序，一書讀畢始另看一書。其中受曾國藩讀書習慣的影響甚大，曾文正強調辦事讀書寫字皆要眼到、心到、口到、手到、耳到。蔣亦強調做事時，眼、心、口、手、耳五者，皆要齊來，專心一志，方能做好。

　　蔣雖不通英文，但亦想擴展其視野，因此努力學習新知，舉凡當時較重要的雜誌及思想，如馬克思主義、黑格爾哲學、《新青年》等都加涉略，無法閱讀原著則以翻譯作品為主。蔣閱讀馬克思社會主義的專著，並閱讀毛澤東的相關論著，被視為革命史觀，其實，閱讀馬克思的著作，是為了時潮，當時有些知識分子引介馬克思哲學進入中國，並成為許多青年人討論的焦點，蔣在1920年代即開始閱讀此相關著作自不意外，後來讀毛澤東的著作，確實想了解毛的思想，以達知

---

25 同上註。

己知彼的目的。

1930年代蔣與北方知識界有接觸，特別請一些學者如翁文灝、蕭一山、馬寅初、馮友蘭等等到廬山講學。其內容包括社會科學、財經金融學、各國革命史等，特別是與中國有關的日本、俄國、德國等的歷史無不閱讀，閱讀許多各國歷史的專著，雖然不是精通，但至少不至於毫無所知。

有些學者會將政治領導人物的閱讀作比較，蔣介石常會與孫中山相比，王奇生認為蔣的閱讀不如孫中山，其實兩個人的教育背景不同，孫受完整的學校教育，從私塾到大學，從中國傳統到西式教育，並因奔走各國進行革命之聯繫，所見所聞較蔣為廣，往來於各國間，大部分的交通工具以船為主，閱讀成為孫在旅途的重要消遣活動，倫敦蒙難後在圖書館大量閱讀各種書籍，因此其所閱讀之書自較蔣為多且精，且以西方知識為主；反觀，蔣受新式教育後，雖赴日留學，主要以軍事為主，時間甚短，自擔任軍校校長之後，即任重職，奔波於國事，較無長時間空閒閱讀，即使下野回鄉亦為俗務所擾，讀書的量與深度無法與孫相比擬。然就一位近代領袖而言，已屬不易。與毛澤東比較，毛對經典知之熟稔，對傳統小說如《三國》、《水滸傳》等體會甚深，尤能活用；蔣也看傳統經典，然不脫宋明理學牢籠，對小說興趣不大。也許從讀書興趣還可了解兩人分途與成敗之由。

三、領導與用人

一個領導人物的成敗，很重要的事是能否善用人才。可能受到曾國藩的影響，蔣的日記中透露他有「觀人之術」，但不必神準；也很想選賢任能，終不能滿意。蔣的核心幹部有幾個特徵，早期他權位未

穩，需大老加持，因此多方尊崇革命元老及前輩，吳稚暉、張靜江、李石曾、蔡元培等人，在二○及三○年代都與蔣過往甚密，後來他對張、李、蔡不無怨語，惟獨對吳一路推崇。至於對同輩的革命黨人和政治人物，例如汪精衛、胡漢民、廖仲愷、葉楚傖、戴季陶、閻錫山、馮玉祥、李宗仁、白崇禧，他自認以謙卑自居。廖早死，葉、戴漸形「老朽」，對汪、胡、閻、馮、李、白諸人，終因與他有權力上的爭執，「武者以兵叛，文者以筆制」，於是有分有合，有些人雖可共事一時，後來多半分道揚鑣。後期他掌握的多是軍事機構，故絕大多數為軍人出身，黃埔軍校或保定軍校、日本士官學校所形成的「黃埔軍系」，如何應欽、王柏齡、顧祝同、陳誠，以及黃埔畢業生胡宗南、賀衷寒、鄧文儀等所謂「天子門生」。這些人來自不同省籍，多少顯示三○年代蔣用人已經打破地域格局，國家幹部和黨的幹部不限於浙江人，雖然侍從室仍有不少寧波幫。

另外，蔣的用人標準在日記裡頭可以看出他需要的是「效忠」與「服從」，在氣度上似乎不如孫中山。1931年後，他對孫科和周至柔很不客氣，主要是不能達到他的期望或違背他的主張，他日記中罵孫科是總理的「不肖子」、「阿斗」；1941年4月28日，「指斥周至柔，空軍委員會拙劣虛浮，罪及周至柔。照理論應可槍斃十次之多，其他幹部亦復如此。然暫時無人接替，仍不能不用此劣下之人也，想念空軍與國防前途，不能不痛憤欲絕，奈何。」蔣對人物的評語，有些批評是有先入為主的主觀看法，不盡正確。例如他1929年初見西北軍叛馮（玉祥）部將石友三，稱「其人沉著可教也」，委以討逆軍總指揮、安徽省政府主席，不料這位「倒戈將軍」到年底即與中央決裂，炮轟南京。這時蔣日記中說他：「浪（狼）子野心，不可以人待也」。馮玉祥的另一部將

韓復榘，在抗戰初期擔任第五戰區副司令長官兼第三集團軍司令，因不戰棄魯遭中央處決，當1929年投靠南京中央時，蔣接見他，日記中稱道：「韓誠國家之寶也，其可愛較甚於余本人之生命也。」可見對人前後印象的懸殊。至於文人部分，他早期比較親近的是陳冷（景寒），後來重用政學系的楊永泰（暢卿），抗戰時期與張季鸞過往密切。在親信之中，邵元沖、陳果夫、陳立夫後來在政治、黨務方面有重大影響力。抗戰前他重用黃郛，抗戰時張群、宋子文、孔祥熙多承擔方面任務，這些人有的是結義兄弟，有些是留日同學，也有的是姻親關係。他在日記中常怨宋、批孔，多半是起因於「金援」不如所願。他常自歎中國人才不足，因此會向學術文化界「借將」拔擢人才，例如朱家驊、羅家倫、俞大維、翁文灝、錢昌照、何廉、胡適、蔣廷黻、王世杰、陳布雷等，學者從政，均曾長期或短時間，贊襄政務；有些人出身技術官僚群，例如九一八以後，起用北洋外交圈的人才如顧維鈞、施肇基、郭泰祺、顏惠慶、王景岐等人；但是也有很大部分的自由派及左傾人士不肯為其所用。為其所用的自由派人士，例如胡適，從駐美大使、戰後受推為總統候選人至來臺出任中研院院長，他在蔣介石心目中的印象，時起時落，具見政治的現實。

北伐之後，蔣自謂深處在「前有猛虎，後有毒蛇」的險惡環境。日、俄外力的挑釁，內部武人、政客、共黨的阻難，使他備嘗政治的艱困。因此在蔣的日記中還顯現出他一直希望組織一個智囊團，以協助國政的推動。1927年之後，「黃埔同學會」角色耀眼。1932年2月黃埔學生賀衷寒、康澤、桂永清、戴笠、鄧文儀、滕傑等人所形成的「力行社」，宗旨上是「抗日鋤奸，為黨犧牲，嚴守祕密，服從命令」的「組織」，這組織多少受到時局的影響，性質上也不能否認法西斯主義的作

用。「力行社」之外，在日記中還有所謂「青白社」、「四維社」的組建，從某個角度看有文武平衡、地域均衡的考量。蔣的領袖魅力多少是有軍人式的味道，注重威嚴，有些霸氣，對於核心幹部的培育當然有權謀的作用在內。

作爲同一時代的權力競逐者，從北伐以後可以看到蔣對群雄所採取的策略，是兼採策反與撻伐的政策。過去很長時期有不少人知道蔣對不同軍系的處理方法，有使用金錢籠絡，有使用武力平息。1927年6月蔣馮（玉祥）徐州會議，逼使武漢政權敗北，馮是得到好處才採取立場的。1928年東北易幟，對張學良的交涉、對閻錫山的籠絡；1936年兩廣事件的平息，與桂系的服從中央，在日記中都透露了以說客斡旋、以金錢策反的玄機。

四、日記中的政治

對於民國史而言，至今仍有許多重大政治事件的來龍去脈猶待釐清，蔣的日記不一定能破解如中山艦事件如何發生或西安事變如何結束這樣人所關心的謎題，但的確有助於重大史事發展的了解。在此舉兩個例子：1931年湯山事件中的蔣胡（漢民）關係，與1936年西安事變前後的蔣張（學良）關係。

1931年的湯山事件，過去多半的人，透過胡漢民的回憶，了解胡對蔣的怨懟，但極少人能知道蔣對此事的內心折磨。1931年2月爲國民會議籌備事，蔣、胡因政見不同，各走極端，2月15日蔣的日記說「彼（指胡）以司大令（史大林）自居，而視人（指蔣）爲托爾司基（托洛斯基）」，胡又詆毀蔣爲「軍人」、「政治無能」，令蔣極爲在意。2月底，胡被囚事件發生，引發廣東異動，政潮洶湧，甚至引致日本軍方對華

的覬覦，導致九一八事變的發生，影響不可謂不大。這一年5月4日，在大老吳稚暉的勸說下，蔣放下身段走訪還在湯山軟禁中的胡，蔣日記中有這樣的描述：「今日以吳老之勸，往晤展堂，約談十五分時。始見似甚不悅，中則互相含淚，終則似甚勉強也。但爲黨國統一之計，不能不刎頸以交也，但余未有請求其私語，亦不必要也。訪胡一事爲余一生之至難能的事，但訪後自覺欣慰，忍人之所不能忍、耐人之所不能耐也。」胡事後並不領情。10月，胡重獲自由，寧粵在上海的和談，胡雖不居名，實乃粵方領袖。10月13日胡蔣在陵園會面，蔣不無歉意，日記中說「心自慚愧，神明泰然也」。第二天蔣再答訪胡於孔公館香鋪營，會談半小時，蔣說「余以過去之是非曲直皆歸一人任之，並自認錯誤，彼亦感動。」不過，胡未必完全諒解，蔣亦未全部釋然。11月25日，蔣得知胡的政治主張與南京中央仍不無歧見，蔣在日記中憤憤的說：「胡逆之肉不足食矣」，可見政治恩怨之易結不易解。

西安事變前後，蔣對於張學良的看法和態度很值得玩味。在東北易幟之後的1930年9月下旬，蔣介石對張在中原大戰中投向中央的行動感到滿意，事後即表示北方之事雖中央決定原則，但以全權託張，不加干涉，張自是心滿意足。其後蔣又表示要以「手足之情」相待，更勸勉張要立志、立品、立行、立體，期望至深。到了12月4日，蔣接見張學良，日記中提到「與漢卿敘別時，托以萬一我去後或死後之國事」，暗示張學良作他的接班人，顯然對張相當器重。1936年張學良剿共態度有點消沉，蔣在3月24日的日記提到張對中共的態度「可慮」。他自認了解張，故對事情的演變並不認爲嚴重，至少不認爲張會藉聯共抗日對他不利。西安事變前的10月22日蔣到西安，規勸張之缺點並「相晤慰勉」，期轉移張與東北軍之心理。28日對張「以誠意感之」，

同時與張談話知道張對中共有所妥協，但蔣取「尊閻（錫山）禮張（學良）」之策，加以容忍。10月30日他到西安東北軍官訓練團講話時，看到軍官受到中共影響，心中對張學良開始深感失望。11月下旬，他曾經考慮過是否要東北軍調防，以防變亂，但後來未能調成。他知道張學良不願意帶兵剿共，感歎是「其無最後五分鐘之堅定力也」。 12月2日，他決定親到西安鎮攝，「生死早置度外」。12月10日他到達西安，知已無可挽回。他在日記感慨的說：「對漢卿說話不可太重，但不加規勸於心不安。」同時指出張「此人小事精明，心志不定，可悲也。」

事變結束後，宋子文的確大力為其友人（張學良）緩頰，但蔣自認為了保全張生命不令回西北。且認為如張回任，為所欲為，挾其要求復叛，政府地位立即搖動。「彼所要求者，為中央在西北部隊一律撤退，此為其惟一之要求。如果放棄西北，任其赤化，則不惟國防失一根據，而且中華民族發祥之地，且陷於永劫不復矣。況西北動搖則統一之局全隳，經濟計畫無從實行，十年建設成績毀於一旦矣。」 事變善後，蔣對楊虎城寬宥，不加譴責，勸其離陝辭職；但對張學良則難諒解，事變後次年的3月，蔣透露了另一原因是「張私先通匪之行為，近始發現，不禁憤燥係之。」這是不是說蔣介石知道張有申請加入共黨之事，仍不得其解，但這些記載既顯示了蔣對張的內心感受，也補足了以往研究西安事變所未能追蹤到的蛛絲馬跡。

肆、結論：蔣介石日記對民國史研究的重要意涵

長期以來，由於政治的對峙、國共爭雄之戰的敗北、海峽兩岸的分裂，導致對蔣介石的評價莫衷一是。七〇年代之前，中共視蔣為「人

民公敵」，國民黨以蔣為「先知先導」。八○年代之後，冷戰結束，大和解局面下，意識型態鬆綁，中國大陸學界對蔣評價的不同聲浪，乘社會上「民國熱」互為表裡；在臺灣，本土化加民主化，蔣由聖賢走入凡間，有時甚至因「去中國化」而掉入深淵。真令人有此一時彼一時之歎。

不過平心而言，從蔣的日記中的確可以看出作為一個從「平凡人」到「領導者」的心路歷程，實無需刻意神聖化，也不必妖魔化。許多人都知道蔣是用度非常節儉的一個人，他補破衣、不挑食，一口假牙，吃東西十分簡單。蔣不喝酒、不吸煙，只喝白開水，其實生活很是平淡。從他的日記中可以體會到，他是很容易結盟，又是容易結仇的人。結盟或許與上海的生活經驗有關，結仇就可能涉及他的個性。從他日記中可以看出他對人物批評十分苛刻，有軍人作風，黃埔軍校畢業生拿到校長所贈的寶劍上都刻有「不成功便成仁」的字眼，既現代又傳統。但因為他喜歡讀書，所以跟一般純粹的武人仍有不同，展現一些文人氣息。他自承脾氣暴躁，他對文官雷霆責罵，對武人甚至拳打腳踢，雖然一直想克制自己，但是個性似乎不易改變。他勤於任事，對於文稿甚為重視，常常自起文稿、講詞。大小事情都會過問，碰到交通阻梗，他親出指揮，接著痛罵「警察不學」。這正是親近幕僚楊永泰所講的，他「事事躬行」，常致「輕重不均、顧此失彼」。黃郛批評他的有「毅力」而欠「恢弘」之氣象，均屬中肯之語。

後人對蔣其實不能要求過多，從一個平凡人到作為一個領導人，當然有他奮鬥的歷程。長時期以來因為蔣扮演了一個失敗者的角色，因此多從負面來看蔣。蔣的失敗當然有多方面的因素，例如說，在大時代裡頭要重建一個近代國家的制度與規模，當時確實缺少一個可以

運作的規則；在兵馬倥傯中還要對付內外的腐敗與變亂，想迅速建立「近代國家」本來就是一種苛求、一大考驗。再者，蔣當時確實不夠重視黨組織，大部分的心力不是放在軍事，就是放在對付敵人。從某個角度看，他缺少一個像共產黨一樣嚴密政黨組織的支撐，底層力量微弱。1940年他自承「一生之苦厄，全在於黨務」。從另一角度看，孫中山西方民主政治的理想，他遵循、也心嚮往之，但最終做到的只是徒有其名而無其實。而且，他在群雄中要衝出頭是有很多困難的，他的輩分比較低，多半的成功是靠謀略與機運。1920年代的北伐及其後，急功近利，對各地軍閥採取收編、妥協政策，結果形成一個諸多山頭的統一，蔣似乎只成常感無奈的「盟主」。同時當他有權力之後又甚為自負，不太接受挑戰，一方面是尊嚴的問題，一方面是權力意識，一方面是支撐他地位的架構，一方面是財政來源的困難，最後可能涉及到家族的網絡問題。其實比較嚴重的事是他身邊確實缺少可以分擔責任的人才，許多人說他身邊缺少一個像周恩來這樣的人物。他身處在農業社會傳統未褪盡，資本主義浪潮下「現代國家」制度尚待建立的威權時代，他的作為與形象很難符合後人的要求與期望。

　　蔣介石日記何以重要？讀過之後最大的感受：這是一套有血、有肉、有靈魂的資料。1929年8月25日記「妻病小產，其狀苦痛不堪」，破除坊間蔣宋家庭生活的諸多傳言；1933年10月，中央忙於應付日本侵略，又忙於對付中共問題時，他「與妻觀月，獨唱岳飛滿江紅詞」，這與蔣平日嚴肅刻板印象，頗有落差。可見這日記提供的不只是歷史的發展線索，更重要的是人性的揭露。歷史的研究本來就應該以人性作基礎，要作有「人味」的研究，這套日記正好提供了一份珍貴的材料。1970年代曾有美籍華裔學者陸培湧寫過 *The Early Chiang Kai-shek:*

A Study of His Personality and Politics, 1887-1924 (New York,Columbia University Press, 1971)，運用心理學討論蔣的成長過程。如果能看到蔣的日記，相信這樣的研究成果會更加豐富。蔣的日記無疑地提供了非常多他親身經歷的重要歷史資料。

當然，學界對蔣日記也不可期待過高，1920年代中期的清黨事件、1938年黃河決堤，甚至1947年的臺灣二二八事件等，日記的內容都難於滿足學界的好奇和需要。蔣日記的開放研究固然不能顛覆過去歷史的書寫，但無疑地提供了非常多他親身經歷的民國重要歷史資料，補足了近代重大史事的來龍去脈。蔣個人在大陸與在臺灣走過「兩個中國」的歷史經驗、他和毛澤東歷史地位的比較、從不同時段和地區（外國與中國）出發的研究，都仍大有研究開發的空間。今後長時期、多元的研究與詮釋，當然還需要各種檔案的搭配與運用：國民黨大量原始資料的開放，共產國際與中國相關檔案的出現，王世杰、徐永昌、王子壯、黃炎培等人日記的出版，加上孔祥熙、宋子文、史迪威、魏德邁資料的佐證，新問題的提出、新成果的展現，一定會更豐富民國史的內涵。

《蔣中正日記》與蔣中正研究

劉維開*

壹、前言

　　蔣中正作為二十世紀中國最有影響力的人物之一，掌握軍政大權長達五十年，其日記之重要性自不待言。2006年3月起，美國史丹福大學胡佛研究所陸續開放方智怡寄存在該所之蔣中正日記，自1917至1972年，共五十五年之《蔣中正日記》全部開放。

　　《蔣中正日記》的開放，可以說是研究者長期以來的期待，對蔣中正或民國史等相關研究亦產生重要影響。事實上在《蔣中正日記》正式對外開放之前，已經有多種以日記為主要內容，或曾經參閱日記而編輯或撰著的蔣氏傳記類書籍，[1]其所引用蔣氏日記資料普遍為學者參考，如毛思誠編《民國十五年以前之蔣介石先生》、董顯光撰《中國最高領袖蔣介石》（增訂版更名《蔣總統傳》）、日本《產經新聞》古屋奎二編著《蔣總統秘錄》、秦孝儀總編纂《總統蔣公大事長編初稿》及現存臺北國史館《蔣中正總統檔案》之《事略稿本》與《五記》等。本文擬先就

---

* 國立政治大學歷史學系教授

1 「傳記類書籍」係依國立中央圖書館編目組編，《蔣中正先生論著目錄》（臺北：中國國民黨中央黨史委員會孫逸仙博士圖書館、國立編譯館、國立中央圖書館，1986年10月）之分類。

此相關書籍進行介紹，再探討《蔣中正日記》公開後之蔣中正研究及發展。

貳、毛思誠與《民國十五年以前之蔣介石先生》[2]

在蔣中正的傳記類書籍中，毛思誠編纂之《民國十五年以前之蔣介石先生》，是最早參閱蔣氏日記，並引用作為主要資料者。

毛思誠是蔣中正在家鄉讀書時期的老師，原名裕稱，字彩宇，號勉廬。1873年出生浙江奉化剡源鄉岩頭村（後屬溪口鎮）。早歲以寧波府學廩生身分，先後在府治崇正學校、金華府中學堂任教，1899年返岩頭村設學館，1902年蔣中正入館，隨其學習《左傳》、《綱鑑》等。學館結束後，曾於奉化龍津學堂、鎮海培玉兩等小學堂、寧波府中學堂、衢州省立第八師範學校等校執教。1925年4月，應蔣中正之邀，至廣東黃埔任陸軍軍官學校秘書處少校秘書兼校史編纂委員會委員；1926年5月任廣東省潮陽縣縣長，八個月後辭職，返回故里。1927年7月，任國民革命軍總司令部中校秘書，嗣後歷任總司令辦公廳文書科上校科長、中央第一編遣區辦事處總務局文書課上校課長、陸海空軍總司令部副官處文書科上校科長、兼國民革命軍戰史編纂委員會常務委員、國民政府主席辦公室秘書、國民政府秘書等職，1934年7月任監察院監察委員。1937年全面抗戰發生後，因病未隨政府西遷，返鄉休養；1939年7月5日病逝於奉化，11月，國民政府明令褒揚，令文曰：[3]

2　本節為國科會99年度補助專題研究計畫「蔣中正記憶中的童年」（計畫編號：NSC 99-2410-H-004-096）部分研究成果。

3　國史館編，《中華民國褒揚令集初編》（七）（臺北：臺灣商務印書館，1985），頁3717。

監察院監察委員毛思誠，學問深純，志行高潔。早歲教授閭里，
弼成曠代英哲。比年膺風憲之任，公忠勤慎，匡益尤多。迺以切
念時艱，憂勞致疾，遽聞溘逝，悼惜良深，應予明令褒揚，以重
耆賢而資矜式。此令。中華民國二十八年十一月四日。

其中「早歲教授閭里，弼成曠代英哲」兩句，明確說明毛、蔣兩人的關
係。

蔣中正入毛思誠學館讀書時，已與該村之毛福梅結婚，岩頭村實
為其岳家所在。蔣氏在學館的日常行徑雖狂放不羈，但心性上已有所
收斂，毛氏曾記述其學習情形：「其戲嬉也，以講舍為舞台，以同學
為玩物，狂態不可一世；迨伏案讀書，或握管構思，雖百紛囂然於其
側，冥無所覺，一刹那間，靜躁如出兩人，思誠深異焉。」[4]蔣氏對於
童年時期曾經教過他的幾位老師，大多沒有好評，且頗為嫌惡，但是
毛思誠卻屬少數例外。除了毛思誠的學問、人品深受蔣氏尊重外，與
毛之堂弟毛學誠及次子毛葆節與蔣氏的交誼有一定關係。毛學誠在毛
氏學館與蔣氏同學，交情甚篤，並結為金蘭，1907年9月因病逝世，
年僅二十二歲。毛思誠年紀長毛學誠十二歲，對其十分疼惜，曾撰〈哭
亡弟遜廬絕句二十首〉，以為悼念。毛思誠次子毛葆節早年在廣州追隨
孫中山革命，曾任大元帥府東路討賊軍總司令部軍械處中尉處員、福
建惠安縣財政委員等，1924年陸軍軍官學校成立後，入該校第一期就
讀，未幾因病入廣州市立醫院治療，住院一月，藥石罔效逝世，8月4
日軍校為其與另位病逝之學生吳秉禮舉行聯合追悼會，孫中山手書「遺
恨何如」輓額悼念，並親臨主祭，校長蔣中正、黨代表廖仲愷、中央執

4　中國第二歷史檔案館編，《蔣介石年譜初稿》（北京：檔案出版社，1992），頁9。

行委員胡漢民、汪兆銘、張繼、外交總長伍朝樞、湘軍總司令譚延闓
等,及駐廣州各部隊蒞會者數千人參加了追悼會,備極哀榮。毛氏曾
有〈次兒葆節客死廣州聞耗逾月痛略定哭以長句十首〉,誌其哀痛。

　　毛思誠於1925年4月應蔣中正之邀,至廣州任軍校秘書兼校史編
纂委員會委員。廣州為其傷心地,由此一時期詩作,如〈粵海輪次寄東
臥〉(四首)、〈介卿書來問起居賦此答之〉及〈黃埔陸軍軍官學校作〉等
來看,心情頗為抑鬱,處境亦十分困窘。[5]而蔣氏之所以邀其至廣州,
研究者分析一是在蔣氏周圍缺少像毛思誠這樣學識深厚的人才;一是
受「帶兵就要帶親兵」影響,重用同鄉;一是蔣氏知道毛的生活並不寬
裕而予以照顧。[6]1926年5月,毛氏調任潮陽縣縣長,此係蔣氏為準備
北伐所進行之人事安排,然毛氏以「我本一書生,從政非所長」,蒞任
未久即有不如歸去之歎,終於1927年1月辭職,前後僅八個月,4月返
回奉化。[7]蔣氏得毛氏辭職返鄉之訊息,知其個性不適合為首長,乃邀
至國民革命軍總司令部任幕僚職,負責文書方面業務,此後毛氏即長
期追隨蔣氏。毛氏工作勤慎,「終朝兀坐不輕離,直把公廳當燕私」,
保薦屬員升職,恆感左右為難,對於人事請託,則是「鄉情友誼淡相
忘,辟掾惟憑玉尺量」;[8]深受蔣氏尊敬與信任,除日常文書業務外,

5　〈粵海輪次寄東臥〉中有「依人壓線自年年,老托軍門自可憐」,〈介卿書來問起居賦
此答之〉中有「窮途作客走天涯,故舊蒙詢近狀佳;憂患只因時擾亂,飄零都是命安
排」等句,可見其心情;〈黃埔陸軍軍官學校作〉:「燕幕危巢飽受驚,羈遲瘴海可憐
生;軍圍愧我資望淺,官話輸人口齒清。乍易戎裝嫌不稱,初披韜略覺難明;卅年坐
破青氈士,何苦伶俜越嶠行。」可見其處境。見汪校芳編注,《勉廬遺養──蔣介石
最敬重的老師毛思誠》(香港:天馬出版有限公司,2010),頁40-41、47-48。

6　汪校芳編注,《勉廬遺養──蔣介石最敬重的老師毛思誠》,頁58。

7　毛思誠,〈離任感賦〉,汪校芳編注,《勉廬遺養──蔣介石最敬重的老師毛思誠》,
頁73。

8　毛思誠,〈總司令部文書科雜感〉,汪校芳編注,《勉廬遺養──蔣介石最敬重的老

個人文件，如日記、函電、文稿等亦交其整理保管。[9]

　　毛思誠所保管之蔣氏資料，據其孫毛丁表示，包括44部日記、手卷、畢業文憑、公牘等，經歷文革之後，獻交國家，由南京中國第二歷史檔案館接收保管，爲「蔣介石個人函電及公務文電等，計182卷」。[10]毛思誠在這些資料的基礎上，先將蔣氏早年文稿編輯《自反錄》，於1931年5月出版；復仿照《曾文正公日記類抄》的體例，將蔣氏日記分類摘抄，計有黨政、軍務、學行、文事、雜俎、旅游、家庭、身體、氣象等類，統名爲《蔣介石日記類抄》，以資參考。1937年返鄉休養期間，曾編撰《蔣介石大事年表》，而最受到各界重視者，爲1937年3月出版之《民國十五年以前之蔣介石先生》。

　　《民國十五年以前之蔣介石先生》實爲蔣中正一歲至四十歲之紀年史，全稿分爲幼年、少年、留學、光復、違難、韜養、黃埔訓練、北伐開始八個時期，每時期列爲一編，共八編；原名《蔣公介石年譜初稿》，[11]1937年3月印行時更名。毛思誠手書跋語，敘述成書經過，謂：「先生（按：蔣中正）以緘滕數具，親付收藏，檢其中所儲者。手卷也、日記也、公牘也，其餘雜存也，反覆披覽，悉外間所不克見，而爲歷來珍秘之故楮，驚喜以獲至寶。於是什襲以庋之，次比以鈔

師毛思誠》，頁91-97。

9　毛思誠之孫毛丁回答蔣氏爲何對毛思誠特別關照時，稱：「人之相敬敬於品。我認爲這是蔣介石敬重我祖父的人品。」見汪校芳編注，《勉廬遺養——蔣介石最敬重的老師毛思誠》，頁4。

10　汪校芳編注，《勉廬遺養——蔣介石最敬重的老師毛思誠》，頁4-5。

11　《蔣公介石年譜初稿》一名，見中國第二歷史檔案館編《蔣中正年譜初稿》（北京：檔案出版社，1992）之「編輯說明」；毛思誠之孫毛丁稱該書完成時，初名《蔣介石先生四十年年譜》，見汪校芳編注，《勉廬遺養——蔣介石最敬重的老師毛思誠》，頁155。

之，益以公署檔冊，清閣書報，而稚齡故事，則多得於里社傳誦，時日致勤，綴成此編。」爲求愼重，曾三易其稿，並送請于右任、吳稚暉、陳布雷等提供意見，復經蔣氏親自審閱，始成定稿。毛氏對該書之期許甚高，他認爲當時書肆中之蔣氏傳記「種類雖多，非空架議論，即虛構故實，而於追敍其家世，暨前半經歷，舛謬百出，去先生之眞相彌遠」，因此「不有傳信記實之作，益將淆世人之視聽」，而他與蔣氏同鄕，「夙叨不棄，近且追隨逾十年，此事深引爲己責，因竊裒集斯編，成爲實錄，自信與道聽塗說，類於稗官之種種刊物，取徑截然殊異。而先生之整個事跡精神，得藉以存其放失，俾舉世不至傳僞，而修黨國史者，亦有所取證焉」。[12]

蔣氏十分重視此書，對於重要問題往往親加按語，如1926年，蔣氏即註明：「本年爲誓師北伐之年，亦爲中國國民黨與共產鬥爭之年，中國存亡，革命成敗之機，皆在於此也。」[13]並於1945年重加審閱，發現「毛先生將余十八歲仍肄業鳳麓之年，誤編爲肄業箭金學校顧先生之年，故十八歲至二十四歲編事，皆須推後一年，此一發現甚爲重要，不然將來年譜又成疑問矣」，[14]於1948年，出版由陳布雷署名之校訂本。

《民國十五年以前之蔣介石先生》之體例採「編年」與「紀事本末」而交互爲用，依照蔣中正所經歷黨政軍大事，以歲月爲經，以行事之推移爲緯，復就其始終之間，鋪陳本末。早年敍事，較爲簡要，自三十二歲（1918年）起「事狀遞演加劇，敍法於漸次增詳」，所引用資料

---

12 中國第二歷史檔案館編，《蔣中正年譜初稿》，頁884。

13 中國第二歷史檔案館編，《蔣中正年譜初稿》，頁502。

14《蔣中正日記》，1945年6月19日。

包括蔣氏文章講話及諸同志事跡、電牘。[15]而更值得注意者，毛氏為詳記其每日行事，並理解內心想法，大量參閱蔣氏日記，間且摘引日記記事，穿插其中。但是毛氏所摘引日記，與原稿並非完全一致，在編訂、審閱的過程中，往往會就文字進行增刪。[16]所謂「編訂」係指毛思誠將所摘引日記依時間先後編入；「審閱」係指編妥後送請蔣氏審閱。通常在審閱過程中，蔣氏會對日記字句進行修正。以中山艦事件前一日，1926年3月19日為例，日記作：「上午，往訪季新兄，回寓會客。準備回汕休養，而乃對方設法陷害，必欲使我無地自容，不勝憤恨。下午五時，行至半途，自思為何必欲私行，予人口實，志氣何存！故決回寓，犧牲個人一切以救黨國也，否則國粹盡矣。終夜議事，四時往經理處，下令鎮壓中山艦陰謀，以其欲陷我也。權利可以放棄，名位可以不顧，氣節豈可喪失乎？故余決心不走。」[17]《民國十五年以前之蔣介石先生》同日記事，毛思誠原文為：「上午，往晤汪兆銘，回寓會客，痛恨共產黨陷害，決赴汕避禍。午後五時行至半途，猛思『我何為示人以弱？』仍返東山，誓犧牲個人一切，以救黨國。竟夕與各幹部密議，至四時，詣經理處，下定變各令。」與日記內容大致相同，僅文字上略作調整，再經蔣中正審閱後，修改為：「回寓會客，痛恨共產黨挑撥離間與其買空賣空之卑劣行動，其欲陷害本黨、篡奪革命之心，早已路人皆知。若不於此當機立斷，何以救黨，何以自救，乃決

---

15 中國第二歷史檔案館編，《蔣中正年譜初稿》，頁883。

16 楊天石認為毛思誠先摘引蔣中正日記原文，然後加以文字潤飾，並未改變蔣之原意，還是可信的。見楊天石，〈蔣介石日記的現狀及其真實性問題〉，《找尋真實的蔣介石——蔣介石日記解讀》（香港：三聯書店，2008），頁XIV。

17 楊天石，〈「中山艦事件」之謎〉，《找尋真實的蔣介石——蔣介石日記解讀》，頁139。

心犧牲個人，不顧一切，誓報黨國。竟夕與各幹部密議，至四時，詣經理處，下定變各令。公曰：『權利可以糞土，責任豈可放棄乎；生命可以犧牲，主義豈可敝屣乎。此時再不決心，尚待何時，此時若不殉黨，何顏立世。今日事只有直前奮鬥，以期毋忝所生，不負初衷。』」[18] 就蔣氏所改文字與日記及毛思誠原文相較，顯然在修正過程中，受到後來情勢發展的影響，更加正當化其發動「鎮壓」行動的動機。[19] 但是無論如何，《民國十五年以前之蔣介石先生》是最先運用蔣氏日記的書籍，因此有稱毛思誠為「蔣介石日記研究第一人」。[20]

參、董顯光與《中國最高領袖蔣介石》

繼毛思誠《民國十五年以前之蔣介石先生》後，抗戰期間所出版董顯光著、蔣鼎黼等譯《中國最高領袖蔣介石》，為明確宣稱曾經參閱蔣氏日記而撰著的蔣氏傳記。值得注意的是董顯光與毛思誠相同，亦曾擔任過蔣中正的老師。

董顯光1887年出生於浙江鄞縣（寧波府屬）茅山鄉董家跳村，該村距離蔣氏之溪口鎮西北大約三十多公里。董氏出身於基督教家庭，幼年生活困苦。1899年全家遷居上海，董氏從家鄉的私塾改為接受新式教育。畢業後，因家計需要，遂放棄學業，應聘至奉化龍津中學教授

---

18 中國第二歷史檔案館編，《蔣中正年譜初稿》，頁547。

19 馬振犢認為蔣氏修正的原因為：一、政治背景時過境遷，個人立場發生變化；二、個人婚姻的變化；三、對自己性格缺點的掩飾；見馬振犢，〈《蔣介石日記》原本與毛思誠作類抄、年譜比較初探——以1926年7月為例〉，呂芳上主編，《蔣中正日記與民國史研究》（臺北：世界大同出版有限公司，2011），頁91-96。

20 黃梅君、汪校芳，〈毛思誠：蔣介石日記研究第一人〉，《寧波通訊》2011年第5期，頁35。

英語。1905年春,蔣中正入該校就讀,成為董氏的學生。董氏回憶:
「在奉化教書時,我遇見了將來影響我整個生活的年輕蔣委員長,他雖
然與我同年,卻是我的學生中的一位。」[21] 1907年,董氏回到上海,
並進入商務印書館工作;1909年,在基督教長老會的協助下赴美國留
學,1912年畢業於密蘇里大學新聞學院,隨後進入哥倫比亞大學普
利茲新聞學院就讀。1913年返國後,擔任上海《中國共和報》(*China
Republican*)副編輯、《北京日報》(*Peking Daily News*)主筆。1914年,
擔任《密勒氏評論》(*Millard's Review*)副編輯,兼任督辦全國煤油礦事
務總署秘書。1925年3月,在天津創辦《庸報》,1926年中,在長沙訪
問了當時擔任國民革命軍總司令的蔣中正,不過在匆促間,蔣氏沒有
認出董氏,以為只是一般的新聞記者;[22] 1929年,任《大陸報》(*China
Press*)總經理兼總編輯,11月,以秘書身分隨國民政府特派考察日本
歐美專使杜錫珪出國,蔣氏於行前接見時,發現董氏是在龍津中學教
他英語和算學的「董先生」,此後兩人除了公誼又加上了一層私交,關
係日益密切。[23] 1930年10月,考察團回國後,董顯光應蔣氏之邀,至
溪口住了十多天,在這十多天中,使他有機會對蔣氏的私人生活作一
次直接接觸的了解。[24] 1935年,董氏受蔣中正任命為新聞外電審查員,
1937年抗戰發生後,出任軍事委員會第五部副部長,旋改任中國國民
黨中央宣傳部副部長,主管國際宣傳工作,至1945年卸任,前後長達
八年之久。1947年5月,出任國民政府行政院新聞局首任局長;1948年

---

21 董顯光著、曾虛白譯,《董顯光自傳》(臺北:臺灣新生報社,1974),頁7。

22 董顯光著、曾虛白譯,《董顯光自傳》,頁43-44。

23 董顯光著、曾虛白譯,《董顯光自傳》,頁52-53。

24 董顯光著、曾虛白譯,《董顯光自傳》,頁53-54。

5月，行憲政府成立後，翁文灝組閣，仍任新聞局局長，至12月隨翁內閣總辭離任。政府遷臺後，曾任中國廣播公司總經理兼《中央日報》董事長；1952年8月中日和約生效，兩國正式恢復邦交，出任戰後首任中華民國駐日本大使；1956年4月，受命出任中華民國駐美國大使，至1958年8月卸任，受聘為總統府資政，1971年1月病逝於美國紐約。

《中國最高領袖蔣介石》係依照董顯光於1937年10月出版之蔣氏英文傳記 *Chiang Kai-shek, Soldier and Statesman: Authorized Biography*（The China Publishing Company）翻譯而成，譯者為蔣鼎黼、姜君衡，1939年由上海好華圖書公司出版。事實上，董氏撰蔣氏傳記，有中文、英文兩種版本，「兼餉本國及外國讀者」，兩版本同時寫作，稱：「下筆時有先成中文稿，再作英譯者，有先著英文稿，再譯中文者」。[25]中文本定名《總裁傳記》，採文言文，全書二十八章，分第一、第二兩卷，於1938年夏，由香港西南圖書印刷公司印行。卷首有董氏於1937年6月撰「初版弁言」及1938年付印時增撰之追記。[26]然該書印量不多，流傳不廣，因此有英文本之中文譯本出現。而董氏原書完成於全面抗戰之初，敘事止於1937年西安事變善後處理、中國國民黨舉行五屆三中全會。1945年抗戰勝利後，上海文史研究會決定重刊該書，將初版「選精拔萃，重行縮排」，分量上較原著減少一半，名為勝利後第一版（簡稱勝利版），譯校者為蔣鼎黼、鄒慕農，並由譯校者補充全面抗戰展開至抗戰勝利及國共談判部分，於1946年7月出版增訂第三版。[27]

---

25 董顯光，《蔣總統傳》（臺北：中華大典編印會，1967），「初版弁言」頁5。

26 徐鰲潤，〈董顯光有關先總統蔣公傳記之著述〉，中華民國史料研究中心編，《先總統蔣公有關論述與史料》（臺北：中華民國史料研究中心，1979），頁476-477。

27 董顯光著，蔣鼎黼、鄒慕農譯校，《中國最高領袖蔣介石》（上海：文史研究會，1946年7月增訂第三版），頁289。按：勝利版於1946年出版增訂第二版及增訂第三

　　董顯光表示所以撰寫該書，係「由於對蔣委員長畢生事業的認識，本書作者始克著成此傳」，「企望是在協助一般人士對此領導四萬五千萬人民並負責解決一切難題的人物，獲得一種更深更清的瞭解」。[28]而所謂「對蔣委員長畢生事業的認識」，則來自他與蔣氏的師生關係，謂：「清光緒卅一年（一九〇五年）春，蔣氏方負笈奉化隆慶學堂，當時本書作者在該校執教，此未來的委員長雖在該校時間不久，但他的人格已給予該校的教職員們一個極深刻的印象」。[29]至於撰寫該書之起源，則爲前述1930年考察團回國後，應邀至溪口十餘天的近距離觀察，董氏稱：「經過此次進謁後，作者乃決定日後爲蔣氏作一傳記，詳述他絕不由於偶然而得的功蹟。事實已很清晰地昭示，在現代沒有人能像蔣介石先生一樣地偉大和崇高，尤其是其後六年中，蔣氏生命中充滿著改革運動的質素，若不加以正確的記述，實在是國家的損失，因此作者決定了從事蔣氏傳記的工作」。[30]譯者則在翻譯過程的說明中，明白表示該書不同於其他蔣氏傳記，具有正確性，且爲蔣氏「特准

版：1948年7月出版二版本，10月出版三版本。見徐鰲潤，〈董顯光有關先總統蔣公傳記之著述〉，中華民國史料研究中心編，《先總統蔣公有關論述與史料》，頁474-475。

28　董顯光著，蔣鼎黼、鄒慕農譯校，《中國最高領袖蔣介石》，「原序」頁2。按：董顯光於1952年在臺灣出版之《蔣總統傳》，其「初版弁言」作：「顯光識介公於其青年之時，今就平日之認識，作此傳記，非敢有所發明；惟求世人對此四萬五千萬人民之領袖，及其所力求解決之諸問題，能有較爲深刻之瞭解耳。」見董顯光，《蔣總統傳》（臺北：中華大典編印會，1967），「初版弁言」頁2-3。

29　董顯光著，蔣鼎黼、鄒慕農譯校，《中國最高領袖蔣介石》，「原序」頁2。按：隆慶學堂即龍津學堂之譯音。《蔣總統傳》之「初版弁言」：「公在龍津肄業，雖爲時不久，而當時教師對公皆具深刻印象，蓋其努力學養，誠摯異人，已爲我儕所注意矣。」（頁3）

30　董顯光著，蔣鼎黼、鄒慕農譯校，《中國最高領袖蔣介石》，「原序」頁4。《蔣總統傳》「初版弁言」：「顯光此行後，即具異日爲公撰寫傳記之決心。誠以公之成功，並非偶然，果能將其行事，供之當世，禿筆無華，與有榮焉」。（頁2-3）

著述」，謂：「蔣介石先生，誠如本書作者所說，是領導四萬萬中國人民並負責解決一切難題的最高領袖。關於最高領袖的傳記，在抗戰以前曾刊出過很多，但是可惜那些傳記中所表現的蔣委員長，卻只是『偽造的蔣委員長』。」「蔣委員長特准著述了的，就只有這一部近五十萬字的巨著。同人精力有限，時間無多，才學聲望又復不孚，本不敢遽以問世，但因本書內容豐富而翔實，英文版早已風行全球，而我們反未看中文本，殊爲憾事，乃決心譯成，一以表示我們愛護蔣氏之誠，一以滿足我們渴欲瞭解蔣氏之心。」[31]

該書在資料運用上，雖未有如今日學術論著註明來源出處，但董顯光於序言中曾感謝兩位合作者給予的協助，謂：「配尼斯敦君（Mr. John B. Penniston）與Z. B. 董君（Mr. Z. B. Toong）也曾賜予可貴的助力，兩君孜孜不倦於探索參考書籍，如新聞紙、小冊、文件、蔣氏日記及感想錄等等，爲本書獲得主要的素材。」[32]說明該書之參考資料除新聞紙、小冊、文件等，並曾參閱蔣氏日記及感想錄等。董氏於序言中亦自記在龍津中學時，所宿寢室與蔣氏同在一樓，因此能有機會觀察他的課餘生活，「蔣氏晨起很早，沐浴後，每晨必在他寢室前面的陽台上直立半小時，在這半小時內，他閉著嘴，直立著身體，緊又著雙臂，這時要肯定地說明他腦中所思爲何事，當然是困難的事，但是約略可以知道他是在思考著他的前途。事實上，根據他在隆慶學堂數月中日記所載，可知他是計畫著到日本修習軍事科學，來爲祖國效力」。[33]此

---

31 董顯光著，蔣鼎黼、郵慕農譯校，《中國最高領袖蔣介石》，頁288-289。

32 董顯光著，蔣鼎黼、郵慕農譯校，《中國最高領袖蔣介石》，「原序」頁5。

33 董顯光著，蔣鼎黼、郵慕農譯校，《中國最高領袖蔣介石》，「原序」頁3。《蔣總統傳》「初版弁言」：「公晨起甚早，盥洗畢，即挺立室前廊下，雙唇緊閉，狀貌堅毅，屹立恆半小時，習以爲常；其恢宏之腦海，究作何思想，固難臆測，然有關於

亦表示董氏曾參閱蔣氏早年在龍津中學求學時期日記，此一日記並不在目前開放的日記之列。

　　政府遷臺後，董顯光於1952年將其先前所撰蔣氏傳記重加整編補充，定名《蔣總統傳》出版。[34]雖然他在「增訂版序」中，對內容及所使用資料表示：「對於一位功業日隆之人而為其寫一詳盡的傳記，誠為極難之事；對其未竟之事功，祇能出諸臆斷。正惟此故，本書自不敢認為確定的傳記。中國的史實正在展開；對於蔣總統生涯中許多事迹的研究亦祇得其局部。蔣總統數十年來的日記與其私人文件的參閱，仍有待於將來。」[35]但是從蔣中正於日記記事，可以理解他在該書增訂的過程中，曾經口述個人經歷提供董氏參考，記道：「召見顯光，商討傳記增補重要之處，以余不贊成總理放棄黃埔，對北伐作孤注一擲，而堅留黃埔為本黨保全惟一根據；以及反對革命委員會成立，勿使鮑爾廷操縱本黨，并為鞏固本黨與完成北伐最大之關鍵也。」[36]嗣後又召見董氏，商談《蔣總統傳》增訂事宜，[37]顯見他對此書的關切。

　　增訂本對於蔣氏的敘事，主要增加1937年全面抗戰開始以迄政府遷臺相關事實，「為使此增訂本篇幅不至過鉅，所有關於民國二十五年前蔣總統之生涯敘述，力從簡略，而以增訂本之半容納中日戰爭開始

　　將來之事業，則可斷言。後讀公日記，知公在龍津數月中，正籌劃如何赴日留學，學習陸軍，以備將來獻身國家。」（頁3）

34 董顯光撰《蔣總統傳》，前有「初版弁言」，係保留《總裁傳記》之「初版弁言」，惟研究者稱：「全書無論在章節標題，和本文，均難看到初版『總裁傳記』的形式，故所謂『增訂版』者實已另成一系統，最明顯者是初版原有的文言文行文方式，此書中已不復再見。」徐鰲潤，〈董顯光有關先總統蔣公傳記之著述〉，中華民國史料研究中心編，《先總統蔣公有關論述與史料》，頁477。

35 董顯光，《蔣總統傳》，「增訂版序」頁3。

36《蔣中正日記》，1952年8月7日。

37《蔣中正日記》，1952年8月23日。

以迄於最近之新資料」。[38]事實上，董氏在增訂本中對於1936年之前若干敘事的觀點亦有所調整，茲舉蔣氏1923年率團訪蘇一事爲例，《中國最高領袖蔣介石》中稱：「在蘇聯住了四個月之後，蔣委員長在十二月裡回到了廣州。在那裏，他對蘇聯的某些形勢，做了一篇表示滿意的報告，並且提議著：依照他在蘇聯考察所得的印象，主張國民黨改組。如果他沒有接得廣州又告急的消息，他說恐怕還要在莫斯科作一個較長的逗留哩。」[39]《蔣總統傳》則稱：「蔣總統在俄國停留四個月，於十二月復返廣州，對於蘇維埃的制度和實際，於所作報告頗不贊同。」[40]兩者相對照，蔣氏對蘇聯考察所得，有「滿意」與「頗不贊同」兩種截然不同的印象，推究原因，應與當時所處政治環境與國際情勢有關。

肆、日本《產經新聞》刊印《蔣總統秘錄》

1974年8月15日，日本《產經新聞》開始連載古屋奎二編著《蔣總統秘錄》，副題爲「中日關係八十年之證言」；次日，中文譯稿在《中央日報》刊出，立即引起各方注意。關於日本《產經新聞》連載《蔣總統秘錄》的背景以及學者對該書的意見，已有專文討論，此處不再贅述。[41]而對《蔣總統秘錄》一書，值得注意者爲其所使用資料，除了官方及中國國民黨方面檔案外，尚有一些以往未公開的資料，包括《蔣中正日

---

38 董顯光，《蔣總統傳》，「增訂版序」，頁1。

39 董顯光著，蔣鼎黼、鄔慕農譯校，《中國最高領袖蔣介石》，頁46。

40 董顯光，《蔣總統傳》，頁54-55。

41 川島眞，〈再論日本產經新聞之蔣介石秘錄的史料價值〉，中國社會科學院近代史研究所編，《民國人物與民國政治》（北京：社會科學文獻出版社，2009），頁392。

記》在內。

關於《蔣總統秘錄》所使用資料情形，在《產經新聞》所作內容及撰寫經過的說明中，以「機密文件公開」為題，有清楚的陳述，稱：「《蔣總統秘錄》是依據中國國民黨以及中華民國政府各有關機關現存的公文書等官方資料所編撰，是一部『中、日關係史』。」「中國國民黨為了協助這個連載的企劃，無條件地提供了黨的官方記錄、總統府公文書、外交文書、戰史資料、蔣總統講詞、日記、回憶錄等過去從未公開過的重要文獻。」「在這一次初公開資料之中的外交文書，本來是一個國家的極機密檔案，因為在外交方面存著和對方國家的關聯性，傳布出去可能會發生影響，故而不得不特別慎重；但是，正因為其關涉到歷史事實的重要性，所以特地予以公開。」「蔣總統的日記和反省錄等文件的公開，也是以這一次為初始。在這些文件中，活生生地記錄著一位領導者在面臨到歷史事件各場面的時候，所感受的愉悅或煩惱、疑慮；還有蔣總統本人在公開場合所未曾開口、而發自真心的感慨，也都常有出現在這些資料上。」「關於戰爭的記錄，也涉及到了很多的部分：自『九一八』事變以來的四十年之間，在中國大陸展開的戰爭和中國方面作戰的詳情，也都是第一次明白地公開出來。」[42]其中特別值得注意的為《蔣中正日記》的引用。

在此之前，雖然有《民國十五年以前之蔣介石先生》引用蔣氏日記，但該書流傳不廣；而《蔣總統傳》雖然談到日記的引用，但在文中並未直接引述。《蔣總統秘錄》則是直接在文中註明某年某月某日日記，不僅是蔣氏日記首次對外公開，而且是在外國的新聞媒體上，自

---

[42] 〈「產經新聞」說明內容及撰寫經過〉，《蔣總統秘錄》全譯本第一冊（臺北：中央日報社，1974），頁9-10。

然引發了一些爭議。當時擔任《中央日報》總編輯的薛心鎔回憶此事，謂：「《產經新聞》於六十二年秋，向我國當局提出協助採訪取材的要求，獲得同意，由國民黨中央委員會副秘書長秦孝儀負責協調，提供其所需的黨方及政務方面的有關資料。其中最珍貴的蔣公的日記，所作的記載多爲大局的關鍵，從未對外發表過。經《蔣總統秘錄》披載之後，廣受各方注意，也引起一些人的抗議，認爲如此貴重的史料爲何不提供給本國的學者與新聞界，而是提供給日本報紙。據我所知，當局只是斟酌產經需要，提供蔣公日記中有關的片段、甚至僅爲一兩句話的影印稿，並非將原件完全公開。」[43]但是不論是否爲原件，《蔣總統秘錄》中所引用的蔣氏日記在以後有相當長一段時間，與後面所提《總統蔣公大事長編初稿》，成爲學者引用蔣氏日記之來源。然而兩書所引用內容並非相同，黃仁宇曾統計抗戰期間，即自1937年7月7日至1945年8月15日，《蔣總統秘錄》引用日記260處，《總統蔣公大事長編初稿》引用781處，兩相比較，相互重疊者119條，而這119條中，文字完全相同者僅有79條，其餘40條，或是辭句之間稍有不同，或是此處多幾個字，彼處少幾個字。[44]

　　近年來，隨著《蔣中正日記》的公開，亦有學者對於《蔣總統秘錄》中所引用蔣氏日記的正確性產生疑問，日本學者川島眞曾以九一八事變、西安事變、七七事變、珍珠港事件與英美的對日宣戰、開羅會議、日本投降等重要事件爲例，與日記原稿進行對照，認爲「總體來說，1970年代在日本出版的《蔣介石秘錄》引用的蔣介石日記之內容，

43 薛心鎔，《編輯台上：三十年代以來新聞工作剪影》（臺北：聯經出版，2003），頁214。

44 黃仁宇，《從大歷史角度讀蔣介石日記》（臺北：時報文化，1994），頁20。

大部分都與胡佛研究院藏蔣介石日記手稿一致，可以說是日記的第四個副本」，但是他也表示「《蔣介石秘錄》不是學術性的著作，而是宣傳性的著作。所以，引用的部分不一定客觀，可以明顯看出編者的意圖」，「但是，引用之處大部分內容與日記一致，因此有一定的參考價值」。[45]

伍、《總統蔣公大事長編初稿》的出版

《總統蔣公大事長編初稿》（以下稱《大事長編》）是《事略稿本》及《蔣中正日記》未公開前，民國史研究者的重要參考資料，具有相當大的影響力。

《總統蔣公大事長編初稿》由總統府總統事略編纂室（簡稱「事略室」）編纂，1978年10月出版，共八卷、十三冊，自1887年誕生至1949年12月六十三歲止，為蔣氏前半生大事之記述。[46]各卷內容：第一卷，自1887年誕生至1928年，即蔣氏一歲至四十二歲間大事；第二卷，自1929至1933年，即四十三歲至四十七歲間大事；第三卷，自1934至1936年，即四十八歲至五十歲間大事；第四卷，分為上、下冊，自1937至1941年，即五十一歲至五十五歲間大事；第五卷，分為上、下冊，自1942至1945年，即五十六歲至五十九歲間大事；第六卷，分為

---

45 川島真，〈再論日本產經新聞之蔣介石秘錄的史料價值〉，中國社會科學院近代史研究所編，《民國人物與民國政治》，頁392。

46 該書原預備為慶祝蔣氏九秩壽誕而編纂，見許兆瑞，〈許卓修先生對近代史研究之貢獻〉，《近代中國》雙月刊第125期，頁148。因《事略稿本》僅編至1949年，蔣氏於1975年4月逝世後，秦孝儀遂將其在1949年後之大事以年表方式呈現，成一完整之《大事長編》。

兩冊，上冊1946年、下冊1947年，即六十歲至六十一歲間大事；第七卷，分為兩冊，上冊1948年，下冊1949年，即六十二歲至六十三歲間大事；第八卷，自1950至1975年，即六十四歲至八十九歲逝世，二十六年之大事年表。內容大量徵引蔣氏言論、函電、公牘等資料，書中「公自記曰」、「公自記所感曰」等部分，被外界視為錄自蔣氏日記，研究者往往據此理解蔣氏心跡，引證對問題之意見。黃仁宇曾以該書中「公自記曰」、「公自記所感曰」等，與《民國十五年以前之蔣介石先生》相關內容，著有《從大歷史角度讀蔣介石日記》（臺北：時報文化，1994）一書，析論1924至1945年間民國史上相關史事。但是《總統蔣公大事長編初稿》並非事略室等單位首次刊印之蔣氏大事記，在此之前，已有《蔣總統大事年表（初稿）》及《蔣總統大事長編》兩書，不過當時僅有少量印行，流傳不廣，外界所知有限。

　　《蔣總統大事年表（初稿）》（以下簡稱《大事年表》），未註明編纂者、出版時間及單位等，難以得知相關訊息，但就全稿止於1956年7月，蔣氏七十歲來看，應該在1960年代。全套六冊，第一冊建軍時期，自1887年誕生至1925年三十九歲，又分為兩個時期，自1887年誕生至1923年三十七歲為○○時期，自1924年三十八歲至1925年三十九歲為建軍時期；第二冊北伐時期，自1926年四十歲至1928年四十二歲；第三冊統一時期，自1929年四十三歲至1937年6月五十一歲；第四冊抗戰時期，自1937年7月五十一歲至1945年8月五十九歲；第五冊戡亂時期（一），自1945年9月五十九歲至1950年2月六十三歲；第六冊復興時期，自1950年3月六十四歲至1956年7月七十歲。全書以日繫月，以月繫年，依時間先後排列，內容以蔣氏個人行動為主，較陳布

雷於1948年所編輯蔣氏年表詳細。[47]其中第四冊抗戰時期，敘事內容比其他各冊詳細，「公日」部分係摘錄自日記，文字上有若干調整，如1941年1月17日軍事委員會明令撤銷新四軍番號，發表新四軍叛變經過，《大事年表》當日記事：「公曰：『制裁新四軍問題，此為抗戰成敗最大之關鍵，若無最後制裁決心，則以後中共看破我心理，彼更可藉外力以事要脅，而俄國之允撥武器者，亦必以此作為容共之要求，故乘俄械未到之時，斷然處置，以表示我對中共制裁之決心，決不因俄國接濟我武器，而有所遷就也。』」[48]日記則為：「制裁新四軍問題，此為抗戰成敗最大之關鍵，若無最後決心，則以後中共看破我心理，彼更藉俄勢以要脅，而俄械之已允者亦必以此為其容共要求之工具，以後國權全操在人矣。故因俄械將到未到之時，以表示我對中共制裁之決心，決不為俄國大炮二百門、飛機二百五十架等大量武器接濟之故，而有遷就與疑慮。此等得失存亡之大事，決不為外人物質之關係而動心也，其來也，吾固如此，其不來也，吾更應如此也。」[49]兩者相對照，《大事年表》顯然精簡，日後，《大事長編》同日記事，即在《大事年表》之「公曰」內容上，再加以刪削，使文字更加簡潔，但不失原意。[50]

---

47 陳布雷編蔣中正年表，原附於1948年出版陳布雷校訂、毛思誠主編《民國十五年以前之蔣介石先生》一書後，自蔣氏誕生（1887）至六十二歲（1948）；後經秦孝儀續編六十三歲（1949）至八十歲（1966）。蔣氏逝世後，中央日報社續編八十一歲（1967）至八十九歲（1975）蔣氏逝世止，於該報以「蔣總統革命報國大事紀要」為名刊登。見陳布雷等編《蔣介石先生年表》（臺北：傳記文學出版社，1978）「前記」。

48 《蔣總統大事年表（初稿）》，抗戰時期，頁131。

49 《蔣中正日記》，民國30年1月18日後「上星期反省錄」。

50 《總統蔣公大事長編初稿》同日記事：公自記所感曰：「制裁新四軍問題，此為抗戰成敗最大之關鍵，若無最後制裁決心，彼更可藉外力以事要脅，而俄國之允撥武器者，亦必以此作為容共之要求，故予斷然處置，以示我對中共制裁決心，而不因俄

　　《蔣總統大事長編》爲事略室慶祝蔣中正八十一歲生日，於1967年10月出版，一套六卷，自1887年誕生至1956年12月七十歲止。其內容區分：第一卷，自1887年誕生至1928年北伐統一，即蔣氏一歲至四十二歲間大事；第二卷，自1929年全國統一至1936年抗戰前夕，爲蔣氏四十三歲至五十歲間大事；第三卷，自1937年全面抗戰至1941年太平洋戰爭發生，爲蔣氏五十一歲至五十五歲間大事；第四卷，自1942年世界大戰至1945年抗戰勝利，爲蔣氏五十六歲至五十九歲間大事；第五卷，自1946年國共和談、動員戡亂至1949年大陸淪陷，爲蔣氏六十歲至六十三歲間大事；第六卷，自1950至1956年，政府遷臺初期，爲蔣氏六十四歲至七十歲間大事。

　　《蔣總統大事長編》由秦孝儀任總編纂，袁金書、陳敬之任編纂，沈篤夫、許兆瑞、趙佛重任助理編纂，周應龍爲檢校。秦孝儀於〈編纂例言〉中，說明該書之體例「採『編年』與『紀事本末』體例而互用之。雖以歲月爲經，以行事之推移爲緯，有時於其終始之間，抑或統敘本末，或追窮原委，或迻記公心跡言論，或雖敵方資料，亦採爲必要之參證與補充」，及編纂原則「長編各時期，於黨派稱謂，皆依原始文件，亦即依當時政府立場而直稱之，如毛共在圍剿時期稱『匪』，在就編時期稱『中共』，在戡亂時期稱『匪僞』，蓋所以明從違，正是非，嚴敵我，亦所以示天下以大公，篤政府之大信。」[51]

　　該書以前述《大事年表》爲基礎，敘事內容雖然較爲詳細，但對於蔣氏個人活動卻省略甚多，以1948年1月爲例，該書有十天記事，《大

　　　助我武器，有所遷就也。」（卷四下，頁618。刪除《大事年表》中「則以後中共看破我心理」及「乘俄械未到之時」兩句。）

51　秦孝儀，〈編纂例言〉，《蔣總統大事長編》卷一（臺北：未著出版單位，1967年10月31日初印稿），頁4-5。

事年表》卻有十六天記事；所用資料亦多爲重新編輯，較少引用原始文獻。至於秦氏所稱「或逐記公心跡言論」，集中於「言論」部分，「心跡」則較爲缺乏，如前述《大事年表》1941年1月17日蔣氏自述處理新四軍之原因，該書即未引錄。就整體而言，該書對蔣氏七十歲以前經歷，仍不失爲一份値得參考的資料。而該書編纂過程中，是否曾參考《事略稿本》，亦未有進一步證明，難以判斷，但因編纂諸人均參與《事略稿本》之資料搜集及撰稿工作，應有一定關聯性。

《總統蔣公大事長編初稿》係在《蔣總統大事長編》之基礎上，由事略室人員負責增補整編完成，以秦孝儀爲總編纂，陳敬之、吳伯卿爲編纂，許兆瑞、鄧耀秋、曾白雲爲副編纂。全書體例，一仍其舊，以「編年」與「紀事本末」交互爲用。但記事方面較《蔣總統大事長編》豐富詳實，尤以1937至1949年之內容增加最爲可觀。此應與《事略稿本》在此時期已完成1949年前之編纂有關，《大事長編》之撰稿者能以《事略稿本》爲底本進行刪修，或摘錄《事略稿本》中相對應年分之資料，內容自然更爲充實。而在徵引過程中，《大事長編》仍對《事略稿本》進行字句上的刪修，以1949年相關記事爲例，《大事長編》與《事略稿本》即使摘錄同一段日記，文字亦不相同，如11月11日《大事長編》之「公於『反省錄』中自記所感曰」，與日記「上星期反省錄」之內容幾乎完全相同，《事略稿本》卻在文字上作了一些修改；[52] 5月13日《事略

---

52 1949年11月11日日記：「上星期反省錄：李由滇直回桂林，而不返重慶，在此貴陽危急，川東陷落，重慶垂危之際，政府豈能無主，黨國存亡繫此俄頃，不問李之心理如何，余爲革命歷史及民族人格計，實不能不順從衆意，決心飛渝，竭盡人事，明知其不可爲，而在我更不能不爲也。至於生死存亡，尚復容計乎？乃決心飛渝，尚期李能激悟回頭也。」《大事長編》：「公於『反省錄』中自記所感曰：『李德鄰（宗仁）由滇直回桂林，而不返重慶，在此貴陽危急，川東陷落，重慶垂危之際，政府豈能無主，黨國存亡繫此俄頃，不問李之心理如何，余爲革命歷史及民族人格計，實不能不順從衆意，決心飛渝，竭盡人事，明知其不可爲，而在我更不能不爲也。至於

稿本》之內容與日記大致相同，《大事長編》除將「建設則以臺灣與定海爲著手之起點」中「與定海」刪除外，並將《事略稿本》最後一句「一是以實行民生主義爲建設之要務」，改爲「一是以民生主義社會建設及其政策實施爲要務」，並增加「更擬定推行土地債券，士兵與工人保險制度」兩句。[53] 凡此皆可以說明《大事長編》雖然是以《事略稿本》爲底本，但兩者間仍有相當多的差異。

　　《大事長編》出版初期，屬於內部運用書籍，並未對外公開，僅有少數學者專家經當時擔任中國國民黨中央黨史委員會主任委員之秦孝儀同意，得以運用。但以外在環境變化，研究者對於史料開放要求益切，輾轉得知有此書後，透過各種途徑向秦氏提出要求，致該書雖未發行，但流傳尚廣。

生死存亡，尚復容計乎？乃決心飛渝，尚期李能徹悟回頭也。』」《事略稿本》：「公於『一週反省錄』中自記所感曰：『李德鄰（宗仁）由滇遲返桂林，而不赴重慶，在此貴陽危急，川東淪陷，重慶告驚之際，政府豈能無主，黨國存亡繫此俄項，不問德鄰之心理如何，余爲革命歷史及民族人格計，實不能不順從眾意，決心飛渝，竭盡所能，雖明知其不可爲，而余則不能不爲也。至於成敗存亡，尚復容計乎？乃決心於日內飛渝，尚期李能激восто悔悟，共撐危局也。』」

53 1949年5月13日日記：「雪恥：一、（略）二、預定定海、普渡、廈門與臺灣爲訓練幹部之地區。三、建設以臺灣與定海爲著手開始之點。四、訓練幹部，編組民眾，計口授糧，積極開墾，分配每人工作，不許有一無業遊民，二五減租，保障佃戶，施行利得稅、遺產稅，籌辦社會保險，推進勞工福利，推廣合作事業，實行平均地權，節制資本的民生主義爲建設之要務。」《大事長編》：「研究總理手著民生主義，並預定：『以定海、普陀、廈門與臺灣爲訓練幹部之地區；建設則以臺灣爲著手之起點。實行訓練幹部，編組民眾，計口授糧，積極開墾，在社會上不許有一個無業遊民。實行二五減租，保障佃戶，施行所得稅、遺產稅，籌辦社會保險，推進勞工福利，推廣合作事業，實行平均地權，節制資本，一是以民生主義社會建設及其政策實施爲要務。更擬定推行土地債券，士兵與工人保險制度。』」《事略稿本》：「研究總理手著民生主義，並預定：『以定海、普陀、廈門與臺灣爲訓練幹部之地區；而建設則以臺灣與定海爲著手之起點。實行訓練幹部，編組民眾，計口授糧，積極開墾，在社會上不許有一個無業遊民。實行二五減租，保障佃戶，施行利得稅、遺產稅，籌辦社會保險，推進勞工福利，推廣合作事業，實行平均地權，節制資本，一是以實行民生主義爲建設之要務。』」

　　《大事長編》僅編至1949年，1950至1975年部分，因環境限制，「部分圖書，尚涉及國家機密，整齊次第，蓋仍有待」，[54]僅能暫編大事年表，接續於後。至1999年，秦孝儀以蔣氏逝世已逾三十年，而《大溪檔案》在移交國史館後，已陸續開放；中國國民黨中央黨史委員會庋藏之檔案資料，亦早已訂定三十年開放之規定，實具備續編《大事長編》之條件，復徵得方智怡同意提供所保存之蔣氏日記，乃由其擔任董事長之財團法人中正文教基金會擬定「《總統蔣公大事長編初稿》續編計畫」，由李雲漢、呂芳上、邵銘煌、劉維開組成編輯小組，展開1950年之後的《大事長編》續編工作。

　　續編工作在體例及寫作方式等方面，仍沿舊例，並延續前編卷數，於2002年12月出版第九卷，為1950年，蔣氏六十四歲大事。之後採一年一卷原則，至2008年4月，出版至第十三卷，為1954年，是蔣氏六十四歲至六十八歲，五年間大事俱已齊備。2008年正計畫整編1955年大事長編，因美國史丹福大學胡佛研究所於當年將蔣氏日記開放至1955年，且將於2009年7月將後續部分悉數開放。編撰小組以日記既已開放，繼續出版《大事長編》似無必要，乃提案並經中正文教基金會董事會通過，同意停止出版。

陸、《事略稿本》及《五記》

　　政府遷臺後，蔣中正之相關檔案、文物（通稱「大溪檔案」），係由總統府負責管理，1995年初，總統府同意將蔣中正檔案、文物移交國

54 秦孝儀，〈編纂例言〉，《總統蔣公大事長編初稿》，頁1。

史館典藏，經國史館清點、整理完成後，定名「蔣中正總統檔案」，於1998年2月正式對外開放。自開放以來，《蔣中正總統檔案》吸引大批民國史研究者前往參閱，而在其中最引起學者注意的資料，爲列在「文物圖書」類的《事略稿本》及《五記》。《事略稿本》自1927至1949年，是以蔣氏日記爲主要資料編輯而成的大事長編；《五記》則爲《困勉記初稿》、《游記初稿》、《學記初稿》、《省克記初稿》、《愛記初稿》等蔣氏日記類抄之統稱。

《事略稿本》實爲《民國十五年以前之蔣介石先生》之延續。前已述及，蔣氏曾將其早年日記、函電、文稿等個人資料，交由毛思誠保管整理。1937年抗戰軍興，毛氏以身體多病，返回故鄉奉化休養，未隨政府西遷，蔣氏個人資料保管整理工作，由時任國民政府軍事委員會侍從室第二處（簡稱「侍二處」）主任的陳布雷接替。1939年，陳布雷於所主持侍二處內成立總裁事略編纂室（簡稱「編纂室」），以王宇高、孫詒、袁惠常等任編纂員，於是年8月展開《事略稿本》之編纂。[55]

王、袁、孫三人均爲蔣氏之奉化同鄉，具舊學根底。王宇高爲蹕駐村人，著有《珠岩齋文初稿》；[56]袁惠常爲慈林村人，著有《雪野堂文

55 陳布雷，《陳布雷回憶錄》（臺北：傳記文學出版社，1967），頁143；蔣君章，〈含淚回憶總裁對我的召見〉，《傷逝集》（高雄：德馨室出版社，1979），頁16；〈布雷先生的風範——「寧靜致遠、澹泊明志」〉，同書，頁83。

56 王宇高生平參見徐善元，〈王宇高治呃逆案2〉，《浙江中醫雜誌》1995年第3期，《吾喜雜誌網》，http://wuxizazhi.cnki.net/Search/ZJZZ503.037.html，2013年4月14日瀏覽。

稿》；[57]孫詒著有《瓶梅齋詩錄》等傳世；[58]侍從室同仁習稱三人爲「奉化三先生」。[59]編纂採取分年負責制，依照毛思誠《民國十五年以前之蔣介石先生》一書之原有體例，每人負責一年的事略編纂，成稿後送請陳氏校閱。據當時任職侍二處之蔣君章回憶編纂室工作情形，謂：[60]

當時的編纂室，有三位編審，三位書記。三位編審是王宇高先生、孫詒先生和袁惠常先生，都是奉化籍，我們習稱爲奉化三先生，他們都是古文家，採取分年負責制，各人負責一年的事略編纂，成稿後送請布公校閱。文中頗有議論文，略似評傳性質。當時我有個不成熟的建議，在某次會議上發表。我的建議重點，大約有四：其一，採取毛勉廬先生（按即毛思誠，爲總統的老師）《民國十五年前之蔣介石先生》一書之原有體例，一線相承，使成整體；其二，按年按月按日把有關的事實，依次記錄下來，包括書面指示、電報、文告、演講在內，其有關的覆電，以附註方式記載之；其三，委座日記中有關修養或其他文字，仍沿舊例，以「公曰」字樣表示之；其四，此時爲委座作傳略，以事實的彙集爲主要目標，不採作傳的方式，旨在保存資料的完整，作爲歷史的文獻。明清兩代的實錄或前代的起居注，所用的方法，頗堪參考。此外我又向三位先生建議：搜集資料時，應採卡片方式，

---

57 葉揚，〈「童稚結習」：記祖父葉玉麟山水〉，《文匯報》，2012年10月6日，http://whb.news365.com.cn/tp/201210/t20121006_708394.html，2013年4月14日瀏覽。按：袁惠常在其家譜上所列職務爲「國民政府文官處編審兼國史館協修」，參見袁國松，〈古村慈林〉，《奉化新聞網》，蕭王廟站－生態旅遊，http://xwm.fhnews.com.cn/html/200808/5/20080805100231.htm，2013年4月14日瀏覽。

58 參見〈瓶梅齋詩錄三卷詩一卷〉，《孔夫子舊書網》－拍賣聯盟－天津國拍今古齋－天津國拍今古齋2006秋季拍賣會－古籍善本，http://pmgs.kongfz.com/detail/7_12057/，2013年4月14日瀏覽。

59 蔣君章，〈含淚回憶總裁對我的召見〉，《傷逝集》，頁16。

60 蔣君章，〈含淚回憶總裁對我的召見〉，《傷逝集》，頁16。陳布公爲陳布雷，陶先生爲陶希聖。

一一記載下來、然後按照工作的分配，把不屬自己負責範圍內卡片，互相交換，使同一資料來源所涉及的不同年分的事實，避免他人再閱一遍。我這個建議，和三位先生工作習慣不同，他們都默不作聲，因此我不再說話了。

1945年侍從室併入國民政府，編纂室隨之移交，隸屬政務局，與陳氏關係形式上中斷，但實際上仍請示陳氏。[61]至1948年已陸續完成1927至1936年部分，各年沿用《民國十五年以前之蔣介石先生》之名稱，依序為《民國十六年之蔣介石先生》、《民國十七年之蔣介石先生》等。

1949年初，因時局變化，已完成之《事略稿本》隨同蔣中正相關資料一併運臺，存放於桃園大溪，「大溪檔案」名稱即由此而來。1951年10月，時任總統府機要室主任之周宏濤以蔣氏傳略編纂工作應繼續進行，遂委請蔣君章（時任總統府秘書）主持相關事宜，續編1937年之後《事略稿本》。[62]蔣君章認為茲事體大，建議組成事略編纂小組，請張其昀、陶希聖任指導員，並擬採專案方式進行，先行編訂史迪威事件、開羅會議及中蘇友好同盟條約談判等三方面資料。[63]1952年4月，蔣因發表〈宋子文莫斯科談判追記〉一文，引起外界爭議，奉命免除一切職務，並不得參加各種工作。[64]《事略稿本》之編纂由負責《大溪檔案》整理工作之許卓修接替，至1958年7月，陸續完成1937至1945年部分。其中1937至1941年，由許卓山、袁金書擔任，許卓修審核，於1955

---

61 蔣君章，〈含淚回憶總裁對我的召見〉，《傷逝集》，頁16。

62 蔣君章，曾於抗戰期間任國民政府軍事委員會侍從室第二處秘書，追隨陳布雷。來臺後，任總裁辦公室第五組副組長，總裁辦公室結束後，任總統府機要室秘書兼資料組副組長、中國國民黨第四組副主任等職。

63 蔣君章，〈含淚回憶總裁對我的召見〉，《傷逝集》，頁18。

64 蔣君章，〈含淚回憶總裁對我的召見〉，《傷逝集》，頁19。

年12月前完成。1956年1月，總統府成立總統事略編纂室（簡稱「事略室」），由許卓修以總統府秘書兼事略室總編纂，相關人員一併納入，《事略稿本》之編纂工作即由該室負責，以袁金書編纂1942年、1944年，許卓修、許兆瑞編纂1943年、1945年，許卓修綜核，至1958年7月完稿。1958年8月，許卓修因積勞致疾，請辭事略室總編纂職，經核定由總統府秘書秦孝儀接任。秦氏到任後，除親自校勘已編成之《事略稿本》外，並繼續編纂1946年以後之《事略稿本》。其中1947年、1948年資料之搜集整理及撰擬初稿，由陳敬之、趙佛重擔任；1946年、1949年，由袁金書、許兆瑞負責；[65]至總統事略編纂室結束時，1949年之前之《事略稿本》編纂工作均已完成。[66]1950年後的《事略稿本》，事略室亦繼續搜集相關資料進行編纂，但因環境限制，主要以剪報資料及公開言論等為主，並未具備1949年之前可參考大量政府檔案及往來函電等資料的條件，僅完成部分初稿。國史館為便於學者運用《事略稿本》，自2003年起，陸續整編出版1927年起之影印本，至2012年10月，已出版七十一冊，時間至1947年12月。

　　《事略稿本》除體例外，資料來源亦與《民國十五年以前之蔣介石

---

65 許兆瑞，〈許卓修先生對近代史研究之貢獻〉，《近代中國》雙月刊第125期，頁147-148。《事略稿本》之編纂人員，均任職總統府事略編纂室，生平資料較為缺乏，目前僅知許卓山於臺灣光復初期來臺，任職中國國民黨臺灣省黨部宣傳委員會，1946年11月至1947年7月，任臺灣省立法商學院專任副教授；袁金書曾任總統府參議、臺灣省立圖書館館長；陳敬之曾任總統府參議、中國國民黨中央委員會黨史委員會副主任委員；趙佛重曾任總統府編審；許兆瑞曾任中國國民黨中央黨史委員會總幹事、專門委員等。

66 總統事略編纂室應在1980年代中期結束，詳細時間不明。按：秦孝儀於1976年底任中國國民黨中央黨史委員會主任委員後，於1979年奉准將原在南投草屯之黨史會史庫、大溪之總統府機要室檔案（即「大溪檔案」）與士林芝山岩之總統事略編纂室檔案，集中於蔣中正位臺北市陽明山之中興賓館（後更名「陽明書屋」），各單位工作人員亦集中陽明書屋辦公。

先生》大致相同，包括蔣氏保存之函電、手令、公牘、文稿等，並摘
引蔣氏日記。而隨著蔣氏之職位日益重要，日記成爲理解其在政策形
成過程中的實際想法的重要依據。因此《事略稿本》所摘引日記之篇幅
較《民國十五年以前之蔣介石先生》爲大，不過在處理過程上，兩者大
致相同，摘引日記之內容在審閱過程中會在文字上進行調整，與原稿
略有出入。[67] 如以1948年5月行憲政府成立前記事爲例，對照日記原文
與《事略稿本》摘錄，可以發現《事略稿本》大多在不變動日記原意的情
形下，文字略作調整，斥責幹部部分則修飾較多。其中值得注意者，
爲5月15日日記爲：「朝醒後，深慮總統應否就職，或如始願仍退任行
政院長而讓位於德鄰，再三考慮，決定退讓，起床後向天父禱告，究
竟應否就職，無論進退，皆懇求天父明白指示，最後得默示進，不可
辭總統，故決不辭」，但在《事略稿本》中，將「再三考慮」以下字句，
改爲「經再三考慮，以爲不能退讓，否則是逃避責任，而非退讓矣，亦
爲上帝與天理皆所不容者也」，刪削幅度頗大，主要原因爲《事略稿本》
編纂者對於日記中如「起床後向天父禱告」等涉及個人信仰的記載，皆
修改爲較不具宗教色彩之中性文字，或不錄入。

　　《五記》包括《困勉記初稿》、《游記初稿》、《學記初稿》、《省克
記初稿》、《愛記初稿》，亦爲延續毛思誠所編蔣氏日記類抄而來。此項
工作係陳布雷主持《事略稿本》編纂時期，由參與編纂工作之王宇高與
王宇正負責。各記中摘錄日記內容的重點及起迄時間不一，《困勉記初

67 對於《事略稿本》摘取之日記內容，呂芳上稱「文字略加潤飾」，見呂芳上，〈領導者
　心路歷程的探索：蔣介石日記與民國史研究〉，「近代中國國家的型塑：領導人物與
　領導風格」國際學術研討會論文，2007年12月15-17日，頁2；楊天石則稱「對蔣的日
　記有刪選，有壓縮，有加工」，見楊天石，〈蔣介石日記的現狀及其真實性問題〉，
　《找尋真實的蔣介石──蔣介石日記解讀》，頁XVI。

稿》摘記1921至1943年間，蔣氏處理黨政事務的心迹；《游記初稿》摘記1930至1943年間，蔣氏於日記中之記遊；《學記初稿》摘記1931至1943年，蔣氏於日記中所記讀書心得；《省克記初稿》摘記1915至1942年間，蔣氏於「雪恥」項書寫自省、自勵語句；《愛記初稿》摘記1926至1943年間，蔣氏於日記中記對家人、師友、同志的關愛之意。各記摘錄內容並非原文照抄，而是在不失原意的情況下，精簡抄錄，因此即使同一段日記，在不同的類抄中，字句上仍有所不同。研究者如就各個類抄相互對照，或與《事略稿本》參看，即可以發現其中的異同。原稿因抄錄字跡潦草，閱讀頗有困難，已由國史館以「蔣中正總統五記」為名，於2011年12月整理排印出版。

柒、《蔣中正日記》開放後的蔣研究及其發展

1986年10月31日為蔣中正百年誕辰，國立中央圖書館（1996年易名「國家圖書館」）編目組就《中華民國圖書聯合目錄》、《中華民國出版圖書目錄》、《各大學三民主義研究所博士碩士論文目錄》、《中華民國期刊論文索引》、《中文報紙論文分類索引》等，收錄有關蔣中正之言論、文告、傳記、行誼及其思想評述等出版品，收錄時限截至1986年9月，彙編《蔣中正先生論著目錄》，為臺灣地區及海外在1986年之前關於蔣中正研究成果之總集。[68]同一時間，中國歷史學會、國史館、中央研究院近代史研究所、中國國民黨中央黨史委員會等機構聯合舉辦「蔣

---

68 其所收錄「以自由地區出版之中文資料為主，外文資料則就重要者選輯」，見〈凡例〉，國立中央圖書館編目組編，《蔣中正先生論著目錄》（臺北：中國國民黨中央黨史委員會孫逸仙博士圖書館、國立編譯館、國立中央圖書館，1986），頁1。

中正先生與現代中國學術討論會」，出席學者共提出論文一百篇，會後結集出版《蔣中正先生與現代中國學術討論集》五冊，爲歷年來關於蔣中正最大規模的學術研討會。會中，美國芝加哥大學教授艾愷（Guy S. Alitto）發表〈西方史學論著中的蔣中正先生〉，就有關蔣中正的西方歷史著作，提出檢討與批評，其中包括前述《蔣總統祕錄》之英譯本在內。他認爲《蔣總統祕錄》對蔣氏是有利的，作者古屋奎二敘述了蔣氏對於每一個事件或問題的看法，「但蔣先生在該書中不能顯出他具有吸引力、說服力，甚至人情味的品質。事實上，蔣先生『這個人』根本就沒有在書中出現。該書僅對蔣先生事業的政治層面加以敘述，而且行文過於沉悶，過分吹擂和欠缺優雅。」他進一步建議：[69]

> 如果要在西方史學論著中改善蔣先生的地位，就要以西方語文撰寫一部眞正成功的傳記。當然，這必定是一種細膩而艱辛的學術工作，同時也必須是一種知識取信的作品，這個傳記必須是文字優美和具有可讀性，絕不能僅敘述蔣先生的事業，而必須抓住他表象背後的個人性格。

時隔二十六年，艾愷的這段評論與建議，在今天看來，仍然具有相當說服力。中央研究院近代史研究所研究員張朋園在進行評論時，針對艾愷的建議，提出了他的看法：[70]

> 無論什麼樣的天縱英才來爲蔣先生寫傳，還得有一個條件與之配

---

69 艾愷，〈西方史學論著中的蔣中正先生〉，蔣中正先生與現代中國學術討論集編輯委員會，《蔣中正先生與現代中國學術討論集》冊1（臺北：蔣中正先生與現代中國學術討論集編輯委員會，1986），頁646-647。按：臺北谷風出版社於1999年將該文獨立成書出版。

70 張朋園先生評論，蔣中正先生與現代中國學術討論集編輯委員會，《蔣中正先生與現代中國學術討論集》冊1，頁680-681。

合。我們必須以有關蔣先生的原始資料供給他參考。什麼樣的原
始資料？我想最具體的就是大溪檔案，尤其是蔣先生的日記、國
民黨最高階層的會議速記錄等。我們必須公開有關的資料，讓資
料自己說話，則一切謊言及不實之論皆可不攻自破。

國民黨最高階層的會議速記錄於1994年開放，《大溪檔案》更名《蔣中
正總統檔案》於1997年起陸續開放，《蔣中正日記》亦於2009年全部開
放，依照張朋園的看法，顯然撰寫一部艾愷所謂真正成功的蔣中正傳
記之時機已經成熟，而這也應該是現階段蔣中正研究要努力的目標。

　　由前所述，《蔣中正日記》未開放前，已有《民國十五年以前之蔣
介石先生》等傳記類書籍，因作者與蔣氏所具有的公、私情誼，或蔣氏
為日後編纂其傳記所需，抑或基於宣傳、政治運用等因素，多有參閱
或引用蔣氏日記內容。但是對於學者而言，這些書籍所引用之日記內
容是否可信，為心中最大的疑問，而希望能直接閱讀日記。因此《蔣中
正日記》開放後，引發新一波的蔣中正研究熱潮，甚至有所謂「蔣學」
的出現，以蔣中正為主題的研究論文成為民國史研究的主流，相關學
術討論會亦一再召開，然而《蔣中正日記》的開放是否真的對蔣中正研
究產生重要的影響？

　　臺灣方面，民國史一直是歷史研究中的主流，因此蔣中正的相關
研究從不缺乏，在《蔣中正日記》開放前，學者已經使用上述《民國
十五年以前之蔣介石先生》等傳記類書籍進行研究，因此在開放後，
以1949年之前民國史事為主題的研究，日記的運用大多在補充原先的
觀點，少有顛覆性的改變，較大的影響是在1949年之後相關史事的探
討，包括韓戰、第一次臺海危機、金門砲戰、聯合國中國代表權、退
出聯合國等主題，日記提供較以往豐富的決策性資料，陸續有學者進

行研究。中正紀念堂管理處近幾年來亦委託學者進行「遷臺初期的蔣中正」、「1950年代的蔣中正」等研究計畫，研究成果正陸續發表。

大陸方面，《蔣中正日記》對民國史或蔣中正研究的影響，是開放前未曾預期的情形，除了日記本身具有豐富的內容，王奇生曾表示：「歷史研究的重要前提，是必須依賴史料。歷史上有很多非常重要的人物，因為沒有留下史料而不被歷史學家所重視，因為你沒有辦法去對他進行深入的研究。現在被歷史學家反覆研究的人，往往是因為他留下來的史料非常地龐大、非常地豐富。現在蔣介石的日記開放了，因為有他幾十年的日記，學界看完以後對他的研究確實有所深化。當然歷史學家們對蔣介石的看法還存有很大的差異。」[71] 從後見之明的角度來看，應該與日記暫存地點的選擇、兩岸關係改善、媒體與學者運作，以及大陸出現的「民國熱」等因素有關。[72] 相關研究大量增加，以收錄大陸地區期刊及博碩士論文電子全文的資料庫「中國知網」（CNKI）為例，以「蔣介石」為篇名進行搜尋，1949年中共建政至2006年《蔣中正日記》開放當年，五十八年間共有相關論文1,732篇，平均每年30篇；2007年《蔣中正日記》開放次年至2013年年初，六年共有1,266篇，平均每年211篇，數量確實十分可觀；[73] 博、碩士論文亦是如此，以「中國知網」收錄，自1999至2012年以「蔣介石」為題的博士論文2篇、碩士論文43篇，共45篇，其中37篇是2007年之後提出，其中

---

71 王奇生，〈蔣介石和國民黨（上）〉，《理論視野》2011年第11期，頁50。

72 大陸方面關於蔣中正研究的近年發展，參見陳紅民、何揚鳴，〈蔣介石研究：六十年學術史的梳理與前瞻〉，《學術月刊》2011年5月；張憲文，〈從「險學」到「顯學」：蔣介石研究的過去、現在與未來〉，《社會科學戰線》2011年第8期。

73 2013年4月12日瀏覽。按：筆者係由政治大學圖書館「中國期刊全文數據庫」及「中國期刊全文數據庫（世紀期刊）」進行瀏覽，之前曾於2012年8月26日瀏覽統計，篇數較本次為多，或係將重複論文剔除。

2011年的有12篇（博士論文1篇、碩士論文11篇）。[74]

　　從研究方向來看，《蔣中正日記》開放後，除傳統以政治、軍事、外交等公領域為主題的研究外，逐漸擴充到宗教信仰、人際關係、日常生活等私領域的探討。2010年1月，臺灣方面以蔣中正《事略稿本》讀書會成員為主的「蔣中正研究群」，與北京中國社會科學院近代史研究所民國史研究室，在臺北舉行「蔣介石的人際網絡」學術討論會，會中除就「人際網絡」相關問題進行探討外，亦就蔣中正相關主題的研究成果，從海外、大陸、臺灣三方面，進行回顧與展望。其中，楊奎松對《蔣中正日記》的一段分析，值得研究者參考，他說：[75]

> 以往的蔣介石研究者過多地側重於政治史的研究，較少關注蔣的思想、情感、性格、宗教信仰、家庭關係、人際關係以及蔣的心理活動等較私人的情況。而蔣的日記手稿，絕大部分內容過去早就以年譜、類編、困勉記等形式，包括以蔣的大事長編或事略稿本的形式披露過。因為手稿最大的特色是大量增加了涉及蔣個人生活、情感和內心活動方面的內容，或只是便於人們了解已經刊布的蔣日記內容，在文字上有過怎樣的修改，因此，過去單純從事政治史或軍事史研究的學者，要想馬上將這些嶄新的內容與他們過去的研究成果結合起來，獲得新的發現，就比較困難。而這種情況恰恰也說明，在蔣的日記手稿中迄今並沒有，或很少有政治史方面新的重大發現。

而「蔣介石的人際網絡」學術討論會正是試圖從《蔣中正日記》中所呈

---

74 2013年4月12日瀏覽。按：此項數字較筆者2012年8月26日瀏覽，增加一篇碩士論文。

75 楊奎松，〈蔣介石相關主題的研究回顧與展望（大陸）〉，汪朝光主編，《蔣介石的人際網絡》（北京：社會科學文獻出版社，2011），頁294。

現的私領域著手，分別探討蔣介石的黨政人際關係、蔣介石的軍事人脈、蔣介石的親緣、蔣介石的愛情、蔣介石的地緣關係等，探討蔣氏的人際網絡，期望在《蔣中正日記》與蔣中正研究中間取得新的聯繫。所有十篇論文，經過修正補充後，集結成書，在臺北、北京分別以「蔣介石的親情、友情與愛情」、「蔣介石的人際網絡」為名出版。次年6月，兩方學者繼續以「蔣介石日常生活研究」為主題，在花蓮舉行學術討論會，從休閒與遊憩、空間與時間觀、讀書生活與醫療等三方面進行討論，再度拓展蔣中正研究的新視野。十五篇論文，會後以「蔣介石的日常生活」為題，結集於2012年12月在臺北出版。

　　然而私領域的研究，往往會引起「枝微末節」、「有什麼作用」等方面的質疑，例如探討蔣中正的旅遊生活，就有可能要面對國家領導者進行旅遊是否具有正當性，或旅遊與國計民生是否有所關連等問題。事實上，私領域的研究會擴大對於公領域相關問題的理解，如1949年對於蔣中正而言，是一生中最大的挫敗，是充滿屈辱悲慘的一年，但是從日記中可以理解他憑藉堅定的宗教信仰，克服內心的挫折、屈辱，積極面對未來。因此對蔣氏宗教信仰的探討，實際上是對他在公領域作為的重要參考，而這一方面的資料，在蔣氏言論集或相關檔案中並不多見，只有從日記中，我們才能清楚看見一個具有虔誠基督宗教信仰的蔣中正。同樣的情形亦見諸於旅遊，蔣氏相關資料，如《蔣中正總統檔案》或《總統蔣公思想言論總集》等，關於旅遊的記錄並不多見，但是從日記中，我們可以發現蔣氏是一位喜愛旅遊，而且十分重視休閒生活的國家領導者，即使在對日抗戰或國共戰爭戰情緊急期間，仍不忘旅遊休閒，舒解身心，目的在迎接下一階段的挑戰。

　　除了私領域的研究外，日記中亦有許多反映其內心感想的記事，

包括對人的批評、對事的意見等，對於理解蔣中正有相當參考價值，但是這些批評、意見，不見得會反映在外在表現或公開作爲上。以日記中常見到的對人批評爲例，蔣氏在日記中時常有指責同志、部屬、學者的文字，措詞十分嚴厲，如其於1947年4月，國民政府改組，提選孫科爲國民政府副主席，八個月後則在日記中痛斥孫科「性行卑劣貪婪，寡廉鮮恥，令人痛心疾首。以總理如此偉大人格，而生有如此不肖之子，殊所不解。」[76]1949年3月，親書「安危同仗，甘苦共嘗」立軸祝賀何應欽六十歲生日，[77]而在半年前，1948年9月的日記中，卻批評何應欽「愚拙不自知」，謂：「其主持軍政部二十年來，因苟且不肯負責努力建立軍隊之人事與經理制度，以致今日國破民困，而彼獨厚顏自稱其爲已可以對得起國家，並反對設立軍費監理會，以辭職相脅。既不肯自強，而又不許人與問，執一意把持，必使軍敗國亡，將任外國來監督國防軍費而後已。此其卑劣之性情與思想，誤軍者必此人也。如其果辭，則應照准，不可再留也。」[78]四個月後，1949年7月，又在日記中指責何氏「不分親疏，不知氣節，毫無責任與歷史觀念」，「二十餘年來軍事制度與組織毫無進步與改革，以造成軍事失敗，軍閥重起慘境，此其應負重大責任。」[79]此種斥責或批評實爲其內心情緒的表達，然而蔣氏作爲國家領導人，理解內、外之間的關係，個人好惡不應該影響用人施政，日記成爲其發洩的管道，透過日記，可以看到一個有著喜怒哀樂的「平常人」蔣中正，一個與外在表現不一致的蔣中

---

76 《蔣中正日記》，1947年12月23日。

77 何應欽將軍九五紀事長編編輯委員會，《何應欽將軍九五紀事長編》（下）（臺北：黎明文化事業，1984），頁989。

78 《蔣中正日記》，1948年9月2日。

79 《蔣中正日記》，1949年7月18日。

正。

　　日記中還有一些其他資料無法呈現的事務，如讀書。蔣氏十分喜愛讀書，但是他讀過那些書？對他有什麼影響？在檔案或相關資料中難以呈現，日記中卻有相當多的記載。蔣氏在閱讀書籍時，往往會將重要內容抄錄於日記中，或在日記中撰寫個人的讀書心得，透過日記可以較為清楚的了解他的閱讀史。再如，蔣氏一生有許多演講，以《總統蔣公思想言論總集》為例，全書四十卷中，有一半的內容（卷十至卷二十九）為「演講」類，可見其數量之多，而蔣氏每次演講內容如何形成？或有以為係秘書人員起草，然細審演講內容，往往有其親身經歷之陳述，而對照同一時期日記內容，蔣氏所記錄之個人想法、觀念，與所發表演講內容或有吻合之處，亦即透過日記或許可以理解蔣氏對於問題思考的脈絡等。

　　日記是具有強烈個人主觀意識的資料，每個人對於問題的看法不同，對於生活的體驗亦不一致，蔣中正亦是如此。日記中所記內容，是他自己認為應該記錄的活動或對人、對事的意見，而非應外人或研究者需要所記錄。因此對於《蔣中正日記》，研究者不需要有過高的期待，認為日記可以解決與蔣氏有關的各種問題，日記所能解決的只是與蔣氏個人相關的問題。例如近年來學者經由《蔣中正日記》對於蔣與胡適關係的討論，就是一個例證。蔣中正在日記所顯示對於胡適的種種批評，只是個人的意見，是他內心的想法，並非形之於外的作為，如果僅以《蔣中正日記》為資料討論蔣氏與胡適關係，會失之於偏，仍必須參考其他資料。他在日記中所記對於問題的看法，亦是如此，許多時候是停留在想像的階段，實際作為並非一致，甚至南轅北轍，否定自己的想法。

綜合而言，蔣中正研究應該是以蔣中正爲主體的研究，呂芳上認爲「蔣的確是民國史上不可或缺的要角，但蔣的生平與國民黨史、民國史，也不能完全等同。黨史、國史往往有一定框架與格局，至於個人心態幽微之處的變化，是洞悉蔣中正之所以爲蔣中正之要竅。過去把歷史人物型塑成正負兩極的木偶，正與缺少『這個人』的學術研究走向息息相關」。[80] 就此而言，《蔣中正日記》對於蔣中正研究絕對有其重要性，如果蔣中正研究偏離了主體，《蔣中正日記》對於研究者的意義不大。要充分發揮《蔣中正日記》的史料功能，研究者應該發展以蔣中正爲主體的蔣中正研究，更進一步的目標，則是如何以《蔣中正日記》爲基礎，結合《蔣中正總統檔案》等相關資料，書寫一部「人性化」的蔣中正傳記。

---

80 呂芳上，〈提供史料不提供觀點的盛會〉，《蔣中正日記與民國史研究》，序。

孫中山影音檔案與政治宣傳之探究

邵銘煌*

孫中山自述「性慕好奇，志窺遠大」。舉凡有利於革命建國的新奇事物，他都會一意追求，力求實現。其於1911年2月在舊金山目睹華僑飛行家馮如的飛機表演，便立志造飛機，投入革命戰場。歷經十三年努力，終於夢想成眞，1923年8月9日，由他督造的「Rosamonde 1」[1]（中文名「樂士文」1號機），在廣東大沙頭演放成功，並即投入討伐陳炯明叛軍戰場。

一貫重視以宣傳手段號召革命的孫中山，在許多演說和文章中再三闡明宣傳之重要性。如1923年12月，以〈革命成功全賴宣傳主義〉爲題的長篇演講中明示：「僅靠武器而不採取有效手段廣泛宣傳革命思想，爭取各階層人民的廣泛支持，革命難於成功。」[2]因此，1924年5月，當錄音技術剛在中國萌芽之際，孫中山答應上海《中國晚報》創辦人沈卓吾之錄音請求，絕非一時興起，完全是基於宣傳三民主義的深謀遠慮，由此足見他是一位與時俱進之革命先覺者。惟難以逆料的，

---

* 國立政治大學圖書資訊與檔案學研究所副教授

1　Rosamonde是宋慶齡父母爲她取的基督教教名，有時直譯爲「羅莎蒙德」。

2　秦孝儀主編，《國父全集》第三冊（臺北，近代中國出版社，1989）。

它竟成爲孫中山碩果僅存於世的聲音。是年11月，孫中山應邀北上共商國是，繞道日本，特別在神戶演講「大亞洲主義」，乃其平生最後一次公開且具有重要意義的講話，可惜未留下聲音記錄。

沈卓吾（1887–1931），本名孔才。幼孤貧，初在商店當學徒，後來到如皋工業學堂工作。由於刻苦好學，被送入江南高等工業學堂補習工藝，畢業後留任技師。其人思想前進，常與同學談論革命，經人告發，而避走日本，始改名犖，字卓吾。在橫濱時，謁見孫中山，並加入同盟會，參與革命。曾奉命回國策劃起義，爲革命黨人焦達峰等祕運槍械至湖南。民國成立後，改行從商。1913年，在家鄉如皋，與友人合資開設「花邊結網公司」，利用婦女製造手工產品，銷往國外。1916年，在上海主辦《工商日報》。1919年，五四運動期間，積極參與上海商、學、工、報界大罷工，力主懲辦曹汝霖等賣國賊。他爲人公義，1920年直、魯、豫、陝、甘五省大旱，曾主動向南洋華僑募款賑災。後歷任孫中山廣州大本營參軍、上海電報局局長。

他與孫科交誼深厚。1927年武漢國民政府成立，孫科任交通部長，委任他爲部屬電政司司長，嗣改任財政部印花稅處處長兼江蘇印花稅局局長、鐵道部參事及上海特區印花稅處主任等職。1929年5、6月間，國民政府舉行孫中山奉安南京中山陵大典，沈卓吾任秘書，主持編纂《奉安實錄》。沈卓吾熱心公益，關懷鄉梓，對如皋孤幼學堂、育嬰堂、遊民教養所均有所捐助。1931年江北洪患，哀鴻遍野，力主以工代賑，修復堤堰。次年春，他攜資乘「大德輪」赴災區勘災，不幸發生船難以身殉。兩個多月後，遺體經人發現，始歸葬故里。于右任

書輓聯「大志已隨流水去，捨身卻爲救人來」悼念。《中國晚報》因乏人主持亦告停刊。

電影在近代中國起步較晚，用攝影記錄人物與事件，便更顯得珍貴。孫中山畢生獻身革命建國大業，在各個過程中，也都留下或多或少的照片，呈現他奮鬥的身影。最難得的是，他特許一位從事電影工作的革命同志黎民偉，自1923年7月起，跟隨拍攝各種活動。今天各方所見的孫中山動態影像，絕大部分就是黎氏和他的工作夥伴留下的真實記錄。

聲音與影像，都是檔案的一種形式，有別於文獻類型檔案，即在於生動，讓人有如臨其境的真實感。本文主要探述孫中山遺留影音的心路歷程，輔以文獻史料，烘托其與時俱進的精神，以及重視宣傳效用的灼見。

壹、夕陽下的心聲

5月的廣州，進入熱季。1924年5月4日上午9時，上海《中國晚報》創辦人沈卓吾，帶同報社留聲部兩位技師欣治、慶三，乘日輪「靜岡丸」自上海啓程。風平浪靜，航行平穩。惟舟行漸南，暑熱漸增，船員均改穿夏服。7日下午1時，抵達香港，晚10時換乘英船赴廣州。8日上午6時，抵廣州，投宿「泰安旅館」，因多蚊夜不成寐。次日遷居「東亞旅館」。

上海《中國晚報》，由沈卓吾以「國內新聞同志與旅外華僑有志祖國新聞事業者」名義發起組織，1921年5月9日創刊，每晚出版兩大張，言論偏重於北洋政府動態之報導。當時，《中國晚報》初成立留聲

部，沈卓吾南下廣州之行唯一目的，就是要爲孫中山錄製聲音。托人通過孫科和戴季陶的關係，希望邀請孫中山進行演說錄音。不巧，孫中山正在養病。他聽說「孫大元帥身體不豫，頗以爲慮」。5月11日，孫大元帥仍臥病，收音時日不能定。12日，一度傳言孫大元帥病篤，愈覺焦燥不安。[3]

等候期間，沈卓吾偕技師往南堤俱樂部視察，準備布置收音室。14日將所攜收音機件運往南堤俱樂部。15日收音機件裝置完成，開始作種種準備。不料，他忽患痢疾，但仍每日力赴俱樂部。天復多雨，殊覺煩悶。22日，市長孫哲生蒞臨俱樂部，觀察收音設備。談悉大元帥已痊可。25日，技師欣治也患病，高燒熱至39度。

30日，終於接到大元帥侍從室通知，可以收音。當日下午5時，孫大元帥在二位扈從陪同下，由大本營乘汽艇抵達俱樂部，並無戒備。沈卓吾早已率同技師，屏息以待。據其記載：孫大元帥穿灰色中山裝，身長五尺一寸，將收音喇叭高度校正，並稟告收音上一切心得。孫中山拿著預備好的講稿，起立對著留聲機演講。態度從容和靄，發音高度適中。計收國語四面、粵語兩面。大元帥雖在病後，毫無倦容，共歷四十分鐘而退，僅最後略現氣急而已。6月1日，他們將機件裝箱，乘船赴港。2日上午零時半抵港，移乘日船「伏見丸」。船行3日，皆平穩。5日上午抵滬。此行已逾一月，大功告成。

孫中山到底生了什麼病？爲何尚未痊癒，還是要接受收音？沈卓吾的收音日記記載甚爲簡單，卻顯示兩個關於孫中山身體的訊息，一是身高，明白記爲五尺一寸，恐爲至目前爲止最直接的記載；二是健

---

3 沈卓吾遺稿，〈國父聲片收音日記〉，《中國國民黨週刊》（臺北，中國國民黨黨史館收藏）。

康，由於孫中山剛巧不適，致他們等候收音的時間，達二十多天。究竟孫中山患何病，沈卓吾沒有明講，可能也不得察知其中真相。就在他們準備待命期間，5月21日，廣州《民國日報》第三版特別登載一則「帥座抱病原委及經過」的報導。這是大元帥府鄭重其事透過媒體發布的消息，旨在澄清「日來外間對於帥座此次偶爾抱恙發生種種驚人謠言」。針對當時外埠報紙宣傳孫中山病危的消息，此則刻意安排的報導，直謂其「完全莫明真相，以訛傳訛，或者故意造此種謠言，另有作用，亦可知耳。」

有關孫中山病狀，大元帥府自始即以「積勞過度、偶感不快」淡化因應。甚至指責「敵黨造謠，妄謂帥座逝世」。外報不察，亦多以訛傳訛，以致海外各地紛紛致電國民黨中央探詢。日本友人宮崎民藏聞訊，也馳電關切。孫中山不得已覆電謂：「惠書誦悉。弟偶攖微恙，早經告癒，遠荷存注，心感曷極。」國民黨中央覆電說明事實，因此耗費二千餘元，認為是惡作劇一場。[4]

據大元帥府方面說明：兩星期前，稍覺身體不適，夜間失眠。經延請德醫虞美霖診視，認為全因用腦過度，毫無其他病狀，只需靜養一二星期，即可復原。當靜養期間，完全杜絕見客，一切事務改由秘書、參謀長負責辦理。外間不明究理，才傳出不實流言。為證實孫中山病體已經痊癒，還舉出5月17日上午，孫中山偕夫人宋慶齡，由幾個衛士陪同，驅車出遊白雲山，呼吸新鮮空氣，開爽心懷。至5月下旬，又向外說明，孫中山精神恢復，亦已照常辦公，只是時間較少而已。這時，胡漢民也入駐大元帥府，襄助要務。孫中山得以偷閒，於5月

4　廣州《民國日報》三版，民國13年5月27日。

23日晨偕夫人乘電船赴石門遊覽，陪同前往的還有林森、古應芬等大本營高級官員，海防司令還派出「東江」、「西山」兩巡艦，左右護衛。「石門返照」為羊城八景之一，孫中山盤桓多時。午刻，在金山寺用茶。據報導，孫中山「精神鑠鑠，且極健步」。[5]隨行人員有林森、古應芬及參謀副官等多人，遊畢始回府。5月25日，又出巡東江討逆軍務。廣州主要報刊披露孫中山遊覽白雲山、石門等名勝的消息，駁斥所謂「帥座抱恙」、「病重」的種種謠傳。凡此作為，意在消除外界質疑，止息謠傳。由此推想，孫中山演講三民主義、接受《中國晚報》收音，不無藉此傳達身體康復的訊息。

孫中山抱病，起因於過分操勞。大元帥府也作了一番說詞，據云：帥座向來作事，百折不撓，勇往直前，每經一次失敗，剛奮鬥改造之心，更有加無已。平居稍暇，即瀏覽中外書籍，研究參考，搜索材料，著書演講，發揮三民五權之真諦，冀群眾之澈底瞭解。每日工作在十小時以上，所謂一日萬機，宵旰勤勞，如此精神，大非常人所能望其項背。然人非鐵鑄，精神腦力，究竟有限。[6]

孫大元帥「稍覺身體不適」的說法，是不是可信？還是有避重就輕之以為賢者諱的考量？鄒魯與黃昌穀的回憶，可以權作參證。二人當年都擔任孫中山演講三民主義的記錄工作。黃氏憶起孫先生演講時情形，謂：「有時聽講者因時間過久，表現疲憊狀態，而先生高立講臺上，仍精神煥發，大聲講演，滔滔不絕，愈至最後，愈見精采。」若不問他時間，則常自忘講演之久暫。孫中山因此努力，遂致病。故於5月初剛講完民權主義，即患腦痛及眼中血管破裂病，有兩個月餘。迨7月

5　廣州《民國日報》三版，民國13年5月24日。

6　廣州《民國日報》三版，民國13年5月21日。廣州《民國日報》，民國13年6月4日。

初病癒，又與他們二人商定自8月初起，繼續講演民生主義。[7]鄒氏亦謂：孫中山向來演講，不僅聲音洪亮，姿勢亦最整嚴，惟去年（1924）演講時，恆以手按腹。意者發覺，其時癌病早生。[8]由此可見，孫中山之病，非微恙足以形容。孫中山身為醫生，自知病況，及時留下聲音，實有其遠慮。

沈卓吾完成孫中山演講收音，在離開廣州前，也利用收音設備，為戴季陶錄製日語留聲片。據報導，6月1日下午5時，旅粵日僑特請戴季陶講演三民主義。演講前，先在南堤小憩，假上海《中國晚報》之收音機，作一張日語留聲片。戴季陶講題為「介紹三民主義於日本國民」。大意是：中華民國係以孫中山先生所倡的三民主義為基礎而創立，三民主義是結合民族主義、民權主義、民生主義為一整個的主義，非各個分離的。日本維新，亦係由信奉民族主義而來，但日本之民族主義不以民權主義、民生主義為前提，故民族主義既成功，即變為大日本帝國主義，而侵害他民族之獨立。琉球、朝鮮相繼亡於日本。望日本國民拋棄大日本帝國主義，而信奉孫中山先生之三民主義。日本人能為三民主義信徒，則中國人亦必能為日本人之親友。[9]演說收音完，他再到沙面日本人俱樂部演講「中國國民黨歷史及其在中國歷史上之任務」。約2小時30分，聽講日人有七八十人。戴季陶演講的留聲片，到目前為止，不知下落。

為使全國民眾瞭解三民主義，孫中山的演講錄製成兩種版本，一是普通話版，一是粵語版。沈卓吾回上海後，將演講分別冠以〈勉勵國

7　孫中山，〈三民主義自序〉原稿之附錄，黃昌穀跋記。

8　孫中山，〈三民主義自序〉原稿之附錄，鄒魯跋記。

9　廣州《民國日報》六版，民國13年6月2日。

民〉、〈敬告同志〉主題，製成三張每分鐘78轉的膠木唱片，於當年下半年發行。一年之後，1925年3月12日，孫中山病逝北京。《中國晚報》因發行孫中山講演唱片，名聲大噪。1929年3月12日，孫中山逝世四週年之際，《中國晚報》將1924年灌錄的絕版錄音再次發行。同時發行《中山先生留聲紀念集》，由胡漢民題寫書名，計收輯孫科、于右任、譚延闓、蔡元培、馮玉祥、吳敬恆、戴傳賢七人撰寫的文章，詳細回顧沈卓吾當年錄製唱片的過程。沈卓吾在編輯說明則寫道：「這是孫中山一生僅有的一次錄音留聲，也是孫中山先生利用近代科學發明來宣傳政治主張，喚起民眾的成功嘗試。」《中山先生留聲紀念集》封面一印有孫中山國語演說詞四段，分別為：勉勵國民第一、勉勵國民第二、勉勵國民第三和告誡同志第四。封面二印有孫中山粵語演說詞兩段，分別為：勉勵國民第一、勉勵國民第二。粵語內容和國語大致相同。當時報紙上還刊登唱片廣告：「外侮日亟，國難日殷，大家快醒！醒！先總理對於我國民有深切之告誡，欲救國強種，請聽孫總理生前親口演講留聲片。國語二片，粵語一片，每片兩元四角，上海南京路四百八十號本報留聲部發行。」[10]

　　孫中山演說錄音的三張黑膠唱片，當時發行海內外。如今完整保存下來的屈指可數，而昔日錄音的南堤小憩俱樂部，也早已不存在，原址建起高樓。以唱片收藏聲音，予人一種身歷其境的臨場感，與傳

---

10 載於1932年5月4日《中國晚報》。

統收藏品只能用眼睛觀賞的模式大異其趣。不過，黑膠唱片易受擠壓及沾染灰塵，不利長久保存。物以稀為貴，在上海國際商品拍賣會上，一張孫中山演講黑膠唱片價值上萬人民幣。目前所知，國民黨黨史館保有數個不同版本的黑膠唱片，可能是唯一的特例。[11]

沈卓吾與國民黨關係密切。晚報刊行年餘，也就是陳炯明變亂之後三個月，他致書孫中山，「冀得升斗之水以相活」。[12]可見經營面臨實際困難，希望獲得資助。孫中山批：「著煥廷查明，酌量辦理，並代答。」其後有無結果，尚乏資料證明。不過，1926年10月，《中國晚報》又向國民黨請求每月一千元津貼以資維持。國民黨中央經討論，通過每月資助五百大洋，並由宣傳部指導管理。[13]1937年6月，沈卓吾家屬將保存的孫中山演講音片底片請國民黨給價收回翻製，以廣宣傳，獲得國民黨酬金六千元。[14]可是，抗戰軍興，黨史會在遷出南京時遺落了「總理演講話片銅模乙片」，到重慶後才又多方設法，向海內外廣事徵求話片。經十個月，由各方徵到者，計有中央廣播事業管理處、江西省黨部、漢口市黨部，及方瑞麟、鄧榮照、李乃文等人，共十六片。且準備再選其中最完整者翻製銅模，以彌補缺憾。[15]在臺灣時期，國民黨中央黨史會在黃季陸主任委員任內，也曾重新錄製推廣，算是最新的一個版本。目前，黨史館保存有不同時期不同機構翻製的黑膠片六

---

11 黑膠唱片又稱「膠木唱片」，是一種黑色圓盤形的膠片，早期用樹脂壓製，上面有凹凸坑紋，以刻錄聲音。初時為每分鐘78轉的單聲道留聲唱片，因聲槽粗大、密度低，播放時間短，故又名「粗紋唱片」。至二十世紀六〇年代以後，逐步發展為每分鐘33轉的雙聲道身歷聲唱片。

12 〈沈卓吾致孫中山函〉，1922年9月8日（臺北，國民黨文傳會黨史館藏原件）。

13 〈中央執行委員會常務委員會致宣傳部函稿〉（臺北，國民黨黨史館藏原件）。

14 〈葉楚傖、梁寒操呈文〉（臺北，國民黨黨史館藏原件）。

15 〈中國國民黨中央執行委員會黨史史料編纂委員會工作報告〉，民國28年1月至10月。

種，最爲齊全。

貳、宣揚三民主義救國

　　1924年11月，孫中山北上，親定文隨員八人：汪精衛、陳友仁、韋玉、邵元沖、朱和中、黃昌穀、陳耀組、張乃恭。他們各有職守，而黃昌穀隨行的任務爲何？

　　孫中山忠實追隨者戴季陶曾說：中華民國係以孫中山先生所倡的三民主義爲基礎而創立。然而，民國創立之後，動亂頻仍，建設不前，國家並沒有步上發展的正軌，三民主義建國理想難以實現。孫中山有鑑於此，潛心著述國家建設，內涵三民主義等，預計完成八冊。其中，民族主義一冊最早脫稿，民權主義、民生主義二冊亦草就大部。不料，1922年6月16日，部將陳炯明變亂，砲轟觀音山，數年心血所成各稿，以及備供參考的數百種西書，全遭燒燬。孫中山殊感痛恨。至1924年國民黨實行改組，同志決心從事攻心之奮鬥，亟需三民主義之奧義與五權憲法之要旨，爲宣傳之資，孫中山於是每星期演講一次，由黃昌穀筆記，鄒魯讀校，再經孫中山核訂。演講完畢，輯印成書，廣爲發行，「俾成爲完善之書，以作爲宣傳之課本，則其裨益於我民族、我國家，實無可限量行易有限公也。」[16]

　　關於孫中山講述三民主義原委，黃昌穀有一段深切的回憶。[17]他在1921年秋隨同孫中山假道桂林北伐。孫中山每到大城，必赴歡迎會演說，而演說詞饒有興趣，但途中無專人筆記。黃氏聽後，認爲不加保

16 孫中山，〈三民主義自序〉。中國國民黨中央黨史會編印，《國父全集》第一冊。
17 孫中山，〈三民主義自序〉，原稿之附錄，黃昌穀跋記。

留殊屬可惜，特擇其佳者筆記之，就正於孫中山。胡漢民亦常在座。校閱後，均表示無誤，並命抵桂林後，在報上發表，以作宣傳，以留紀念。從此以後，孫中山遇有重要演說時，必命黃氏詳記，印成專冊，分贈民眾。1924年春，孫中山仿效俄國辦黨方法，改組國民黨，命同志到各省區從事宣傳上之奮鬥，但缺乏宣傳材料。有一天，召黃昌穀談話，說：「我要把三民主義宣傳到全國國民，但是沒有時間寫出來，想用講演式說出。你可不可以替我筆記呢？」[18] 黃氏答稱：「用這個方法可以省卻先生手書之勞，且速成之效，自然是好極了，但是不知所筆記的文字，一方面是否能合先生的原意，一方面是否能令全國國民一目了然呢。」孫中山表示，就試試吧。於是自是年1月27日起，每星期在廣東大學講演一次，聽講者均屬海內外之國民黨同志及粵省各校學生，數達二千餘人。

　　黃昌穀回憶，最初二次講演民族主義時，孫中山必預書所講的綱目一紙交給他，明示所要講演的範圍。他因恐一人記錄有所遺漏，特另請羅磊生相助。每次初記之稿，先交羅氏編輯成文，再由他潤色補足，然後呈孫中山閱後，極少更改。復交鄒魯詳讀校訂。鄒魯讀畢，亦頗以記錄文字合乎講演原意。孫中山遂決用此講演法以宣傳三民主義。不過，以後繼續講演時，為了筆記者之自由起見，在未講演之前則廢去預書之綱目而已。當講演民族、民權主義時，陳炯明叛軍常進犯廣州，孫中山每日工作，一方面忙於軍事，一方面又預備講演，且限定每星期必有一次講演，每次必在二小時以上，以求講演詞中意義之圓滿。有時聽講者因時間過久，表現疲態，而孫中山仍精神煥發，

---

18 同上註。

大聲講演，滔滔不絕，愈至最後，愈見精采。若不問他時間，則常自忘講演之久暫。

孫中山因過於勞累，5月初剛講完民權主義即致病，7月初病癒後，又詢鄒魯和黃昌穀意見，說他下半年想往田間工作，但還沒有講民生主義，究竟是先往田間好，還是先講民生主義好？兩人回答：現在全國國民對國民黨改組頗多懷疑，且有造共產謠言以中傷總理的，故民眾莫不以先睹民生主義為快，當然是提前講演民生主義好。所以，孫中山又定自8月3日起，繼續講演民生主義。惟僅講了四次，而舉國討伐曹吳之軍起，孫中山亦於9月13日由廣州出發，赴韶關督師北伐，講演遂再停。迨10月曹吳失敗消息傳至韶關，孫中山以解決全國糾紛不能再用武力，決定北上從事和平統一運動。但是，孫中山並沒有忘記要繼續完成民生主義。11月3日，召見黃昌穀，告訴他說：現在決定到北京從事和平統一，可藉此機會在北京繼續講演民生主義。可否同去，寫完民生主義。黃氏表示情願追隨北上。據云，孫中山北上沿途尚閱讀關於民生主義的參考書，本擬一到北京後，稍事休息，即可從事預定之講演工作，並可依講演之主義逐漸以求事業之實現。未料，甫抵天津便病，一病不復起。不只是事業不能實現，即主義亦未能完成。

所幸沈卓吾收音的孫中山關於三民主義講演，言簡意賅，語重心長，宛若絕響。茲將國語版〈勉勵國民〉第一段錄音，以文字表述如下：

> 諸君，我們大家是中國的人，都知道中國幾千年來，是世界上頭等的強國，我們的文明進步，在各國之先。當中國頂強盛的時

代，正所謂千邦朝貢，萬國來朝。那個時候，中國的文明在世界上是第一的，中國是世界上頭等強國。到了現在怎麼樣呢？現在的時代，我們的中國，是世界上頂弱頂貧的國家，現在世界上沒有一個能看得起中國人的，所以現在世界上的列強，對於中國都有瓜分中國的念頭，也就是近來各國有共管中國的意思。爲什麼我們從前頂強的國家，現在變成這個地步呢？這就是中國我們近來幾百年，我們的國民睡著了。我們睡了，不知道世界各國進步的地方。我們睡著之後，還是以爲我們幾百年前是這樣頂富強的。因爲睡著了，所以我們幾百年來文明退步，政治墮落，變成現在不得了的局面。我們中國人，在今天應該要知道我們現在的地步，要趕快想想法子，怎麼樣來挽救。那麼，我們中國還可以有救，不然，中國就要成爲亡國滅種的地位。大家要醒醒！醒醒！

在《中國晚報》尚未發行錄音片之前，廣州《民國日報》搶先在6月4日、5日以〈大元帥留聲講演詳記〉爲題，予以披露。報導指出孫中山講演時，黃昌穀在一旁詳爲筆記，並謂：「帥座語言妙天下，每一講出，無不爭先快睹。茲承黃君以普通話四片見示，特爲錄之，以餉閱者。」[19]茲節錄第一片內容如下：

諸君，我們是中國人，都知道中國幾千年來，是世界上頭一個強國，們的文明進化，是在各國之先的。從前最強的時代，正所謂千邦朝貢，萬國來朝。那個時候的中國，是世界上獨一無二的強國，現在是甚麼情形呢？此刻的中國，是頂貧頂弱的國家，現在世界上沒有那一個家把中國看得起，所以列強在從前都有瓜分中國的議論，近來有共管的意思。爲甚麼我們以前那樣的強盛，變

19 廣州《民國日報》，民國13年6月4日。

成此刻這樣的地位呢？就是由於現在的國民睡著了覺，因為國民睡著了，不管國家大事，所以從前幾千年的強盛，便化為烏有。亦且把固有的文明，弄到退步成了現在不得了的局面時，便應該想法則來挽救。如果不然，便有亡國滅種的危險。大家要審定！審定！。[20]

比對兩者內容，不僅語調上有明顯差異，而且音片版字數比報紙版多百餘字。其中最令人不解的是，孫中山在末尾呼籲國民：「大家要醒醒！醒醒！」而《民國日報》登載的卻是「大家要審定！審定！」[21] 其中原因為何？報版是幕僚為孫中山預先準備的講稿，音片版乃孫中山的臨場發揮，抑報版只是黃昌穀當下的筆記？其餘各段也都是這種情形。限於篇幅，不便一一列舉。但演講主旨則一，乃在於期勉國人立志救國，而且要拿革命的三民主義來救國，把三民主義宣傳到大家都知道；如果三民主義能實行，中國不久也可以變成一個富強的國家，與列強並駕齊驅。

參、風光訪日四十天寫真

孫中山傳世影像中，不苟言笑者居多，微笑畫面不可多見。1913年2月，他以籌辦全國鐵路全權督辦名義訪問日本。14日，一行乘特別火車，經神戶抵達東京車站時，受到各界歡迎。孫中山笑容可掬的神情，實在罕見。的確，清末革命期間，他在海外奮鬥，居留日本時日相對長久，可是並非能如願來去自如。故當火車駛近神戶時，他指

---

20 廣州《民國日報》，民國13年6月4日。
21 廣州《民國日報》，民國13年6月4日及5日。

著曾居住過的山麓，對陪同人員感慨道：當年流亡日本，真所謂淪落天涯之孤客。所到之處，必有日本警察尾隨跟蹤，頗令人厭惡。遇到過於討厭的傢伙，就不禁怒喝其速離去。[22]

孫中山自1894年11月在檀香山建黨革命，至1925年3月逝世於北京止，凡三十一年。據學者研究統計，先後十次進出日本，居留十年之久，占革命歲月達三分之一。僅1913年一年，就先後兩次赴日，一次是2、3月間，其次是8月間。後者因發動「二次革命」討伐袁世凱大總統失敗，遭追緝而亡命日本，謀東山再起；直至1916年5月始返回上海，雖然留日長達三年多，但是十分困頓，寄身日友家中，處處受到日警監視。無可置疑，1913年2月13日至3月23日的訪遊日本，所到之處，受到熱烈歡迎與接待，乃孫中山風光愜意的一段時日。

1912年4月，孫中山正式卸下臨時大總統職位後，展開各省遊歷考察行程，足跡遍及大江南北。8月下旬到北京，逗留近一個月。一方面改組同盟會為國民黨，當選為理事長，但將黨務委由宋教仁代理。另方面，與袁世凱大總統進行十三次會談。9月10日，袁大總統授以「籌辦全國鐵路全權」之任命。此時的孫中山，志在興築鐵路，發展實業，建設國家，追求民生主義理想。他深知須獲得外資與技術之支持，方有成功希望。是年底，孫中山致電袁大總統，表示要赴日考察，從事聯日外交；同時也請從速匯來鐵路開辦費應需。在其心目中，日本是

---

22 段雲章，《孫文與日本史事編年》（廣東：廣東人民出版社，1996），頁308。

最適合提供協助與合作的對象，所以，在國民黨贏得首次國會議員選舉之際，展開東遊訪日行程。1913年2月11日，孫中山帶同隨員馬君武、何天炯、戴季陶、袁華選等人，搭乘「山城丸」，自上海啓程，13日上午抵達長崎。3月25日，搭乘「天祥丸」回到上海，前後四十天。期間，國內卻發生國民黨代理理事長宋教仁遇刺於上海火車站事件，證據顯示這起政治謀殺案與袁世凱大總統指令有密切關連。孫中山聞訊，極爲哀痛。

孫中山此次風光訪日，深受日本媒體關注，熱烈報導各項活動行程與講話旨。《日華新報》社深受孫中山精神感動，與朝野有識之士商議，於5月間編纂《孫文先生東游紀念帖》發行，以爲永遠誌念。此書詳實而具體記錄孫中山訪日期間的行程，配上活動寫眞，圖文並茂。

綜觀日本之行，具有幾方面意義：一、會舊交故友；二、從事親日外交；三、開展實業建國；四、尋求外援合作；四、宣慰僑胞。

此外，還有幕後插曲。2月16日，日友在東京芝公園「紅葉館」設晚宴歡迎孫中山，拍攝合影照。其中一位坐在他左側的女性，乃神田某料理店的女主人，竟也是孫中山的情人。[23]如果屬實，她就成爲繼淺田春之後孫中山的第二個日本女友，只是無從瞭解兩人何時結識，遑論女主人姓名。3月17日，抵八幡，參觀製鐵所。在前往福岡途中，接獲東京友人電告：盧慕貞夫人和孫的秘書宋靄齡於16日在東京車禍

---

23 藤本尚則編著，《頭山滿翁寫眞傳》。

受傷。宋嘉樹徵詢是否轉回東京探視。孫中山認爲必須守約，決定繼續前行。[24]充分顯示其公義精神。

肆、借影像爲鼓吹之媒

　　孫中山好奇天性也表現在對影戲實用價值的運用之上。影戲名稱，各國不同。英美統稱爲motion picture，日本稱爲活動寫眞。在中國則無統一規定。江浙等省通稱「影戲」，平津一帶則名之爲「電影」，閩粵又稱爲「活動影畫」。其名雖殊，用意則一。然深切討論，「活動影畫」名稱，字數既多，含義亦狹，只適用於少數諷刺滑稽畫片。而「影戲」，則由演員扮演而成，非畫片可比，故「活動影畫」四字，過籠統不切。至於「電影」，又似較簡潔了當，然仍屬片面，不能盡括「影戲」內容。蓋影戲成分，係影與戲二者合成，影屬於工藝的，戲屬於戲劇的。「電影」二字，只顧及影的方面，而失去戲的重要使命。爲統一起見，自以逕名「影戲」最爲合宜。[25]

　　電影是外國人發明，再輸入中國。孫中山在清末革命期間，浪跡四海，對這項新奇娛樂並不陌生。以他「性慕好奇」的天性，視其爲一名電影愛好者，也不令人意外。惟目前尙無發現有關他曾經走進電影院、觀賞電影以遣懷的記載。倒是常見他以戲院作爲宣講革命的場所。舉如1903年9月，他回抵夏威夷檀香山，12月13日華僑志士曾爲

24　段雲章，《孫文與日本史事編年》（廣東，廣東人民出版社，1996），頁334-335。

25〈上海之影戲業〉，《社會月刊》第2卷第3號（上海市社會局編，民國19年），頁2。

他安排一次公開演講,地點設在中國城的一家「美國戲院」。聽眾上千人,擠滿戲院。[26]同樣場景,在南洋、在舊金山也都出現過。

1912年1月,中華民國政府在南京成立,孫中山就任臨時大總統。曾有巴達維亞埠同志金五清、黎先良致函孫中山,表示想要約集同志發起一「電戲籌備善後補助會」,自備資本,購辦關於中國之電戲影畫,前往南洋各埠開演,所得戲金盡數匯交新政府財政部,以資籌辦善後事宜。[27]這一封信,既說明民國政府成立之初財政上有待挹注之外,復顯示孫中山認同「電戲影畫」對民眾宣教的效用,所以務望各商埠僑胞,樂為臂助,以期有成,他說:「於籌款之中,兼可提倡愛國心,辦法甚善。」當然,孫中山海外奔走革命期間,常假華埠戲院演說,喚起民眾,已深知電戲影畫的宣傳功能。然而,影戲在中國還是新奇的玩意兒。

孫中山善用圖畫宣傳革命思想,從授意潘達微同志創辦《時事畫報》可知。它也是同盟會在中國內地的第一份機關刊物。潘達微決定以畫報形式出版,並以其人格魅力和政治智慧羅致一批著名的畫家,在《時事畫報》旗幟下,開闢革命新戰場。該畫報於1905年9月在廣州以旬刊形式發刊,由高卓廷發起,編輯有潘達微、高劍父、何劍士、陳垣等人,1908年初停刊。1908年秋,一度在香港恢復出版,出版十餘期後停刊。1911年7月改名《平民畫報》,由鄧警亞主編。廣東光復後,恢復《時事畫報》原名,繼續在廣州出版。嶺南派著名畫師伍德彝、鄭游等二十餘人參與繪畫。其辦報宗旨:仿東西洋各畫報規則辦

---

26 馬克生,《孫中山在夏威夷》(臺北,近代中國出版社,民國89年),頁48-50。

27 中國國民黨中央黨史委員會編訂,《國父全集》第三冊(臺北,中國國民黨中央黨史委員會,民國62年),頁190。

法，考物及記事，俱用圖畫，一
以開通群智，振發精神為宗旨。
內容約分兩部：圖畫紀事為首，
論事次之，論事中先諧後莊，雜
文、談叢、小說、謳歌（南音、粵
謳）、劇本（班本）、詩界等附之，
材料豐富，務使饜閱者之目。論

事，大膽揭露帝國主義對中國的侵略，抨擊時政，頌揚革命。

　　整體而言，孫中山革命期間，常假戲院為宣傳之所，效果較顯
著。舉其要者為例說明。1903年12月13日，在夏威夷中國城荷梯厘街
（Hotel Street）戲院演說革命。翌日，《西字早報》報導演說經過：

> 昨日下午，著名革命家在荷梯厘街戲院演說，勇敢而言曰：革命
> 為唯一法門可以拯救中國出於國際交涉之現時危慘地位，甚望華
> 僑贊助革命黨。聽者接納，表示熱誠。先生身穿白德衣服，頭上
> 短髮，恰似「小呂宋」人。其言論舉動，顯出有感化人群之力；加
> 以態度溫柔，秩序整肅，真乃天生領袖。彼謂首事革命者，如湯
> 武之伐罪弔民，故今人稱之為聖人。今日之中國何以必須革命？
> 因中國之積弱，已見之於義和團一役，二萬洋兵攻破北京。若吾
> 輩四萬萬人一齊奮起，其將奈我何！我們必須傾覆滿洲政府，建
> 設民國。革命成功之日，效法美國，選舉總統，廢除專制，實行
> 共和。[28]

　　後又在利利霞街（Liliha Street）華人戲院演說，聽者亦座為之滿，
無容足之地。何寬為主席，孫中山雄辯滔滔，徵引歷史，由古及今，

28《國父年譜》上冊，頁193。

謂漢人之失國，乃由不肖漢奸，助滿人入關，征服全國。他深信不久漢人即能驅逐滿人，恢復河山。在聽眾不斷的掌聲中，孫中山演說達三、四小時之久，爲檀島首次具有大規模聽眾的演說會。

1910年3月28日，孫中山自舊金山抵檀香山，盧信等多名黨員迎接。4月3日，復開歡迎會於荷梯厘街華人戲院，到僑胞二千餘人，座無虛席。孫中山宣布廣州新軍起義一役失敗經過，謂全國軍人已趨向革命，如軍餉充足，即可隨時大舉。僑眾聆言，咸爲之動容。孫中山還將這次盛會函告紐約同志，謂：「今抵檀埠，已逾一週。前禮拜日，同志假座埠中戲院大開歡迎會，到者二千餘人，人心極爲踴躍，大非昔日可比。」[29]自開歡迎會後，每晚召集興中會員在「自由新報」館開會，改組興中會，成立同盟會。[30]

1906年8月初，孫中山取道新加坡，偕同志李竹癡、陳楚楠、林義順等在吉隆坡，寓閩籍華僑所有的「維商俱樂部」。旋假該埠大戲院演說，僑胞踴躍聽講，座爲之滿。孫中山以「合群」爲題，謂人類可借鏡於蜂蟻，否則雖以虎豹之猛，苟不合群，終必爲人擒獲。[31]在吉隆坡逗留近一個月，組織同盟會分會，後前往庇能。1910年2月10日，孫中山抵舊金山。27日，成立同盟會分會。次日，應「少年學社」之請，在「麗蟬戲院」演說，闡示「革命爲吾人今日保身家、救性命之惟一法門」要旨，歷時兩小時，座爲之滿。[32]1912年10月14日至16日，孫中山應中國社會黨江亢虎邀請，於每日下午3時至5時，在上海英租界三馬路

29 〈在檀香山致紐約同志函〉，1910年4月8日。《國父全集》第三冊（臺北，中國國民黨中央黨史委員會，民國62年），頁110。

30 《國父年譜》上冊，頁341。

31 《國父年譜》上冊，頁245。

32 《國父年譜》上冊，頁335。

「中華大戲院」演講「社會主義之派別及方法」，由邵力子筆錄。連講三日，聽者千餘人，甚為踴躍。

此外，孫中山對電影工作也有過興趣。他結交一位日本志友梅屋庄吉，就是從事電影事業的。二人曾經就電影行業有過一些互動。梅屋庄吉本來在香港開設照相館，1895年經由康德黎介紹，結識孫中山，志同道合，從此成為莫逆之交。梅屋於1909年創建日本第二家電影製片廠「M‧百代商會」，發展電影事業。有一次，孫中山告訴梅屋，電影應給予民眾以知識。梅屋深受啟發，開始進口大批教育文化影片，而且拍攝日本第一部科教片《細菌研究》，宣導霍亂防治，受到民眾歡迎。較確切的記載，孫中山觀賞過的一部影片，是1913年3月初訪問日本期間。梅屋與日本志友在「松本樓」宴請孫中山一行，還陪同遊覽淺草，最特別的是，為他們放映辛亥《武昌起義》記錄片。[33]孫中山專注看完後，要求重映一次。之後，梅屋贈送孫中山一部拷貝留念，但直至今日仍不知流落何處。

孫中山一直關心至交梅屋的電影事業，不僅支持鼓勵，且曾表達投資意願。1917年2月19日，夫人宋慶齡自上海寫給梅屋夫人的一封信中，特別提及：為利用電影教育中國民眾，倘能籌足資金，即願攜

---

33 1911年10月，武昌起義後，梅屋派遣M‧百代商會的優秀攝影師荻屋堅藏赴中國武漢拍攝，記錄了革命軍在漢口、漢陽英勇戰鬥的實況。

手興辦。[34]以孫中山當時的經濟條件,想要投資電影,談何容易,但已可見他早就意識到電影對民眾的宣教功能。史料中甚少見及關於他看電影的記載,不過,1923年12月,孫中山在上海錄用一位洋人衛士馬坤(Morris Cohen)。據馬坤憶述:宋慶齡是個電影迷,有時會安排放映會。[35]馬坤又說:廣州護法期間,當孫中山上電影院時,好吃的他便四處找美食,滿足口欲。[36]

伍、最後奔走的身影

據孫中山文史圖片研究學者指出,孫中山一生傳世的照片常約有500多幅。拍攝者有中國人,也有外國人;有身邊的工作人員,也有照相館攝影師。如李仙根,自1917年起追隨孫中山,愛好攝影,因得工作之便,為孫中山拍攝多幀照片。至於外國攝影師,如1921年5月5日,孫中山在廣州就任非常大總統典禮,由法國百代公司派賽門攝取了鏡頭。孫中山留下的照片,多數沒有註明拍攝者。但身為革命領袖,其言行自然受到媒體捕捉及報導。閒居之時,孫中山也曾到照相館攝影。[37]如1914年、1915年在日本時,與梅屋庄吉夫婦,與夫人宋慶齡到「大武」相館照相,留下孫宋新婚時期的寫真。

最可貴的是由電影先驅黎民偉所攝錄的活動影像。他追隨孫中山北伐,以電影見證革命活動。在有關中國近代史影片中經常看到一些

---

34 《梅屋庄吉文書》。轉引自俞辛焞,《孫中山、宋慶齡與梅屋莊吉夫婦》(北京:中華書局,1991),頁42。

35 Daniel S. Levy著、杜默譯,《雙槍馬坤》(臺北:大塊文化,2001),頁202。

36 《雙槍馬坤》,頁213、214。

37 余齊昭,《孫中山文史圖片考釋》(廣州:廣東人民出版社,2009),頁265。

經典鏡頭，如孫中山在廣州車站火車上對坐或對立的畫面、在北伐前線韶關舉手投足的演講鏡頭等，都是出自黎民偉之手。以現代術語，就是「肢體語言」，孫中山深知其中妙處。1938年，荷蘭攝影名家尤里斯・伊文思（Joris Ivens），拍攝記錄中國人民抗戰的記錄片《四萬萬人民》（The 400 Million），也採用黎民偉拍攝的有關孫中山在韶關訓話的鏡頭。

黎氏於1893年在日本出生，六歲回香港。十八歲唸中學時，參加同盟會，與胡漢民、陳少白等同志創立「清平樂」話劇社，利用演戲宣傳革命。1913年，在香港主持「我鏡劇社」時，對電影發生興趣，經攝影師羅永祥介紹，認識美國人布拉斯基（Benjamin Brodsky），並合作拍攝了香港第一部長約十五分鐘的故事短片《莊子試妻》，受到觀眾的歡迎，從此走上電影之路。此片完成後，由於香港缺乏製作電影的經驗及設備，電影製作處於停滯的狀態。直到1923年，黎氏兄弟及其表哥與梁少坡聯手成立香港第一個由華人全資擁有和執行的製作公司「民新製造影畫片有限公司」。

黎民偉與孫中山結識時間，據史料記載，是在1921年7月，廣州東園新世界出征軍人慰勞會義賣場。當時，黎民偉為孫中山、宋慶齡拍照，並在義賣場將照片作為紀念品分贈來賓。自1923年起，黎民偉

與同事一起，拍攝許多孫中山的活動影相。是年5月5日，孫中山親自發出「大元帥令」，指示北伐軍支援影片拍攝。令云：「茲有民新影畫製片公司來前線攝影，仰各軍一體知照，此令。孫文中華民國十二年五月五日」。足證孫中山已重視電影的宣傳。黎民偉也因為一直是忠誠的革命黨員，而特別受到器重。他攝製多部孫中山和國民革命的記錄片，計有：《中國國民黨第一次全國代表大會》、《孫中山先生出席滇軍幹部學校開幕禮》、《廖仲愷先生為廣州兵工廠青年學校揭幕》、《孫中山先生北上》、《孫大元帥檢閱廣東省警衛軍、武裝員警及商團》、《黃花崗》、《孫大元帥出巡廣東北江記》、《孫大元帥北伐》、《孫中山先生出殯及追悼典禮》，還有大量北伐軍在前線作戰的實況短片。當年在香港放映過的有《孫大元帥檢閱軍團會操》、《孫大元帥出巡廣東北江記》、《中國國民黨第一次全國代表大會》等。其中《中國國民黨第一次全國代表大會》一部，當時曾經作為革命軍宣傳教材，黃埔軍校政治部主任周恩來曾向中央秘書處調借放。

　　1926年7月，國民革命軍北伐，黎民偉攝影工作夥伴又隨軍北上，記錄北伐過程，至1928年6月克復北京，慶祝勝利為止。1927年，他將

拍攝的記錄片剪輯成《國民革命軍陸海空大戰記》，片長九本。同年出品《北伐大戰史》。他當年是用 Bell And Howell 公司製的攝影機，笨重且無馬達，要用手搖動膠片運轉，攝影機一定要架在三腳架上才能拍攝，工作十分辛苦。1924年11月17日，廣州《民國日報》以「大元帥北上過港各界歡送之盛況」為題，報導黎民偉隨行攝影的一段情形，可謂是對孫中山晚年為理想奔走的實況：「民新影畫片公司黎民偉，並親與技員攜帶影畫機到船，將是日情形攝影，……所有歡送者皆接見畢，民新影畫片公司乃請帥座及夫人步出船旁甲板上，徐徐步行。黎民偉君乃親自用攝影機將情景逐段攝取，既而復請各要人如劉震寰、吳鐵城等及各界人士男女約百數十人，帥座及夫人前行，各人隨後，從容作送行狀。由甲板自東而西，用攝影機架高逐一攝影，製為畫片，藉留紀念云。」

黎民偉傳世的經典記錄片，即《勳業千秋》一部，真實記錄孫中山形象和國民革命軍北伐情景，極為珍貴。原片全長九本，後因戰亂損失，現僅存四本，片長四十三分鐘。全片內容分為四部分：一、孫中山大元帥在廣東韶關誓師北伐，向官兵訓話；北伐軍出發，從廣東進入江西；孫中山北上共商國是，乘永豐艦北上，積勞成疾逝世。二、孫中山逝世後，蔣中正任國民革命軍總司令，繼續北伐，和北洋軍閥孫傳芳鏖戰，革命軍取得勝利；三、革命軍先後克復湖南、湖北、福建、江西諸省。海軍、空軍出動助戰，戰況激烈；四、革命軍進攻徐州，雪地行軍，日寇在濟

南阻撓北伐軍造成慘案。北伐軍英勇前進，克復濟南、滄州，完成北伐。萬衆歡騰，慶祝國家統一。[38]其中還有幾處令人印象深刻的影像：一是，首見青天白日滿地紅旗升旗典禮；二是，孫中山脫帽向歡迎民衆答禮的鏡頭；三是，國民黨要員的身影，如胡漢民、廖仲愷、何香凝、孫科、吳稚暉、譚延闓、許崇智、蔣中正等人。

　　孫中山生前書贈黎民偉「天下爲公」墨寶，以表彰其「電影救國」的精神。抗戰期間，1941年11月，黎民偉在香港重新剪輯配音，加上旁白與音效，製作成「建國史之一頁」。林森主席等政要爲影片題名，爲民國史留下彌足珍貴的影像記錄。《勳業千秋》旁白說明：「從本片攝製的時間上說，由民國十年到十七年，前後經歷了七、八個年頭。在地理方面說，由南中國的廣州到達了北京，整整數萬里，幾乎跨過了我國極大部分的國土。這裡面不但有當年戰場上驚險的鏡頭，而且，有革命史上不可多見的珍貴史料。」[39]影片涵蓋時間，從1923至1928年，場景包括廣東、廣西、湖南、江西、浙江、福建、山東、河北諸省，拍攝十多萬尺影片，因爲時代遷移，如今只保存幾千尺，記錄當年孫中山與同志爲民國發展而奮鬥的情景，宛如就在眼前。1941年12月，日機轟炸香港啓德機場，誤中附近的啓明片廠，引起片倉大火，存放黎民偉製作的影片，幾乎全毀，只搶救出《勳業千秋》和《淞滬抗戰紀實》等幾部影片，其他爲革命政府拍攝的十一部影片，以及「民新」、「聯華」許多珍貴影片全部付之一炬。

　　日本占領香港後，黎民偉爲了保存《勳業千秋》影片，把底片交貨輪從香港運往湛江，不幸又被日本飛機炸沉，對黎民偉電影事業造成

---

38 參見羅卡、黎錫編著，《黎民偉：人、時代、電影》（香港：明窗出版社，1999）。

39 《勳業千秋》記錄影片；羅卡、黎錫編著，《黎民偉：人、時代、電影》。

致命打擊。黎民偉逃難到桂林。
爲了抗日宣傳，不時會在電影院
放映《勳業千秋》。1944年2月，
託好友羅明佑，將影片拷貝本送
到重慶，交由國民黨中央宣傳部
保管。4月15日起，在重慶「民

衆戲院」連映三天，其後又曾用「建國史的一頁」放映過，有激勵民心
士作用。[40]

　　現在可見《勳業千秋》記錄影片，經過剪輯，有片長十七分鐘和三
十四分鐘兩個版本。據說，國民黨中央電影公司曾經保留影片，1961
年臺中市片庫失火，不幸燒毀。幸好，在此之前，黎民偉家屬持備份
拷貝送給北京中央電影局。國民黨黨史館現存兩捲35釐米、十七分鐘
的母片，效果良好，彌足珍貴。這十七分鐘版完全以孫中山晚年事蹟
爲主，呈現1924年10月誓師北伐、北上共商國是、逝世北京及蔣中
正繼志領導北伐的過程。但仔細觀察，其中有兩處明顯的錯置。如：
一、孫中山與蔣中正參謀長乘坐火車前往韶關的一段，時間爲1923年7
月6日，目的不是誓師北伐，而是視察滇軍幹部。二、有一小段孫中山
步出國民黨第一次全國代表大會會場鏡頭。時間應爲1924年1月。本來
出自黎民偉拍攝的大會記錄片，後來剪輯《勳業千秋》影片時，卻把它
置於孫中山赴韶關誓師北伐時民衆到處歡迎的場景。時有誤差。

　　1924年12月4日，孫中山由日本乘「北嶺丸」抵達天津。同行者有
宋慶齡夫人、戴季陶、李烈鈞及山田純三郎、井上謙吉兩顧問，各界

40　重慶《中央日報》，民國33年4月15日。

團體來迎者約三千五百人。孫中山從法租界碼頭下船，微露笑容，向歡迎群眾揮手致意。這是他最後的微笑。

他在天津期間，下榻日本租界的「張園」。張園是前清大吏張彪的私人花園住宅，園內建築精緻，有名花異草，參天古樹，在天津小有名氣。午後2時，孫中山準備到曹家花園拜訪張作霖。「鼎章」照相館攝影技師李耀庭，徵得孫中山許諾，拍下一張十二寸的全身像。照片中，孫中山身穿皮袍皮馬褂，左手拿著呢帽，右手持手杖，立於汽車旁。李耀庭回憶當年拍攝的情景：他得知孫中山已從天津下船前往「張園」的消息，即趕到張

園先行聯繫，同時致電館內同事速送去照相器材。午後，孫中山準備赴曹家花園拜訪張作霖時，欣然同意他攝影。

當晚，張作霖在國民飯站設宴，表示歡迎。孫中山因病辭謝。12月31日，扶病入北京，三個月後逝世，未再出現於公眾場合，也沒有拍過照片。這張照片竟成為其最後遺影，彌足珍貴。「鼎章」洗印數千份分贈，以示紀念。

1924年，是孫中山從事中國國民黨大改造的重要年代。召開第一次全國代表大會，實行聯俄容共政策，講述三民主義，開辦黃埔陸軍軍官學校，進行北伐軍事，在在顯示其熾烈謀國的志事。是年10月，

北方政局發生劇變。直系軍閥曹錕軍隊與東北張作霖奉軍在關外激烈爭戰。直系將領馮玉祥與胡景翼等聯手，乘虛揮師北京，迫大總統曹錕下野，擁段祺瑞出任大元帥，進而將清廢帝溥儀趕出故宮。馮玉祥、段祺瑞分別電邀中山先生北上，共商和平建國大計。

孫中山顧念國家前途，不計局勢動盪，決定北上，令胡漢民留守廣州。11月10日發表宣言，主張召開國民會議及廢除不平等條約。隨即啟程北上，經香港、上海，取道日本，抵達天津，再入北京。重申他不是來爭地位權利，乃是特別來救國的。由於舟車勞頓，復受北方寒氣侵逼，孫中山抵達天津時便感不適，惟仍強作精神，接見各方代表，宣傳北上主張。然就在此時，情勢發生變化。段祺瑞宣布由北京政府主導的善後會議的組成名單，以軍人和政客占多數。與孫中山主張召開國民會議的宗旨，相去甚遠。段祺瑞臨時政府為取得各國外交承認與支持，表示尊重所有現存條約的合法性。孫中山得悉這種交換條件，異常激動，痛斥來見的段祺瑞代表。

激憤情緒加重病情。孫中山肝疾暴發，腫痛交至。幾經延醫治療，未有起色，遂決定扶病入京就醫。除在北京飯店發表簡短書面談話之外，就再也沒有公開露面。後轉至協和醫院，施行手術治療無效，終致不起，留下國事遺囑、家事遺囑後，病逝鐵獅子胡同行館。臨終前，猶微呼「和平、奮鬥、救中國」。孫中山家屬與治喪人員決定遵照遺囑，安葬於南京紫金山。陵墓未興建落成以前，靈柩暫厝西山碧雲寺。

陸、結語

　　1922年6月，孫中山遭遇生平第二次大劫難，其一心栽培的親信幹部陳炯明反對北伐軍事行動，在廣州叛變。16日深夜，叛軍炮轟觀音山總統府，情勢危急。孫中山堅持留守總統府，命侍衛護送夫人宋慶齡避難。孫夫人深信：中國沒有她沒關係，但是不能沒有孫中山。所以她堅主先保護孫中山急赴安全處所，自己則暫留下來，與叛軍相持，資爲掩護。患難眞情，流露無遺。他們保命了，宋慶齡卻不幸於驚險逃難間痛失孕中骨肉。

　　孫中山與宋慶齡重逢於1913年的日本東京，因革命夥伴關係，相知相愛，迅速發展出一段非比尋常的忘年之愛，且不顧一切世俗眼光及關心  他們的親友之反對，於1915年10月相偕完成不凡婚姻，當年，正處於流亡討袁革命的艱苦時期，沒有獲得多少祝福。但是他們不僅很滿足從未有過的家庭幸福，而且爲能共同建立一個進步的新中國更覺得安慰。可惜天只假以十年，孫中山便辭世了。

　　左方這一幀孫中山偕夫人同遊廣東近郊白雲山、步出能仁寺的照片，沒有註記時間，但畫面會說話。照片中，孫中山健步如常，宋慶齡撐傘步下臺階。遠觀之下，宋慶齡肚微凸，似懷有身孕。值得仔細探究。據此研判，照片攝於1922年6月陳炯明叛變之前的可能性最大。

　　孫中山畢生志業，在宣傳三民主義，以建立真正民國。他遺留許多重要文獻，足供後人鑽研闡述。唯有影音史料，格於現實條件，留下來的十分有限。由於年代久遠，註記不實，有些影像屢有誤用情況，且以訛傳訛。已有學者多所發現，費心查證，還原真相，但仍有遺漏之處，宜續予追探深究，創造歷史興味與價值。

清宮檔案與民國史研究

馮明珠*

壹、前言

　　本課程主要分兩部分：一是介紹國立故宮博物院（以下簡稱臺北故宮）所藏清宮檔案，一是以實例說明清宮檔案與民國史研究的關係。

貳、清宮檔案介述

　　將國立故宮博物院所藏清代檔案稱為「清宮檔案」，目的在說明這批檔案源自紫禁城，是清代的中樞檔案，大致可分為：宮中檔──硃批奏摺、軍機處檔、內閣部院檔、國史館及清史館檔等，共計395,544件，介述如下：

一、宮中檔──硃批奏摺

　　所謂「宮中檔」，亦稱「宮中各處檔案」，是指原存清宮各處的檔案，簡稱「宮中檔」。臺北故宮的「宮中檔」，以官員繳回的〈硃批奏摺〉為主，共計158,535件，含康熙、雍正、乾隆、嘉慶、道光、咸豐、同

＊ 國立故宮博物院院長

107

治、光緒、宣統等九朝的漢文摺、滿文摺及滿漢合璧摺等，其中以漢文摺爲主。

所謂「奏摺」，是清朝高級官員向皇帝報告政務的一種文書，原來名目繁多，諸如表、章、疏、書、封事等，經過歷代發展，至清朝而成定制。清初聖祖康熙皇帝鑑於大臣奏事所用之「奏本」與「題本」（明制，公題私奏），均由通政使司或內閣轉呈，隱密性不足，因而賦予某些大臣密奏之權，奏摺直達御前，經皇帝御批後直接發還原奏人，如此處理，既密且速，更有利於君權統御。雍正時期擴大使用範圍，並定下回繳制度，自此凡經皇帝御批的奏摺，一律回繳宮中儲存，大臣不得私藏，其後歷朝相沿，遂成定制。這就是臺北故宮及北京中國第一歷史檔案館所藏〈硃批奏摺〉的由來。

二、軍機處檔案

軍機處始設於雍正七、八年間（1729-1730），初名「軍機房」，其後更名「辦理軍機處」、「辦理軍機事務處」等，是清代的行政中樞，直到宣統三年（1911）四月十日清廷設置責任內閣後撤銷。前後兩百多年來，這一行政中樞機構，累積下來極豐富的文書檔案，即稱爲「軍機處檔」，原存於內廷。民國成立，袁世凱（1859-1916）認爲這批檔案事涉國家機密，將之移存國務院。民國十四年，故宮博物院成立，翌年（1926）元月五日，函請國務院將搬出內廷之軍機處檔歸還，作爲研究清史之用，得國務院總理許世英（1873-1964）同意，這批重要的清代軍機檔案始能歸還故宮，庋藏於大高殿，由故宮文獻館同仁負責整理。根據當年經手整理這批檔案的單士元先生（1907-1998）記述：軍機處檔案卷帙浩繁，名目繁多，初次面世，見其名而不識其內容者，比比皆

是，於是編目清點的同時，也依據檔冊內容釋名，初步統計出軍機處檔冊共有五十五種，7,967冊；《月摺包》3,535包，約八十萬件。[1]目前這批軍機處檔，一如〈宮中檔硃批奏摺〉，分藏兩岸國立故宮博物院及北京中國第一歷史檔案館。其中典藏於臺北故宮者分《月摺包——軍機處奏摺錄副》及《軍機處檔冊》兩類，擇要簡介如下：

（一）月摺包——軍機處奏摺錄副及附件

所謂「月摺包」，是軍機處將議辦奏摺，抄錄副本，按日歸包儲存，通常每半月成一包，故稱爲《月摺包》，簡稱《摺》。當軍機處將奏摺錄副歸包之際，已做了初步的分類與整理。例如《月摺包》有滿、漢文之分，滿文月摺包內兼有蒙、回、藏文等摺件；《月摺包》亦分「尋常」與「雜項」兩類：「尋常」是不分何事，按月歸包；「雜項」則按事分類，每類按年月歸包。臺北故宮所藏《月摺包》，是以漢文摺件爲主，內容則兼有尋常與雜項。再者，《月摺包》的內容，除了〈奏摺錄副〉外，也有大臣奏摺原件及原摺附件，如：清單、稟文、供詞、圖說、片文等；另有各部院致軍機處的咨呈、節略、揭帖等。

（二）軍機處檔冊

現藏臺北故宮的《軍機處檔冊》共三十多種，依檔冊性質大致可分爲目錄、諭旨、專案、奏事、記事、電報等類。由於類別繁多，僅檢其中蘊藏有民國史料者加以介紹。

1、上諭檔：屬諭旨類檔冊

據《欽定大清會典》載：「特降者爲諭，因所奏請而降者爲旨，其

---

1 單士元，《我在故宮七十年》（北京：北京師範大學，1997），頁30-32。

或因所奏請而即以宣示中外者亦爲諭。其式，諭曰內閣奉上諭，旨曰奉旨，各載其所奉之年月日。」[2]又據《樞桓紀略》解釋：「軍機處繕寫諭旨之式，凡特降者曰內閣奉上諭；因所奏請而降者曰奉旨；其或因所奏請而即以宣示中外者，亦曰內閣奉上諭，各載其奉旨之年月日於前。述旨發下後，即交內閣傳鈔，謂之明發；其諭令軍機大臣行，不由內閣傳鈔者，謂之寄信。」[3]簡言之：由內閣發出者稱「明發上諭」，由軍機處交兵部捷報處驛站直接寄出稱〈寄信上諭〉或稱〈廷寄〉。臺北故宮所藏《上諭檔冊》，是軍機處將所發〈上諭〉抄錄成冊，有〈明發上諭〉、〈寄信上諭〉、〈譯漢上諭〉及兼載各類諭旨的《上諭檔冊》等；時間上起乾隆，下迄光緒，共計2,800多冊。

2、月摺檔：屬奏事類檔冊

軍機處將皇帝批諭後發下的臣工奏摺，除抄錄爲〈奏摺錄副〉按月歸包形成《月摺包》外，也將《月摺包》中與政務相關的重要奏摺，逐日抄錄，按月裝訂成冊，稱爲《月摺檔》。臺北故宮所藏《月摺檔》包括道光、咸豐、同治、光緒四朝，共1,400多冊。

3、電寄檔：屬電報類檔冊

隨著西風東漸，西方的郵政電訊也在清末傳入中國，逐步取代清朝的驛遞制度。光緒三十一年（1905）清廷創辦無線電報，三十二年十二月（1906/1、2）設立電政總局，歸郵傳部監督管理。臺北故宮所藏電報類檔案即出現於光緒三十三年（1907）後，說明了這類檔案與電政

---

2 清・崑岡等奉敕續撰，《欽定大清會典》，清光緒二十五年總理各國事務衙門承辦石印本，卷三，〈辦理軍機處〉，國立故宮博物院藏。

3 清・梁章鉅，《樞垣紀略》，清光緒元年活字本，卷十三，〈規制一〉，國立故宮博物院藏。

總局設立有關。《電寄檔》是軍機處將以電報發出的「寄信上諭」抄錄成冊，起迄於宣統元年至三年（1909-1911），前兩年每春、夏、秋、冬各一冊，宣統三年春、夏、秋、四月、九至十二月各一冊，共十六巨冊。

4、電報檔：屬電報類檔冊

包括「收電檔」及「發電檔」，內容是軍機處匯抄清廷與各地官員及駐外使節往返電報。此檔如《電寄檔》，是傳訊現代化後之產物。

三、內閣部院檔

內閣是輔助皇帝辦理政務的中樞機關。清仿明制，於天聰三年（1629）設文館於盛京，崇德元年（1636）改文館爲內三院，即內國史院、內秘書院、內弘文院。順治二年（1645），以翰林官分隸內三院。順治十五年（1658）改內三院爲內閣，成爲定制，直至宣統三年（1911）四月，責任內閣成立，內閣始撤銷。據《欽定大清會典》載：「（內閣）掌議天下之政，宣布絲綸，釐治憲典，總鈞衡之任。」[4]內閣既是如此重要中樞機構，其遺存下來的檔案，數量必然浩繁，形式眾多。如：滿文老檔、內閣承宣文書（詔書、敕諭、誥命、敕命、敕諭、金榜、冊文、國書等）、內閣日行公事檔冊（絲綸簿、上諭簿、外紀簿）、六科史書、起居注冊等。

---

4 清・崑岡等奉敕續撰，《欽定大清會典》，清光緒二十五年總理各國事務衙門承辦石印本，卷二，〈內閣〉，國立故宮博物院藏。

四、史館檔

臺北故宮所藏「史館檔」，包括清國史館纂修《國史》及民國清史館為纂修《清史稿》所形成的檔冊。清國史館及民國清史館纂修史書，都沿用正史紀、志、表、傳等紀傳體，因此存下來的稿冊也以本紀、志書、表、傳記為主。其中清國史館黃綾本滿、漢本紀，始於清太祖，迄於德宗。民國清史館纂修的本紀則有太祖、太宗、世祖、聖祖、高宗、仁宗、宣宗、文宗、穆宗、德宗等；志書則有：天文志、災異志、時憲志、地理志、禮志、樂志、輿服志、儀衛志、選舉志、職官志、食貨志、河渠志、兵志、刑法志、藝文志、邦交志、交通志、國語志等；年表計有：職官大臣年表、皇子世表、外戚表、公主表、諸藩封爵世表、恩封宗室王公表、宗室王公功績表、外藩蒙古回部表、藩部世表、交聘年表、建州表、總理各國事務大臣年表、忠義表、疆臣年表；傳則分為傳包與傳稿。所謂「傳包」，是清國史館為纂修人物列傳，所咨取搜集的各種傳記資料，以人物為單位，各自歸納成一包，故稱「傳包」。因此，不同的人物，其傳包亦各自不同，但通常包括有：各部宣付史館的片文、履歷片、履歷清冊、事蹟清冊、事蹟冊、戰功冊、訃聞、哀啟、咨文、祭文、年譜、行狀、行述、奏稿、文集及傳稿冊等，凡此都是傳記第一手原始資料。臺北故宮藏有清代人物傳記資料共計3,532包。「傳稿」又分清國史館傳稿及民國清史館傳稿。清國史館傳稿，為國史館纂修人物列傳所留下的各類原始稿本，有初輯本、重繕本、校訂本、增輯本、訂稿本等。民國清史館傳稿，則是纂修《清史稿》所留下的稿本。

參、清宮檔案與民國史研究

如眾所周知，孫中山先生（1866-1925）在推翻清朝以前，曾有十次未成功但卻十分轟動的革命活動，這些革命記錄均保存在清代官員的奏報及朝廷的諭旨電報中；又如被民國政府奉為革命先賢的知識分子或激進派人物或執行革命行動而死難的先烈們，他們的見識或從容就義威武不屈的行為，全記錄在清代檔案之中；清廷為剿捕「革匪」首號人物孫文，通電所有駐外使節偵查行蹤，也被保存在《收發電檔》中；武昌起義及各省先後響應，清廷在眾叛親離局勢下，接受權臣袁世凱的建議退位，結束清朝二百六十一年的統治，各省光復的記錄，均呈現在《電寄檔》中。總之，臺北故宮典藏的清宮檔案蘊含有豐富的國民革命史料，即便是故宮博物院的肇建設置，也直接受惠於民國成立。

民國七十四年（1985）講者曾以臺北故宮所藏清代檔案策劃「中華民國開國前革命史料特展」，分：「撲朔迷離探行蹤」、「史堅如（1879-1900）、吳樾（1878-1905）、秋瑾（1875-1907）、熊成基（1887-1910）、溫生才（1870-1911）等五先烈事蹟」、「國父親自領導的十次起義」、「文字收功日・全球革命潮」、「武昌起義」、「各省光復」等六單元，選展檔案包括：〈宮中檔硃批奏摺〉、〈軍機處檔奏摺錄副〉、《月摺檔》、《上諭檔》、《收發電檔》及《電寄檔》等。[5] 為慶賀中華民國

5　有關「院藏中華民國開國前革命史料展」的策展與選件內容，詳筆者在展覽期間針對每一單元撰成的六篇文章：〈撲朔迷離探行蹤〉、〈五先烈（史堅如、吳樾、秋瑾、熊成基、溫生才）事蹟實證〉、〈國父親自領導的十次起義〉、〈文字收功日，全球革命潮〉、〈武昌起義〉、〈電寄檔與各省光復〉等，分別刊載於《故宮文物月刊》卷三3、4、5、6、7、8期，總期27、28、29、30、31、32。（臺北：國立故宮博物院，1985年6、7、8、9、10、11月）

建國百年，臺北故宮圖書文獻處將所藏清宮檔案中的民國革命史料一一檢出，與世界書局合作出版《涓滴成洪流——清宮國民革命史料彙編》[6]四冊。下以《彙編》中收錄的八種檔案為例，說明清宮檔案與民國史研究的關係。

一、宮中檔硃批奏摺

　　孫中山先生在《建國方略》中指出：「予自乙酉中法戰敗之年，始決傾覆清廷，創建民國之志。」乙酉，光緒十一年（1885），法國殖民勢力深入越南，脅迫清廷放棄與安南的藩屬關係，戰爭從越南北部陸戰延伸至閩臺海戰，滇桂軍雖在陸戰獲勝，但因海戰失利，清廷仍與法國簽訂〈中法會訂越南條約十款〉，放棄越南，劃定邊界。中山先生目睹清廷的懦弱辱國，遂立下推翻封建專制，建立民國的志業。反映在清代檔案中，緝捕「會匪」、「革匪」與「孫汶」等的國民革命史料開始密集出現於光緒中業以後。例如《涓滴成洪流——清宮國民革命史料彙編》起首的一件，即光緒十五年四月十六日（1889/5/15）〈兩江總督曾國荃安徽巡撫陳彝遵旨奏覆辦理客民會匪情形摺〉，摺中說明兩件事，一是各地會黨蠢動響應革命，清廷感受到危機四伏，於光緒十四年十月一日（1888/11/4）諭令各地緝捕；一是地方官員加強保甲巡哨嚴密訪察「會匪」。然革命星火已逐漸擴散，數年間廣西、陝西、甘肅、貴州、江西、雲南等地也分傳警訊，各省總督巡撫分別奏報查緝「會匪」情形，說明革命行動已然燎原。又如：光緒二十五至二十六年（1899-1900）間，署兩廣總督廣東巡撫德壽（1837-1903）所奏的四件硃批奏

6　馮明珠主編，《涓滴成洪流——清宮國民革命史料彙編》全四冊（臺北：世界書局，2011）。

摺:〈奏為廣東惠州會匪被外匪句結起事派營勦辦獲勝並仍飭搜捕餘匪情形摺〉附〈責成各營分投搜捕惠州餘匪片〉、〈為恭報廣東省惠州會匪經各營勦捕一律肅清並將在事出力員弁懇請獎勵事摺〉附〈請擢用龔心湛及朱士林著准送部引見片〉、〈奏請獎勵拿獲會匪各員片〉及〈兼署兩廣總督廣東巡撫德壽奏:請獎勵拏獲逆犯員弁〉,記錄了革命先烈史堅如在孫中山先生號召下發動「庚子惠州之役」的本末經過,以及廣東巡撫德壽率領的地方官員對革命勢力的圍剿情形。經過仔細尋覓,臺北故宮所藏〈宮中檔硃批奏摺〉涉及國民革命事件者雖僅有二十九件,但件件內容精彩,是不可或缺的民國史料。

二、軍機處檔摺件

臺北故宮所藏軍機處檔摺件,包括〈奏摺錄副〉與〈錄副〉中之附件及各種清代文書,共計190,837件,與民國史研究相關者,密集出現於光緒二十七至宣統二年(1901-1910)間。

例如檔案編號168495號,是光緒三十四年十一月二十一日(1908/12/14)浙江巡撫增韞(1860-1921)的〈奏摺錄副〉,內容記載:有人密報浙省會黨吳芝瑛(1868-1934)與徐寄塵(1873-1935),藐法妄為,將秋瑾屍棺移葬於西湖,樹碣立碑,供人悼念,準備春秋追察;也有留學生王熙普(藝名鐘聲,1874-1911)等將秋瑾事蹟編成劇本,在茶館公演,並張貼戲單宣傳;清廷聞密報後令浙江巡撫增韞嚴行查辦,這是增韞奉旨查辦後所上奏摺之抄件。從這件〈奏摺錄副〉內容看來,增韞是十分同情秋瑾的,他輕描淡寫的奏報:吳芝瑛與徐寄塵省親來浙,出於「慈善主義」,捐助微貲,將秋瑾屍棺埋葬於西湖叢冢間;秋瑾的餘黨在上海租借地開追悼會,潛來立碑,實屬藐法妄為,

然與吳徐兩人無涉；他們所爲不過如紅十字善行，請免予置議。並言
國家有法外之仁，查辦之際，秋瑾母家具呈領屍，已飭令地方官監督
起屍發回，剷平墓地，摧毀石碑，以免會匪藉端煽惑；至於王熙普等
則容再嚴查；摺上奉旨「知道了，欽此」。秋瑾的革命事蹟，她的口
供、告國人書、革命軍制以及浙江政府辦理秋瑾案的本末經過，全留
記錄在清代檔案中。[7]類似的民國史料，必然出現在清朝地方官員的緝
捕奏摺中。

　　臺北故宮所藏軍機處檔編號160125-160127、160128-160130、
160741-160746及166887-166891，是四封格式大致相同繕寫在紅色八
行信箋上的密函，收件人都是軍機處行走王爺、中堂及軍機大臣等。
密函分別寄自兩湖、兩江、兩廣、安徽、江蘇、河南、江西、直隸等
地的總督與巡撫，推測原應附在大臣奏摺中的附件，是爲了回覆軍機
處於光緒三十三年三月二十三日（1907/5/5）發出的一則廷寄；廷寄內
容是對各地宣傳革命思想的書刊日益蓬勃，下令總督與巡撫查禁。例
如檔案編號160741-160746是湖廣總督張之洞（1837-1909）及陝甘總督
端方（1861-1911）的覆函，張之洞即報告：因《漢口日報》議論不盡純
正，已商請駐漢口領事收回官辦。並進一步提出，片面查禁一兩本書
刊，根本無法杜絕革命思想的蔓延，因此提出四項釜底抽薪的辦法：

　　（1）傳令各書販立下具結禁售，違者重罰，查封書舖；

　　（2）通令全省學堂，禁止學生購閱，違者逐出校門；

　　（3）軍機處應致函駐日公使轉咨日本政府，執行光緒三十二年與
日本公使內田康哉（1865-1936）所訂「約束留學生章程」，禁止留學生

7　故宮博物院將秋瑾史料編輯出版，刊載於《文獻叢編》上冊（臺北：臺聯國風出版
　　社，1964）。

「妄發議論」,方能斷宣傳革命思想的源頭;

（4）令外務部商請海關總稅務司赫德（Robert Hart, 1835-1911）轉飭各郵政局查禁銷毀革命書刊,不得代寄。

張之洞指出:革命書報若非來自日本即印自上海等租界,在他國庇護下,肆無忌憚。

檔案編號160125-160127,兩江總督魏光燾（1837-1915）覆函中也談到,革命書刊的業者在治外法權的保護傘下,在上海租界印製,販售各地,僅能在販運出租界時查禁。檔案編號160128-160130,河南巡撫陳夔龍（1857-1948）的兩封覆函,其中提到一份名叫《自由新報》的報紙,在美國檀香山「漢拿魯爐」（Honolulu）發行,宣傳革命,顛覆清廷,建議軍機處查禁。查《自由新報》原名《檀山新報》或《隆記》,是興中會的機關報,光緒二十九年（1903）,孫中山先生重抵檀香山,見康梁保皇黨勢力在海外日壯,乃將《檀山新報》更名《自由新報》以對抗保皇言論,從此《自由新報》成為海外宣傳革命思想的重要報章,河南巡撫陳夔龍覆函透露出《自由新報》已深入內陸。檔案編號167063〈謹將日本來函錄呈〉,具呈人及時間不詳,但從檔案中提到的兩份報刊《新世紀》與《民報》及中山先生現身巴黎,當能推斷出檔案形成的時間應在宣統元年五月（1909/6、7）間;蓋因中山先生是在第八次起義失敗後於宣統元年四月初五（5/23）離開南洋前往法國,於五月初三（6/20）抵馬塞港,轉往巴黎停留一個多月。《新世紀》在光緒三十四年（1908）由張繼（1882-1947）、張靜江（1877-1950）及李煜瀛（1881-1973）在巴黎創刊。

檔案編號159796陝西巡撫升允（1858-1931）〈奏請斥革舉人于伯循由〉奏摺錄副。于伯循（1879-1964）,字右任,後以字行,著《半哭半

笑樓詩草》及在上海創辦《神州日報》，諷議時政，宣傳革命；升允於光緒三十四年三月二十一日（1908/4/21）奏請朝廷趁于右任赴河南參加會試時將他密拏審訊；四月初四（5/3）奉硃批「著照所請，該部知道，欽此」。消息傳出，于右任逃過劫難，但並未生懼，他本著「文字收功日，全球革命潮」的理念，前仆後繼創辦了《民呼日報》、《民吁日報》及《民立報》，鼓吹革命新思潮。

三、上諭檔

　　「乙未廣州之役」是孫中山先生領導的第一次起義，策劃周密，由中山先生坐鎮廣州，發號施令；楊衢雲（1861-1901）在香港布署接應；以陸皓東（1867-1895）設計的「青天白日」為旗幟，口號「除暴安民」；朱淇（1858-1931）起草檄文。可惜事蹟洩露，於光緒二十一年九月初十（1895/10/27）兩廣總督譚鍾麟（1822-1905）下令逮捕了陸皓東、程奎光、程耀宸、劉次、梁榮、程懷（五人均生年不詳）；翌日，搭乘保安號輪從香港前來支援的志士，也被清兵一網逮捕。《上諭檔》光緒二十一年十月十六日（1895/12/2）軍機處寄兩廣總督譚鍾麟「寄信上諭」便記錄了此事：

> 有人奏廣東盜風日熾，請飭嚴緝一摺，據稱九月間，香港保安輪船抵省，附有匪徒四百餘名，潛謀不軌，經千總鄧惠良等探悉，前往截捕，僅獲四十餘人。訊據供稱，為首孫文、楊衢雲共約有四、五萬人，前來省城，剋期起事。現在孫、楊首匪遠颺，黨類尚多，竊恐釀成巨患等語。廣東、惠州、高州等處土匪，甫據該督奏報，首要悉數駢誅，地方安謐如常，何以盜風並未稍戢，竟有潛來省城之事，若如所奏，該匪首孫文、楊衢雲糾約黨類竟至

四、五萬人之多，在省城租定民房、潛謀不軌，該督等豈竟毫無
見聞，著譚鍾麟、成允嚴密訪查，務將首犯，迅速捕拏，以期消
患未萌。[8]

這則上諭說明「乙未廣州之役」已達四、五萬人，首腦人物是孫文
及楊衢雲，為期「消患於未萌」，著譚鍾麟等嚴密訪查。此役首先殉難
的有陸皓東、程奎光、程耀宸、邱四及朱貴（生年不詳），中山先生在
九月二十日（1895/11/6）順利脫險到達香港。《上諭檔》光緒二十一年
十月二十一日（1895/12/7）軍機處以五百里傳諭譚鍾麟「嚴密緝拏，
毋任漏網」。在清廷雷霆萬鈞的緝捕令下，中山先生剪掉辮髮，離開香
港，翌年9月發生倫敦蒙難事件，說明了清廷追捕中山先生所布的天羅
地網。

四、電寄檔

經過仔細查找，在十六冊《電寄檔》中覓出307筆民國史料，對武
昌起義及各省光復均有所記錄。

例如《電寄檔》中第一則與武昌起義相關的電報，是宣統三年八月
二十日（1911/10/13）清廷寄湖廣總督瑞澂（1864-1915）的電諭：

瑞澂電奏，探知革黨潛匿武昌，定期十九日夜間起事，正飭防
拏，旋據齊耀珊電稱，於漢口拏獲要匪劉耀璋一名，起獲偽印、
偽示、偽照會等多件，遂與統制張彪等督派弁兵在省城內先後拏
獲匪目、匪黨三十二名，並起獲軍火炸彈多件。內有劉汝夔開槍
拒捕，楊宏勝私藏軍械，彭楚藩語尤狂悖，當將該三匪訊明正法

---

8 《上諭檔》，光緒二十一年十月十六日（1895/12/2）廷寄，國立故宮博物院藏。

等語。[9]

　　這則責任內閣「電寄」內容記錄了武昌起義前夕，設在漢口寶善里十四號與武昌小朝（廟）街八十五號革命黨秘密基地被破獲情形。宣統三年八月十九日（1911/10/10）首先殉難的革命先烈劉汝夔（1883-1911）、楊宏勝（1886-1911）及彭楚藩（1887-1911）等三人，瑞澂指控他們的罪行分別為：「開槍拒捕，私藏軍械，語尤狂悖」。劉汝夔即劉復基，字堯澂，湖南常德人，同盟會會員，當清兵破獲小朝（廟）街八十五號時，劉復基自樓上扔炸彈拒捕，瑞澂指控他「開槍拒捕」，死難時年僅二十九歲。楊宏勝，湖北襄陽人，原是一名清兵，後加入共進會與文學社，獻身革命，他藉經營小酒館暗中運輸軍械，八月十八日（1911/10/9）在執行任務時被捕，瑞澂指控他「私藏軍械」，死難時年二十六。被瑞澂指控「語尤狂悖」的彭楚藩，湖北鄂城人，也是共進會與文學社成員，藏身於湖北憲兵營，亦是在破獲時被捕，押到總督衙署審訊時，他慷慨陳辭，控訴清政府種種罪行，要求速死，以喚醒國人，八月十九日（10/10）黎明，在總督衙署門前從容就義，年僅二十五歲。三人死難當日——1911年10月10日，激發起武昌起義。

　　瑞澂十八日逮捕革命分子，十九日便斬殺劉、楊、彭三人，原為殺一儆百，嚇阻革命行動，不意弄巧成拙，反激化了埋伏在武昌新兵營裡的革命行動。瑞澂斬殺三人同時，下令關閉城門，切斷城外所有接應，全力搜捕革命黨人，隱身新軍第八鎮工程營裡的革命黨人熊秉坤（1885-1969）因無法得到任何訊息，與其束手就擒，不如首先發難；接著第二十九標及二十一混成協輜重營相繼響應，一夕之間武昌光

---

9 《電寄檔》，宣統三年八月二十日（1911/10/11），國立故宮博物院藏。

復，瑞澂逃亡，翌日湖北軍政府成立，革命火種，隨之燎原。

瑞澂逃出，藏匿軍艦，驚魂甫定，立即電告朝廷，武昌失守，長江流域堪憂。八月二十一日（10/12）清廷電諭各省，顧全大局，嚴密偵防。這則「電寄」全文如下：

> 頃據瑞澂電奏，兵匪勾結爲亂，武昌失守，長江一帶最關重要，現在人心浮動，伏莽甚多，又值連年荐饑，災民遍野，殊屬可慮，亟宜嚴防勾結響應。著張人駿、程德全、朱家寶、馮汝騤加意防範，毋稍疏虞。海外革黨密布內地，到處煽惑，潛謀不軌，並著各省督撫，隨時嚴密偵防，免生事端，以顧大局而弭隱患。將此電諭各該省督撫知之欽此。[10]

電寄內容正好說明了武昌起義的時機。若以光緒二十一年乙未廣州之役起算，孫中山先生推動的革命運動，已赴諸行動十五、六年，革命思潮普及海內外，革命志士滲透各階層，全面性的革命，只待時機。宣統三年秋，時機終於來臨：先是鐵路國有化，引起川、鄂、湘、粵四省激烈的保路運動，清廷調鄂軍入川鎮壓，給予湖北起義大好時機；再者清政府一再延宕憲政改革，令主張君主立憲制的人士絕望，助長了革命勢力；加以宣統二年秋以來的長江中游水患，數以百萬計災民流離失所，民怨載道，反清政府情緒高漲。武昌起義恰在此時爆發，兩日之間，漢陽、漢口也先後光復，湖北軍政府組成，宣布國號「中華民國」，政體五族共和，革命軍在短短的兩、三日間，創下了如此的規模，當然令清政府大爲震驚。

八月二十四日（10/15）。清廷電令各省督撫每日發平安電一則，以

10《電寄檔》，宣統三年八月二十一日（1911/10/12），國立故宮博物院藏。

報平安。電云:

> 現在革黨肇亂,謠諑四起,最足搖惑人心,希每日發一電,只用
> 一安字,已足藉慰懸系,沿江沿海地方,尤盼時通消息。再革黨
> 偽電亦宜注意,闔。[11]

這則平安電,正是清廷惶惑不安的寫照。從八月十九日到十一月
初二日(1911/10/10-12/21)短短兩多個月,先後響應起事的包括:武
昌、長沙、西安、九江、太原、昆明、南昌、上海、杭州、貴陽、蘇
州、桂林、安慶、福州、廣州、濟南、重慶、成都、南京、開封等二
十個城市,在臺北故宮所藏《電寄檔》中均留下記錄。

五、收發電檔、雲南省電稿

《收發電檔》與《雲南省電稿》一如《電寄檔》,是電報被清廷運用
後所形成的檔案。外務部將發送各地官員及駐外使節的電文匯抄為《發
電檔》;將收到的電文匯抄成《收電檔》;一冊之中兼抄往返電文者稱
《收發電檔》。臺北故宮藏《收發電檔》始於宣統元年元月至宣統三年四
月(1909/1-1911/5),每月一冊至三冊不等,其中共尋覓出八十一筆革
命史料。下以清廷對孫文的緝捕行動為例,說明《收發電檔》與民國史
研究的關係。

眾所周知,中山先生在廣州乙未起事失敗後成為清廷通緝欽犯,
被迫離開香港流亡海外;光緒二十二年(1896)九月發生倫敦蒙難事
件,雖得友人之助,倖免於難,但清廷對他的通緝並未鬆懈,反映在
《收發電檔》中是一系列追查孫文行蹤的電報。例如:宣統元年正月十

---

11 《電寄檔》,宣統三年八月二十四日(1911/10/15),國立故宮博物院藏。

九日（1909/2/9）兩江總督端方、江蘇巡撫陳啓泰（1847-1909）分別致電外務部言：據日本橫濱密探報，孫文在大阪現身，電請清廷下令沿海各省嚴防他潛返回國。外務部接報後於次日正月二十日（2/10）電諭嚴防革命勢力內犯，並電諭駐日公使胡惟德（1863-1933）與日本政府交涉將中山先生逐出日本。正月二十二日（2/12）駐日公使胡惟德回電，告之中山先生不在日本應在新加坡。孫文的眞實行蹤爲：光緒三十三年正月二十日（1907/3/4）日本政府在清廷的要求下，令孫先生離境，孫先生遂與胡漢民（1879-1936）經新加坡轉赴越南河內，此後兩年均在南洋活動，親自策劃了六次起義：光緒三十三年四月十一日（5/22）潮州黃岡之役、四月二十二日（6/2）惠州七女湖之役、七月二十四日（9/1）欽州之役、十月二十六日（12/1）廣西鎭南關之役、光緒三十四年二月二十五日（1908/3/27）欽廉上思之役、三月二十九日（4/29）雲南河口之役。這六次起義，雖以失敗收場，但國民革命浪潮，風起雲湧，前仆後繼，終至襲捲全國。《雲南省電稿》中收錄有雲南河口之役的電報。

《雲南省電稿》是軍機處匯抄收發雲南省電文所形成的檔冊，共四冊，載光緒三十三年至宣統元年（1908-1909）收發電文，與革命事件相關電報共三十四件，內容密集於光緒三十四年河口之役。雲南與越南接壤，此時越南已是法國殖民地，革命黨人便以越南爲藏匿基地，一方面逃避清廷追捕，一方面便於入境發動起事。因此，《雲南省電稿》中出現清廷與法國交涉的檔案。

肆、結語

　　國立故宮博物院所藏文物,可謂集華夏文化八千年之大成,其中繪畫、書法、銅器、瓷器、玉器、珍玩、善本古籍等等,早已名聞環宇,也常在展覽室中與人見面,觀眾無不驚訝於它們的精雕細琢、技藝絕倫,在中國文化藝術史上有著無與倫比的地位。然而,在這富麗堂皇、珍奇巧妙的藏品之外,圖書文獻處另藏有本講義所介紹的約四十萬件清代歷史檔案,它們外貌雖不起眼,然其質與量均非國內任何公私收藏所能比擬,是研究清史及國民革命史不可或缺的一手史料,值得治民國史者留意。

從檔案看清代宮廷膳食

周惠民*

壹、前言

　　討論宮廷飲食，可以從不同的角度開展，除了祭典、儀式等各種正式場合的飲食有其特殊功能外，一般飲食仍應當回歸正常生理需求，無須炫耀或誇大。但社會各界對宮廷飲食經常抱著好奇的心理，許多敘述也多半誇大，認為宮廷飲食就應當豐盛、精美，甚至有「食前方丈」的說法。實際上，歷朝君主鮮少有這種「措大」的習慣，也沒有這種需求。

　　美國社會學者費布倫（Thorstein Veblen, 1857-1929）指出：部分人可能因為希望表現財富或收入，花費於特定商品或勞務，以維護或獲得社會認可，這種炫耀性消費也可能表現在飲食中。[1]法國國王路易十四（Louis XIV, 1638-1715）用餐之際，往往聚眾數百人，觀看其飲食，種種誇飾與炫耀，說明當時法國王室急需凝聚國民向心，鞏固王權，也符合炫耀性消費的基本樣貌。但清朝皇帝並無特殊的炫耀需求，不僅深居宮廷，對飲食也沒有特殊的癖好。從內務府的相關記載看來，

---

* 國立政治大學文學院院長、人文中心主任

1　參見：Veblen, Thorstein, *The Theory of the Leisure Class: An Economic Study in the Evolution of Institutions,* New York : The Modern library, 1934.

清朝多數皇帝的飲食相當保守、簡單，甚至可以稱爲單調。

有關清朝皇帝飲食的記錄，多保存於御膳房的相關記載中。從檔案中大致可以看到宮廷中各皇室眷屬的飲食用料與開銷，皇帝進食的情況、飲食時的各種擺設，熱河行宮中還記載了皇帝賞賜臣工飲食的內容。

皇帝也將賞賜飲食作爲拉攏的工具，辛酉政變之後，慈禧希望拉攏奕訢，藉由賞賜食物，以示尊榮。從御膳房膳檔的記載，也可以看出其中的消息。

貳、檔案中所見的清宮膳食記錄

現存的清宮檔案中，專門記錄皇帝飲食的〈節次照常膳底檔〉、〈撥用行文底檔〉等有關皇帝膳食記錄的檔案不多，也未經完整整理。加上每朝對膳食檔的重視程度不同，記錄的內容也有極大差異。乾隆在位時間較長，內容相對較爲完整，較能獲得完整資訊，比對。乾隆經常旅遊，或南巡，或行圍，與各地督撫及地方官員互動，也接見蒙古、西藏的王公，聯絡情誼並展示國威。他所留下的膳食記錄跨度較大，包括了青年、中年與晚年時期，更可看出制度及態度變化的端倪。

近年來，討論清宮膳食的資料檔案陸續問世，讓研究者可以一窺清代宮廷膳食的樣貌。例如北京故宮博物院自1978年起，陸續出版一些檔案，稱爲《清代檔案史料叢編》。其中，於1984年出版的第十冊收錄《乾隆四十八年節次照常膳底檔節選》，對該乾隆當年之膳食記載，相當詳盡。2001年，中國第一歷史檔案館編輯整理了所藏有關檔案，

交浙江的華寶齋宣紙影印出版《清宮御檔》。全書共分五函，其中第一
函《清宮御膳》，將乾隆帝南巡浙江時的食譜選輯出版，集中乾隆三十
年、四十五與四十九年南巡期間的膳食記錄，因為地理條件與時間不
同，[2]所過之處的民間飲食方式有異，正可以與熱河檔案對照，看出清
宮如何維持其膳食的特性。2003年，中國第一歷史檔案館與承德市文
物局合編一套《清宮熱河檔案》，交由中國檔案出版社出版，將第一歷
史檔案館中有關承德的文件收錄成十八冊，其中也包括許多膳食相關
檔案。

　　辛亥革命，清帝遜位，故宮管理混亂無章，許多檔案疏於整頓，
甚有被盜或遭變賣者。1921年，北洋政府欲將清宮檔案賣為造紙原
料，羅振玉搶救七千餘袋檔案，包括《膳房辦買肉斤雞鴨清冊》，也可
以提供學者參考。

　　本文討論雖多以乾隆朝為出發，但其他各朝的變化應當不大，從
慈禧時期的內容觀察，晚清宮廷飲食的內容、時程與清初仍然相當一
致。

　　如何從現有的檔案觀察清宮飲膳行為，各有其重點與會心，自然
是言人人殊。目前討論飲食行為的學者多從人類學角度、文化史角度
與制度史角度觀察，舉凡飲食的時序、內容、餐具、方式或地點，都
在討論之列。例如各種杯盤碗盞，琺瑯嵌絲盒子、小碟，都有其藝術
成就，也是研究故宮工藝者極感興趣的主題。而社會大眾則期待對「御
膳」的內容、食材及其醫療效果有更進一步地認識。

2　南巡多為正月出發，四五月間返回北京，序屬冬末春初，節氣不同，所遇節慶有
　異，許多節慶相關飲食也有差別，例如在熱河期間食用月餅，南巡期間食用元宵等。

參、宮廷飲食的文化與社會意義

許多人類學者指出：君主保持其地位特殊的重要方式之一，便是依賴許多儀式、規範，強調統治者的威嚴，透過儀式化行為，裝飾一種「神性」人格。除了居所、服裝與各種晉見儀注外，不讓一般人瞭解其飲食內容或方式，也是一種重要手段。就如獻祭一般，天子可以進爵、獻果給天帝，並代表天帝將祭品賜給與祭者，但天子並不隨便與民同食，以凸顯其「神性」。而皇帝經常有「賞食」的作法，以控制食物的分配，並有分胙、散胙的宗教意義。

飲食除了維持生命外，也是一種社會階級與身分的重要表徵，唐代名臣張文瓘為侍中時，可以依例享用政事堂供應的伙食。當時有同僚希望減供伙食以省費，但張文瓘並不同意，認為：「此食，天子所以重樞機，待賢才也。若不任其職，當自陳乞，以避賢路，不宜減削公膳，邀虛名。國家所貴，不在於此。」[3]

飲食既是身分的表徵，飲食內容也應該是反映身分的工具，藉由飲膳，不僅可以確認身分，也可以建立較為親近的關係。房玄齡、杜如晦曾於隋時任吏部侍郎高孝基下屬。高認為二人日後必貴，刻意與之交好，希望日後能「以子孫為託」。高乃「延至內齋共食」。[4]

不僅上層社會利用飲食拉近距離，平民階級也多以飲食作為社交手段。不過儀式與方式不同於上層階級，平民階級要加入上層社會時，必須學習宮廷的禮節，除言語、舉止外，飲食禮節也是重要的內容。例如魏晉時期，拜見官員，均有供應飲食的習慣。

3　劉肅，《大唐新語・識量第十四》（臺北：臺灣商務印書館，1965）。

4　劉肅，《大唐新語》，《知微第十六》。

羊曼拜丹陽尹，客來蚤者，並得佳設。日晏漸罄，不復及精，隨客早晚，不問貴賤。羊固拜臨海，竟日皆美供。雖晚至，亦獲盛饌。時論以固之豐華，不如曼之真率。[5]

供應是一種社會行為，而食用也是一種文化表現。「阮籍遭母喪，在晉文王坐，進酒肉。司隸何曾亦在坐，曰：『明公方以孝治天下，而阮籍以重喪，顯於公坐，飲酒食肉，宜流之海外，以正風教』。」[6]

飲食牽涉名教，自然有許多規矩，唐代有「燒尾宴」[7]的記載，便是集合將入仕者，共同學習宮廷禮節。

歷代以來，許多重要場合中，君臣上下要集會慶祝，並由朝廷提供適當的飲食，依禮、依序享用，形成一種特殊的社會行為，並有適度的規範。例如漢代的大朝會，群臣上殿，口稱萬歲，並舉觴祝頌，朝廷則提供百官宴饗。以後歷朝踵飾增華，宋代的朝宴就變得相當奢華：「春秋仲月及千秋節，大宴群臣，設山樓排場，窮極奢麗。」[8]明朝沿其制，宮廷禮儀也相當繁複，雖亦有大宴、中宴、常宴、小宴等名目，但已經自認省約。不過「凡立春、元宵、四月八日、端午、重陽、臘八日，永樂間，俱於奉天門賜百官宴。」[9]其他如皇太后聖誕，東宮千秋節等，皇帝都有可能以此為由，賜宴群臣。甚至祀圜丘、方澤、祈穀、朝日夕月、耕耤、經筵日講、東宮講讀等場合，都賜飯；

5　劉義慶等，《世說新語‧雅量第六》（北京：中華書局，1999）。

6　劉義慶等，《世說新語‧任誕第二十三》。

7　燒尾宴的名稱有不同說法：新羊入群，往往不得安寧，若以火燒新羊之尾，才能安定故稱。另一說為鯉魚躍龍門，尚須天火燒掉尾巴，才能變化成龍。新官入仕，或需安定，或需變化，均以燒尾為前提，故有此稱。

8　張廷玉等撰，《明史‧志第二十九》，禮七（嘉禮一）（臺北：臺灣商務印書館，2010）。

9　張廷玉，《明史‧志第二十九》，禮七（嘉禮一）。

纂修校勘書籍，開館暨書成，也要賜宴。至於閣臣九年考滿，也於禮部賜宴，還有各種恩榮宴，賞賜九卿、新科進士等。[10]都有燒尾的實際功能。

　　滿州人原本生活在關外，飲食可以分成好幾種，祭祀、宴會與家庭日常生活，各種飲食不同。例如祭祀一向在野外，以燔祭爲主。入關以後，住在北京城中，燔祭多有不便，康熙乃下令改「燔炙」爲「肴羹」，開始漢化與簡化祭祀。至於一般宴會，也以漢人習慣的肴羹爲主，由內膳房負責皇帝等宮中主體人物的飲食，另外還有外膳房，負責其他相關人等飲食。

　　以後，飲宴越來越儉省，例如康熙十三年原本罷宴群臣，幾年後才恢復。但康熙二十三年，改燔炙爲肴羹時，同時也下令停用銀製餐具，改爲一般瓷器，並視參與者之品秩，「進肴羹筵席有差」。[11]這種文化變遷與發展，亦可由清代的宮廷飲食看出端倪。不過清代皇權日見威嚴，與臣下的關係便漸行漸遠，如「千叟宴」[12]君臣同歡的場面不多，對清宮廷飲食研究乃轉往君主的日常飲膳。

　　清代宮廷飲膳有一定的規模與制度，皇帝飲膳習慣也相當確定，不會輕易變更。乾隆留下許多飲膳的資料，包括《清宮膳檔》、《御茶膳房簿冊》、《清宮熱河檔案》[13]中，都留有清代皇帝的飲食資料，記載

10 南巡多爲正月出發，四五月間返回北京，序屬冬末春初，節氣不同，所遇節慶有異，許多節慶相關飲食也有差別，例如在熱河期間食用月餅，南巡期間食用元宵等。

11 趙爾巽等撰，《清史稿‧志六十三》，禮七（上海：中華書局，2003）。

12 康熙五十二年三月二十五日，康熙舉行首次御宴，宴請全國耆老至京餐會；康熙六十一年正月又舉行，並即席賦《千叟宴》詩一首，開始有「千叟宴」之名稱。以後乾隆也舉辦過千叟宴，第一次爲乾隆五十年，第二次則在內禪之後，於嘉慶元年舉行，與宴者凡五千九百餘人。

13 中國第一歷史檔案館，承德市文物局合編，《清宮熱河檔案》（北京：中國檔案出版

相當詳細，包括食材、場合、數量及庖人。

肆、清宮飲食的具體時間與內容

　　古人的生活節奏與現代人不同，農業文明與漁獵文明的作息時間也有異，但大約都維持「日出而作、日落而息」，溫帶地區的日照常度，因季節而變化明顯，華北地區的作息，倒也大多一致。古人一直維持一日兩餐的生活步調，早餐為饗，晚餐曰飧。饗飧的重要意義為熟食，包含各種主副食，食材內容較為豐富，而兩餐之間，亦可能吃些簡單食物維持熱量供應，或為瓜果，或為形式簡單的含澱粉類食物。民間如此，帝王也是如此。前文述及康熙一日兩餐，便是指饗飧；西方王室也多為一日兩餐。至於進餐時間，則可能因季節、行程而異。例如行圍打獵，經常於戶外活動，或因趕路，或因會見賓客，都可能調整。

　　乾隆主政六十多年，留下資料最為詳細，故可以之作為清代宮廷飲食的重要代表人物。本文又以《清宮熱河檔案》資料為主，建構乾隆在熱河期間的飲食內容與方式。乾隆每年端午前後前往熱河，到九月分天涼之後才返回北京。駐蹕熱河期間，正值夏季，其飲食內容以當令食材為主，或與在京期間有些差異，自應注意。

　　乾隆四十四年七月，乾隆多在承德避暑山莊，卯正三刻（5點45分）用早膳。午初（11點多），進點心，包括餑餑、果子。到未初二刻（下午1點半）進晚膳。[14]

社，2003）。

14　中國第一歷史檔案館、承德市文物局合編，《清宮熱河檔》冊4，頁289-291。

　　乾隆五十三年七月間，乾隆也多於寅正一刻（4點1刻）起床，卯正之後進早膳。午初進果桌，未初二刻（下午1點半），進晚膳，這是當日最後一頓膳食。

　　嘉慶的活動時間也相當類似。嘉慶二十四年（1819）九月八日卯正進早膳，午正，進餐，另有晚晌伺候。

　　如遇節慶，飲食的內容與時間會有所調整。乾隆生日為八月十三日，每年均有慶祝活動，延續數日。乾隆四十四年八月十三日，寅正三刻起床，辰初，進早膳，午初，果桌，未正，晚膳。酉初，傳酒膳。[15]如與乾隆五十三年八月十三日，也無太大差別。當日：寅正一刻起床後，換裝完畢，接受家人祝賀，再禮佛，到卯正二刻進早膳。午正，擺設「高頭冷膳」，未初一刻，擺設大宴，並看戲，期間有各式點心、飲品。酉正二刻（下午5點半），再傳酒膳一桌。[16]

　　乾隆在承德時，生活稍微自在，用餐的地點並不固定，較常在煙波致爽樓進早膳，晚膳則在如意洲、含青齋、秀起堂、山近軒等各地。進膳地點的隨皇帝的作息而定，飲膳時也是單獨，可以隨心情所喜，並沒有固定的「餐廳」，而是以折疊膳桌，隨時成為其飲膳之處。所以記錄之際，餐桌形式也往往必須說明，如：「折疊膳桌」、「用填漆花膳桌」、「茶房折疊矮桌」、「黃盤果桌」、如果是大宴，則用「海屋添籌有幃子大膳桌」或「金龍大宴桌」。南巡期間，住宿各處均屬臨時性質，條件更不如承德，用膳全以折疊膳桌為之。

　　每天清晨用早膳、下午1點多用晚膳的習慣，一直維持。甚至人死供祭時，仍然保持這樣的節奏。嘉慶二十五年，嘉慶崩逝於熱河，供

---

15 中國第一歷史檔案館，承德市文物局合編，《清宮熱河檔》冊4，頁303。

16 中國第一歷史檔案館，承德市文物局合編，《清宮熱河檔》冊6，頁263。

祭的奠品也是根據嘉慶稱生用膳的時刻:「每日設祭三次,朝晡供獻膳
一桌,木蘭二個,午供餑餑桌一張,朝以卯正,午以午初,晡以未正
供獻。」[17]

伍、宮廷飲食的食材

中國自古以來,經常處於地少人多,糧食供應吃緊的狀態下,土
地必須集約利用,大部分地區畜牧業並不發達,也間接限制了民間的
肉品消費,且多集中於豬與雞為兩種動物,鮮少有野味。豬的體積較
大,飼養不易,多在年多歲末才宰殺、醃製,以便長期食用。平日如
有肉品需求,多以家禽為主,唐詩所謂「故人具雞黍,邀我至田家」,
即為一證。元代因統治者來自大漠,習於放牧,食用肉品多以牛、羊
為主。元代著名飲膳太醫忽思慧的《飲膳正要》中,食材多為牛、羊為
先,也多論及鹿、獾、狐等野味,其來有自。

明代以後,隨著人口增加,土地也不斷開發,野味益少。清初文
人袁枚在《隨園食單》中所提到的肉品多為豬肉。在〈雜牲單〉則指出:
「牛羊鹿三牲,非南人家常時有之之物,然製法不可不知」,所以才有
〈雜牲單〉之作。[18]袁枚提到:「鹿肉不可輕得,得而製之,其鮮嫩在獐
肉之上。」[19]提到鹿尾時,也說:「尹文端公品味,以鹿尾為第一,然
南方人不能常得。從北京來者,又苦不鮮新」。[20]

---

17 中國第一歷史檔案館,承德市文物局合編,《清宮熱河檔》冊12,頁171。

18 袁枚,《隨園食單》,〈雜牲單〉(南京:江蘇古籍出版社,2002),頁28。

19 袁枚,《隨園食單》,〈雜牲單〉,頁30。

20 袁枚,《隨園食單》,〈雜牲單〉,頁31。

　　但對清宮而言，滿人來自東北，以圍獵爲生，消耗大量肉品，入關之後，經常前往熱河行圍，捕得許多鹿麈之類，成爲重要食材。以乾隆四十四年六月爲例，從六月三日起到六月十八日的半個月中，送來八隻麈、二隻鹿，另有晾鹿肉四十塊、鹿尾五個、肥鹿肉條四十對、細鹿肉條一盤、肉條一百五十把、鹿舌七個。[21]此外、豬、羊、雞、鴨的消耗量也相當大，說明清宮飲食仍保持關外的習俗。

　　從《清代檔案史料叢編》所收《乾隆四十八年節次照常膳底檔節選》及清末的《膳房辦買肉斤雞鴨清冊》，內容看來，宮廷食材花色繁多，肉品以豬、羊、雞、鴨及野味爲主。野味則以鹿科動物爲主，包括鹿、獐與麈等，但絕無牛肉。南巡期間，偶而可以見到海鮮如蝦子、海米及魚。菜單中有「青韭炒鮮蝦」、「蝦米托」等，小菜則有拌蝦米，也用蝦米調味，如小蝦米油渣炒菠菜。菜單上出現過「魚」二品[22]與雞冠肉，[23]這是駐蹕熱河期間所未

上進畢
賞　早后
慶妃
六兩一桌　魚二品　盤肉四兩　六品一桌　羊肉二方一桌
白菜熱鍋一品　令貴妃
駕肥肉一品　烹頭
正月二十三日卯正請
橫雞肉二品　米麵一品
駕向侯冰糖吃燕窩一品
卯正二刻
紅杏園行宮進早膳用摺叠膳桌擺　燕窩肥鷄瘦野鷄熱肫一品同樣

三〇

21　〈乾隆44年5月至10月哨鹿節次照常膳底檔〉，中國第一歷史檔案館，承德市文物局合編，《清宮熱河檔》冊4，頁283-285。

22　中國第一歷史檔案館編，《清宮御檔——清宮御膳》冊1，第一函（北京：中國檔案館，2001），頁24。

23　中國第一歷史檔案館編，《清宮御檔——清宮御膳》冊1，頁30。

曾見者。

另值一提者，乾隆飲食中，燕窩爲必需品，且消耗極大，幾乎每餐均使用燕窩。晨起，立刻食用冰糖燉燕窩，南巡期間，無日無之。早晚飯時又有燕窩蓮子鴨子，燕窩八鮮鴨子等。

清宮常例一日進兩次膳食，早飯異常豐盛，實爲正餐，有異於今日之概念。以乾隆三十年正月十六日，乾隆仍在北京，當天在養心殿進早膳，主菜內容有：燕窩紅白鴨子南鮮熱鍋、酒燉肉燉豆腐、清蒸鴨子糊豬肉鹿尾攢盤，主食則有竹節捲小饅首、麵、老米水膳。另外還有黃碗菜、羊肉絲、奶子等。幾位未能伴駕隨行的嬪妃也進了四品菜、餑餑及幾色小菜送行。乾隆於當天出宮，夜宿黃新莊，飲食較爲單純，但因爲觀賞煙火，活動較多，就寢時間較晚，另於酉時二刻（下午6點）食用水果、元宵等物，看完煙火另進宵夜，包括肉絲酸菠菜、鮮蝦米托、醋溜鴨腰與鍋塌雞等菜。

這種習慣一直維持，四季類似，乾隆四十四年七月，乾隆駐蹕於承德，七日的早膳包括燕窩八鮮鴨子、燕窩鍋燒肥雞、炒雞白鴨子燉雜膾、羊肉片、清蒸鴨子糊豬肉攢盤，主食有竹節捲小饅首與江米釀藕。另外注記使用折疊膳桌，顯示皇帝飲食時食用的菜餚有限。但根據習慣，嬪妃或大臣往往有資格致送「進菜」，往往放在其他臨時安放的桌子，供皇帝觀賞或食用。如七月七日早膳有妃嬪等進菜六品、安膳桌二品、餑餑二品、鹹肉一品、蘿蔔湯、雞湯老米膳，餑餑六品、奶子二品、爐食、盤肉等。這類進菜大約都屬看菜，食用的機會不多，通常在皇帝進膳完畢之後，另旨交代如何賞用，或給妃嬪，或賞

其他執事人員食用。[24]偶爾皇帝會特別希望食用某一種特定菜餚，關照廚房處理，例如鴨丁炒豆腐、炒木樨肉、萬年青酒燉肉、大炒肉燉白菜等，甚至傳蘿蔔絲下麵或是芽韭炒肉等在民間也極為家常的菜。

　　節慶之時，飲膳的內容豐富些，但主要食材並沒有變化。乾隆五十三年生日，早餐為：口蘑鍋燒雞燉白菜、雞糕鍋燒鴨子、山藥鴨羹、燕窩火燻肥雞、酒燉肉、羊肉片、托湯鴨子、清蒸鴨子燒雞肉捲、　豬肉、八仙鴨子麵，另有許多常例的小盤菜、水果、爐食，內容相當單純，與平日差異不大。即便較年輕時，飲膳內容也相差不多。乾隆四十四年的晚膳計有紅白鴨子、肉丁蓮子酒燉鴨、燕窩肥雞、雞絲、托湯雞、羊西爾占、鮮蘑菇燉收湯雞、掛爐鴨子塞勒捲燒鹿肉、燕窩鴨子八仙湯另有鹿筋、豬肚羊肉等。

　　水果方面，也限於時令，變化不大。乾隆六十年的〈發果報底簿〉中可以看出的水果種類包括：香瓜、春橘、山裡紅、紅西瓜、黃西瓜、甜桃、蘋果、沙果、檳子、白葡萄、綠葡萄、瑪瑙葡萄、黃梨、白棗、英桃、芽韭蜜豆、內容看起來相當單純。

陸、餐具

　　乾隆進食時，無論早晚飯，一般均使用筷子，均為象牙材質，食用水果、餑餑等點心之際，通常安放叉子、刀子與手布，[25]刀叉多為金銀材質。餐具的製作材料並未特別說明，不同年分的〈傢伙帳簿〉都有紅筷子、黑筷子的總數，此類筷子為賞賜飯食所用。至於一般的盛

---

24 中國第一歷史檔案館，承德市文物局合編，《清宮熱河檔》，冊4，頁287。

25 中國第一歷史檔案館，承德市文物局合編，《清宮熱河檔》，冊4，頁306。

裝器皿，則多爲白底瓷器，盛裝熱湯，則有銀鍋。白瓷可以將菜餚表現的更爲出色，銀鍋易於保暖，均屬日常使用。另有各種銅胎琺瑯小碟，銀葵花盒、銀碟等，專爲盛裝小件的配料。但遇有特殊慶典，則會選用一些較爲喜氣的餐具，乾隆二十七年八月，乾隆生日當天，便是使用黃碗。北京故宮保存許多金、玉材質的餐具，但應非日常生活使用，而是用於特殊場合。至於一般身邊家人，並不同桌共食，其使用餐具也有區別，特殊場合的餐具會另外註明。乾隆三十年正月十九日，駐蹕趙北口行宮。當晚仍有花燈活動，乾隆看完煙火後，送給皇太后元宵，用三號黃碗；給隨行的皇后與嬪妃，則用位分碗。[26]

　　無論駐蹕熱河或南巡，均有隨行家人，遇有生日，宮廷會特別加菜，並使用較爲喜氣的餐具，乾隆二十七年「七月十五日，八阿哥生辰，早晚分例添用霽紅碗菜二桌。每桌添豬肉二斤、肘子一個，肚子半個」，[27]或是「八月十四日，綿恩阿哥生辰，早晚分例添用霽紅碗菜二桌，每桌八碗，每桌豬肉二斤，肘子半個，肚子半個。」[28]

　　如果遇有受寵而能隨扈到熱河的嬪妃，也會有些恩典，「九月十

26 中國第一歷史檔案館編，《清宮御檔——清宮御膳》冊1，頁22。

27 中國第一歷史檔案館，承德市文物局合編，《清宮熱河檔》冊1，頁464。

28 中國第一歷史檔案館，承德市文物局合編，《清宮熱河檔》冊1，頁465。

五日，容嬪壽辰，早晚分例霽紅碗菜二桌。每桌八碗，每桌添羊肉四斤。」[29]算是相當禮遇。

柒、進菜與賞食

　　餽贈分爲上對下，稱爲「賞」，亦可能是下對上，稱爲「進」，賞也分成數種不同情況，進食物時，皇帝則有賞賜。進菜是一種特殊社會關係的表現。一般宮廷中，除了家人如嬪妃、公主可以進菜給皇帝食用外，只有重要近臣才能在特定的節日如皇帝生日時進菜。進菜也有一定的規範、數量，且需先經安排，依序進獻。

　　清宮膳食檔案中，有許多臣下進獻食物給皇帝的記錄，以乾隆五十三年節次照常膳底檔的記錄看，進給皇帝的食物包括食材與菜餚兩種。食材方面，多爲獵得之野味如麃與鹿，也可進獻各種水果。這種情況，甚爲合理。菜餚方面，福長安於八月七日早膳進滷煮鍋一品，菜八品、安膳桌四品、餑餑二品，攢盤肉一品，銀葵花盒小菜一品，銀碟小菜一品，燕窩八鮮麵一品，午膳進菜八品、安膳桌五品、餑餑二品，攢盤肉一品，銀葵花盒小菜一品，銀碟小菜四品，燕窩三鮮麵一品。大壽桃一個。[30]皇帝則賞福長安家下廚役四名各一兩之銀錁。和珅則於八月十二日早膳食進熱鍋一品、菜八品、安膳桌四品、餑餑二品，攢盤肉一品、琺瑯葵花盒小菜一品、琺瑯碟小菜一品。隨送燕窩八仙麵進一品，大壽桃一個，內藏百壽桃。[31]皇帝同樣賞賜四名廚役各

29　中國第一歷史檔案館，承德市文物局合編，《清宮熱河檔》冊1，頁465。

30　中國第一歷史檔案館，承德市文物局合編，《清宮熱河檔》冊6，頁256-257。

31　中國第一歷史檔案館，承德市文物局合編，《清宮熱河檔》冊6，頁260。

一兩重銀錁一個。

以皇室對飲食安全的注重，烹調的技術條件而言，福長安與和珅等人所進的菜餚，不應當是其家人製備，送入行宮，最可能者為福長安與和珅等人以祝壽名義，出錢請膳房代為製作，以進獻皇帝。此類進菜通常只統一說明菜八品，安膳桌四品，並未標明詳細內容。但常膳底檔對當日乾隆的食品內容，標示相當清楚，如八月七日當天早膳，乾隆實際進了鴨丁打滷雞蛋糕、清蒸鴨子糊豬肉攢盤、竹節捲小饅首及釀藕，已經十分豐盛，另有奶子、爐食、盤肉等，幾乎每餐都有，類似看菜，恐怕從未曾動過。例如乾隆二十七年八月十日，九月五日，傅恆均進菜四品，應當為製作完成後進獻，註明為「未用」。[32]

這些皇上未曾使用的餐點，多半具有「看菜」性質，一般在皇帝用膳之後，隨即賞用。膳食檔中也會特別記載「上進畢、賞用」等字樣。有時也記註「賞官學生」、「賞眾人」，甚至特別關照廚房，「上要餑餑二品，賞人用」。或是皇帝進膳相當簡單，如乾隆五十三年八月二十九日自行圍路上返回承德避暑山莊，晚膳僅用雜膾一鐵鍋、二銀鍋，乾隆乃另「賞徐福、周品官學生等飯食。」[33]

臣下於特定節日進獻食品，在他朝也有類似情況。光緒二十年時，慈禧歡慶六十壽辰，孔府第七十五與七十六兩代的衍勝公夫人進宮祝壽，並進獻兩桌壽席，稱為添安膳。根據趙榮光的研究，認為此種添安膳應為衍聖公府出資，委請御膳房工作人員代為烹製，再以衍

32 中國第一歷史檔案館，承德市文物局合編，《清宮熱河檔》冊1，頁463。
33 這些進菜雖符合皇帝日常飲食的口味，但皇帝並不食用，僅作為「看菜」，覽過以後賞用中國第一歷史檔案館，承德市文物局合編，《清宮熱河檔》冊6，頁267。

聖公夫人的名義進獻。[34]

　　這種解釋相當合理，福長安、和珅兩人的廚師尚可能具有烹製宮廷菜餚的知識與技術，但乾隆生日前後，另有拉旺多爾濟[35]進菜八品，[36]鄂爾追特默勒厄爾克巴拜[37]進菜八品，[38]滿珠巴咱爾進[39]菜八品[40]的記載。此種多屬「安膳桌」，僅具「看菜」功能。但是皇室親人所進食物，則另有處理方式。例如乾隆二十七年七、八月間，令貴妃、和敬固倫公主、和嘉、和碩公主共進攢盤爐食八十二盤，均註明「拆用」。

　　賞賜食物分為兩種，一種為皇帝飲食時特別製作或剩餘食品，賞給近臣，稱為「額食」；另一種為行圍所獲的鹿肉等，派人曬乾、醃製之後分送給封疆大吏。有清一代，賞賜食物為特殊恩典，大臣或進臣獲得賞賜，必然上摺謝恩。趙弘燦自康熙四十五年十二月（1707年1月）到康熙五十五年十月（1716年11月19日）任「總督廣東廣西兵部右侍郎右副都御史」兼轄廣東、廣西兩省，不僅於五十五年到北京陛見，圍於卸任以後，獲康熙賞賜鹿肉乾三十二束，特別上摺謝恩，表示「入

34 趙榮光，《〈衍聖公府檔案〉食事研究》（濟南：山東畫報出版社，2007），頁137。

35 拉旺多爾濟（?-1816），蒙古博爾濟吉特氏，因娶乾隆七女固倫和靜公主，授固倫額駙，成為皇親。乾隆三十六年襲爵，乾隆四十年，公主死，乾隆仍信任有加，授領侍衛內大臣，尋兼都統。

36 中國第一歷史檔案館，承德市文物局合編，《清宮熱河檔》冊6，頁254。

37 鄂勒哲特莫爾額爾克巴拜（此名為乾隆所改）為乾隆帝第三女固倫和敬公主（1731-1792）之子，其父為科爾沁博爾濟吉特氏輔國公色布騰巴勒珠爾。鄂勒哲特莫爾額爾克巴拜娶康熙帝與宜妃所生第五子胤祺的曾孫女為妻，於乾隆四十年（1775年）襲多羅郡王。

38 中國第一歷史檔案館，承德市文物局合編，《清宮熱河檔》冊6，頁255。

39 滿珠巴咱爾為第十代喀喇沁右旗紮薩克多羅杜棱郡王，為清朝內紮薩克蒙古喀喇沁右旗的世襲紮薩克多羅郡王。

40 中國第一歷史檔案館，承德市文物局合編，《清宮熱河檔》冊6，頁255。

京陛見，列在扈從，日飽天廚之異味，屢頒內府之奇珍」。[41]這類奏折，不僅反映飲食的社會關係，也可看出個人宦情。獲得皇帝賞賜鹿肉乾者，多爲江南地方督撫。康熙六十一年九月，署理江南江西總督高其位也具摺謝「賞賜鹿肉條三十二束」。[42]乾隆時期，也有將熱河行圍所獲的麋與鹿肉製肉乾，以備賞用的記錄。[43]這種賞賜鹿肉的習慣，嘉慶也行之有年。嘉慶二十年，賞七位親王，每人鹿尾一個、鹿肋二塊、麋肉一塊，鹿肉條三十五把等。大學士曹振鏞等人則賞給鹿尾一個、麋肉一塊、鹿肉條三十把等物件。[44]

乾隆在承德期間，許多官員陛見、奏事，均需前往，蒙古西藏地

屢裁乾斷而又以餘暇舉凡書史翰墨諸極神炏炏不
倦奴才竊喜
天行之彌健益信仁壽之有徵兹者蒙
皇上諭以哨鹿囬來身子精神狠好并念家人四廣對奴才
　說知此皆
睿鑒奴才念
主心切慰萬里葵向之誠奴才聞
命自天感喜交集不禁歡忻踴躍而手足之舞蹈也且蒙
天語垂問奴才在京甚廢路上好否緣奴才在廣日久風土稍
　異以致身體瘦減及入京
陛見列在扈從日飽
天廚之異味屢頒
內府之奇珍
溫諭頻施奴才心胸舒暢是以途間及抵署以來較前稍好
　乃蒙
皇上賜念雖父母之勤劬頃俟無以逾此奴才即捐糜頂

一一五

41 中國第一歷史檔案館，承德市文物局合編，《清宮熱河檔》冊1，頁115。
42 中國第一歷史檔案館，承德市文物局合編，《清宮熱河檔》冊1，頁131。
43 中國第一歷史檔案館，承德市文物局合編，《清宮熱河檔》冊6，頁245。
44 中國第一歷史檔案館，承德市文物局合編，《清宮熱河檔》冊13，頁76以下。

區的藩王，也多於此時朝覲，不免賞賜各種飲食，也都一一記錄。乾隆二十五年十月，乾隆返京之前，連日接見扈從的王公大臣及蒙古王公台吉、札薩克王公台吉、都爾伯特親王策凌烏巴什回部郡王霍集斯等及哈薩克來使都勒特赫勒等人。原本這些蒙古部落頗不安定，乾隆二十四年，清廷多方綏撫，給予適當安置後稍微安定，乾隆並於二十五年七月，命策凌烏巴什[45]等人扈蹕行圍，經常賜給飲食。返京之前，特別與之同樂，自十月二日到十三日，每日賞賜食物，並觀火戲，以示優遇。[46]

皇帝賞賜飯食的內容也有清楚記錄，乾隆二十七年八月的〈撥用行文底檔〉記載：

> 賞隨圍王子蒙古王公額駙轄大人杜勒博特貝子、台吉烏里揚海烏哈里達哈薩克額爾沁豁什克回子人等，用一等飯菜十二桌，每桌六碗，內有外膳房三碗，青瓷碗，每桌豬肉一斤八兩、羊肉一斤八兩、菜雞一隻、蒸食一盤、爐食一盤、盤肉三盤、膳房飯、外膳房肉絲湯。次等飯菜二十五桌，內有外膳房牛羊肉菜二桌，其餘二十三桌每桌四碗。內有外膳房二碗，青瓷碗，每桌豬肉一金、羊肉一斤八兩、蒸食一盤、內管領爐食一盤，盤肉二盤外膳房肉絲湯飯。[47]

每一桌的分量，大約供二至三人食用，例如八月二十六日，賞軍機大人六人，早晚菜四桌，八月二十七日，賞軍機大人六人，菜二桌，共用飯菜六桌，每桌五碗，每桌用豬肉二斤，菜雞一隻，點心二

---

45 或作杜爾伯特，車凌烏巴什。
46 中國第一歷史檔案館，承德市文物局合編，《清宮熱河檔》冊1，頁401以下。
47 中國第一歷史檔案館，承德市文物局合編，《清宮熱河檔》冊1，頁459-460。

142

盤。[48]有時則爲二人一桌，如八月十七日，賞郭什哈昂邦額駙乾清門額駙郭什哈轄、軍機大人等三十七人，用桌十八張，每一張桌蒸花糕一盤，爐花糕一盤、全羊肉一盤、豬肉一盤。[49]

　　南巡期間，所到之處，均有官員面謁，或報告業務，或備諮詢；隨行的官員爲數也頗衆，均爲天子近臣，乾隆必須假以辭色，經常給予膳食，乾隆三十年南巡時，另有〈額食底檔〉，記載相當完整。早晚膳均有，形式重於實質。乾隆三十年正月十六日，出門之前，額食記載：「賞莊親王：米麵一盤，誠親王、和親王：米麵一盤、奶皮一盤，簡親王、信郡王：點心一盤，衆王公：點心一盤、奶皮一盤，阿里哈達傅恆：米麵一盤」甚至有賞「豆腐湯一碗」者。此類備賞用的額食也都記在皇帝當日的食單之上，所以膳食檔中隨時可見額食、奶子、餑餑、盤肉、爐食，專供備賞。乾隆也將每日餐飲均分別賞給隨行嬪妃，每人均可獲得一品，內容雖有不同，因均爲上方所食，意義應當相同。

　　賞賜食物，不僅是宮廷貼心的爲臣工解決飯食問題，也是一種籠絡與示好的最佳工具。咸豐十一年辛酉政變之後，慈禧不斷對恭王奕訢示好，同治元年，正月初二，賞恭王紫禁城用四人轎，又封其女大格格爲固倫公主，比照中宮嫡女，已屬出格，但還有過者。同治元年十月二十六日，「伺候賞議政王軍機大臣等海蔘江米釀鴨子一大盤，豬肉絲黃燜翅子一大盤，肘絲捲一大盤，豬肉菠菜餡包子一大盤」，以後每日如此，遂爲常例，[50]可以說明食物的政治功能。

---

48 中國第一歷史檔案館，承德市文物局合編，《清宮熱河檔》冊1，頁468。

49 中國第一歷史檔案館，承德市文物局合編，《清宮熱河檔》冊1，頁461。

50 轉引自：吳相湘，《晚清宮廷紀實》（臺北：正中書局，1973），頁97。

捌、結論

在宮廷飲食的內容與形式方面,由於宮禁森嚴,民間對帝王的飲食行為,知之甚淺,許多猜測、傳聞不脛而走,且多屬穿鑿附會。例如《清稗類鈔》記載:「皇帝三膳,掌於御膳房,聚山珍海錯,書於牌,除遠方珍異之品以時進御外,常品如雞魚羊豚等,每膳皆具,必雙,御膳房主之。」[51] 事實上,古人經常維持日食兩餐的習慣,清宮也是如此,但早晚膳之間,有許多小食,或水果,或點心。三膳之說,實不可信。宮廷食材中,魚的用量極少,雞也少見,所謂「常品如雞魚羊豚等,每膳皆具」的說法也不知從何而來。

另又有一則有關乾隆南巡的記載:「高宗南巡,至常州,嘗幸天寧寺,進午膳,主僧以素肴進,食而甘之,乃笑語主僧曰,蔬食殊可口,勝鹿脯、熊掌萬萬矣。」[52] 事實上,清初宮廷飲膳維持滿人的習慣,多食用野味、雞、鴨等,鮮少食用魚類,更無所謂聚山珍海錯,這種習慣,即便巡行江南也沒有改變。檔案記載,乾隆三十年二月十六日,乾隆巡幸江南,途次常州,確以天寧寺為行宮。當日晚膳,備有肉片燉燉白菜、燕窩春筍膾五香雞、燕窩爆炒雞、掛爐鴨子、掛爐肉攢盤、象眼棋餅小饅首、雞肉餡包子,[53] 其規模與件數,與在宮中無異。基於安全考量,自然也不會食用天寧寺主僧準備的素食,更不會認為「蔬食可口」。不過民間言之鑿鑿,似乎江南地區百姓都因為皇上南巡,能近距離觀察皇帝的生活,而堅信不移。

---

51 徐珂,《清稗類鈔》,飲食類,冊13(臺北:商務印書館,1983),頁6256。

52 徐珂,《清稗類鈔》,飲食類,冊13,頁6257。

53 中國第一歷史檔案館編,《清宮御檔——清宮御膳》冊1,頁110。

另一方面，有些民間傳說又刻意描繪聖祖節儉，飲食方面尤其知足的想像，例如：

> 張文端公鵬翮嘗偕九卿奏祈雨，聖祖覽疏畢，曰：「不雨，米價騰貴，發倉米平價糶糝子米，小民又揀食小米，且不知節省。……朕每食僅一味，如食雞則雞，食羊則羊，不食兼味，餘以賞人。」[54]

從康熙朝相關記載，大約可以看出這段文字是出於作者的揣摩，並無事實依據。

皇帝位居九五，地位尊崇，享受厚食原屬應然，但一旦有錯，也應減膳，表示悔過或懲罰之意。唐代天有異象之時，皇帝往往「減膳」以示自懲，也懲罰相關人員。以唐太宗朝為例，自貞觀元年起，因歲饑減膳，因天旱減膳，因星孛減膳。以後的高宗、武則天、中宗、睿宗、玄宗等朝皆有減膳之舉載於史冊。

清代也有這種作法，例如康熙五十五年五月三日，皇帝下令：「去年水潦，未得豐收，今歲京師又值大旱，輿論紛紛，今雖禁止屠宰，求雨，朕心不安，深為憂慮，自明日為始，朕宮中訂為每日至進一餐。」[55]實際上，久旱不雨屬天象異常，欽天監自然時時注意，各種祈雨方式都試過，並已經觀測到水氣將至，才會請皇帝親自舉行祈雨儀式，才能彰顯「天子」的身分。果然，康熙下令減膳後不久，便開始陸續下雨，至五月十日，康熙便因連日下雨，恢復每日「進膳兩次」。[56]

---

54 徐珂，《清稗類鈔》，飲食類，冊13，頁6256。

55 中國第一歷史檔案館，承德市文物局合編，《清宮熱河檔》冊1，頁94。

56 中國第一歷史檔案館，承德市文物局合編，《清宮熱河檔》冊1，頁96。

　　通觀有清一代，君主與近臣之間，雖然每日見面，討論各種政治事務，許多近臣甚或為皇子或女婿等，但皇帝一直保持單獨進膳，一般人未必能在旁邊伺候。進獻各種食品時，也多僅有形式意義，皇上覽過即供賞人之用。除安全考量外，維持君主飲食的神性，亦為重要考慮。在此種情況下，皇帝飲膳並無「炫耀」功能，斯明矣。

日記與臺灣史研究

呂紹理*

壹、近二十年出土日記簡介

　　日記的史料價值，早爲史學界所重視，並且廣泛運用於各種課題的研究。例如王闓運《湘綺樓日記》之於太平天國事，《翁同龢日記》之於戊戌政變，曾紀澤《使西日記》及《薛福成日記》之於外交交涉等，論者早已透過當事人之記述以理解上述事件之始末幽微。或如張德昌《清季一個京官的生活》以李慈銘日記探究北京朝官的行止、物價和社交網絡；胡適及顧頡剛日記的整理和出版，亦廣泛被學術思想史界徵引利用與研究，又如晚近不少學人以劉大鵬《退想齋日記》，探討改朝換代對地方知識人的影響，以及時代變動的認知，如羅志田〈科舉制的廢除與四民社會的解體：一個內地鄉紳眼中的近代社會變遷〉；或沈艾娣（Henrietta Harrison）的 *The Man Awakened from Dreams: One Man's Life in a North China Village, 1857-1942*（中譯《夢醒子》）。這些成果均顯示日記史料的廣泛價值。

　　1895-1945的五十一年間，臺灣受日本之殖民統治。臺灣總督府留下了龐大的官方史料，包括《臺灣總督府公文類纂》及卷帙浩繁的

---

* 臺灣大學歷史學系教授

各種調查報告、統計資料、專題研究、圖表照片，以及為數眾多在臺日人撰寫的各種文集、評論。這些以日文書寫的史料，固然提供了相當詳細的統治政策與治理技藝的材料，然而臺灣人究竟如何看待此種殖民經驗？要回答這個問題，必須仰賴時人日記方有可為。晚近二十年來，在中央研究院臺灣史研究所、中央研究院近代史研究所、國家文學資料館、國立臺灣歷史博物館、吳三連史料基金會和大眾文教基金會等單位均致力推動日記史料的徵集、整理、校註及出版之工作，成果相當豐碩，是以在2009年10月31日，中研院臺史所舉辦了「日日是好日：臺灣日記史料特展」，2010年5月4日至7月4日，相關史料移至中央圖書館臺灣分館展示。這兩次展覽活動均展出十二位記主的日記，內容橫跨日治及戰後兩個時代，記主來自臺灣社會各階層，有保正（張麗俊）、農民運動家（簡吉）、記者（黃旺成）、律師（吳鴻麒、黃繼圖）、醫師（林玉雕）、音樂家（高慈美）、傳統詩人（林癡仙）。最珍貴的是霧峰林家兩對夫婦的日記，分別是林紀堂與陳岑，林獻堂與楊水心。透過這些日記的記錄可看見臺灣社會的多元與多彩。除此之外，配合展覽活動，主辦單位均邀請許雪姬教授發表專題演講，包括「臺灣人如此說終戰：日記中的臺灣史」以及「日記與臺灣史研究」。為不掠美，於此特別說明，相同的演講題目，兩年前許教授即已有精闢的說明。以下內容，大體上是以許教授長年探究日記的心得為基礎，加上我自己的一點觀察和想法。

　　以下先簡單列出上述兩次日記展覽時，展出日記的基本資料。

日記主	生卒年	日　記　名	日記記載時期	出版狀態	缺　冊
張麗俊	1868-1941	《水戶居主人先生日記》	1906-1937	已出版 1906-1937	中缺 1922
林朝璇/紀堂	1874-1922	《林紀堂日記》	1915-1916	未出版	
林朝崧/俊堂	1875-1915	《林癡仙日記》	1906-1915	未出版	
林朝琛/獻堂	1881-1956	《灌園先生日記》	1927-1955	已出版 1927-1951	中缺 1928, 1936
陳岑	1875-1939	《陳岑日記》	1924	未出版	
楊水心	1882-1957	《楊水心日記》	1928,1930, 1932,1934	未出版	
黃旺成	1888-1979	《黃旺成日記》	1912-1973	已出版 1912-1922	中缺 1918,20, 32,38,40,47-48, 52,65,67,69
蔡培火	1889-1983	《蔡培火日記》	1929-1936	已出版 1929-1936	
葉榮鐘	1900-1978	〈葉榮鐘日記〉	1931-1942；1967-1978		
簡吉	1903-1951	《簡吉獄中日記》	1929-1930	已出版 1929-1930	
楊守愚	1905-1959	《楊守愚日記》		已出版 1936-1937	
吳新榮	1907-1967	《吳新榮日記》	1923-1967	已出版 1933-1938	
楊基振	1911-1990	《楊基振日記》	1944-1950	已出版 1944-1950	
黃繼圖	1912-1974	《黃繼圖日記》	1938-1973	未出版	
呂石堆呂赫若	1914-1950	《呂赫若日記》	1942-1944	已出版	
高慈美	1914-2004	《高慈美日記》	1929-1932	未出版	

鍾理和	1915-1960	《鍾理和日記》	1942-1959	鍾理和數位博物館 http://cls.hs.yzu.edu.tw/ ZHONGLIHE/08/iframe/ i_0221_0.asp?CHNO=07	
楊英風	1926-1997	《楊英風日記》	1940-1948	楊英風數位美術館 http://yuyuyang.e-lib.nctu. edu.tw/collection/search. asp?keywords=&SelectItem= &view_db=literatureWorks	

　　以上所列之日記，多數均已透過中研院臺史所「日記解讀班」持續不懈地解讀、標點、註解，並將成果轉化為紙本的《灌園先生日記》、《水竹居主人日記》、《黃旺成日記》、《田健治郎日記》等出版品，同時還建立了「臺灣日記知識庫」，方便學界使用。[1]

貳、日記主人簡介

　　如前所言，日本殖民統治臺灣五十一年間，留下大量的以日文書寫的官方或非官方資料，但是臺人如何看待、感受、評價殖民統治？過去除了「臺灣文化協會」成員留下較多資料及言論可以追溯外，我們很難理解絕大部分的臺灣人對此殖民經驗的看法。而即便留有日記的士紳或領導階層，僅從其在公開公眾場合的言論，也實難以捕捉、體會其生活內容以及其所含蘊的感受和評價。這些缺點，無疑需要透過

1　參見：http://taco.ith.sinica.edu.tw/tdk/首頁。目前收錄並開放檢閱的日記有：呂赫若日記（1942-1944），楊基振日記（1944-1950），簡吉獄中日記（1929-1930），黃旺成日記（1912-1916），灌園先生日記（1927-1946），水竹居主人日記（1906-1937）和田健治郎日記（1919-1923）。

諸如日記這樣的史料，才能拓展更廣的視野。

不過，運用所有的史料前，必先了解史料之基本性質。運用日記也必須注意日記主人的生平，如此才能掌握記主日記的時序脈絡，以及記主的社會位置，以及記主可能涉入的特定歷史事件時的角色。以下簡短介紹這幾位日記主的生平：[2]

一、張麗俊（1868-1941），字升三，號南村，臺中豐原人。少時從李瀾章、謝道隆等秀才受書。日本治臺後，於1899年任下南坑第一保保正，至1918年因官司纏身始卸任。1926年擔任豐原街協議會員，共連任三次，計六年之久。除任公職外，又先後擔任：葫蘆墩興產信用組合常任理事、富春信託株式會社常務理事、豐原水利組合組合員。張氏一生最重要的貢獻在於擔任當地慈濟宮之修繕會總理。1907年7月8日加入櫟社，此外，亦曾多次參與吳子瑜的東山吟會，以及以當地文人為主的豐原吟社。生平著有〈南村詩草〉一帙（未梓），編撰〈清河堂張氏族譜〉。現存日記為1906-1937年間所記，書於自製之十一行紙，以農曆一年為期裝訂成冊的記事本，頗具特色。[3]

二、林紀堂（1874-1922），本名朝璇，以紀堂為字行於世。臺中霧峰人，為林獻堂之堂兄，有資產約四十萬円。紀堂曾於1095年12月獲頒紳章，因其「溫恭和順、耽讀詩書、德高望重，對地方公益捐貲不惜」此亦可表現於1915年臺中中學校設立過程中，紀堂捐金三千円。不幸於1922年1月逝世。現存林紀堂日記僅有1915、1916兩年分，為東京

2　由於2011年史學營參加學員多以大陸研究生為主，考慮日後其查找臺灣資料較為困難，故以下日記主之生平簡介，儘量以較具公信之網路資料庫為基礎，俾便大陸學生查找。為簡省篇幅，以下所引網頁，均於2012年10月1日至2012年10月15日間擷取，不一一列於每條網址後。

3　http://taco.ith.sinica.edu.tw/tdk/ 水竹居主人日記

博文館印製之「當用日記本」，[4]且內容不甚完整，每一年均僅記錄半年左右。[5]

　　三、林俊堂（1875-1915），本名朝崧，俊堂為字，一字峻堂，號癡仙、無悶道人。臺中霧峰人，為霧峰林家下厝系林文明養子。朝崧年少工詩詞，光緒年間秀才。日本治臺初期，朝崧曾內渡福建泉州，1899年移居上海，1900年以後返臺定居，遂與其姪林幼春及洪棄生、陳懷澄、賴紹堯等中部詩人唱和，並於1906年組成「櫟社」詩社，1911年櫟社邀請梁啟超訪臺，為當時文界盛事。1915年臺中中學校成立過程中，朝崧亦大力奔走，並為此親撰〈籌設中學啟〉、〈中學校募款集序〉等文。惜於是年辭世。朝崧有《無悶草堂詩集》傳世，作品多述臺灣割讓日本後的苦悶心境。現存林俊堂日記為1906至1915年間所記，乃東京博文館之「當用日記本」。唯1907、1910-1912等四年全無記載，其餘年分中，一年最多記錄百日，而每日所記內容僅二、三十字，頗為簡略。[6]

　　四、林獻堂（1881-1956），本名朝琛，號灌園。臺中霧峰人。曾任霧峰參事、區長，並於1905年被授紳章。1914年呼應板垣退助的同化會，1919年加入新民會，並任會長。1921年10月17日文化協會成立，任總理，以後成為臺灣民眾黨顧問，再組臺灣地方自治聯盟，致力於

4　「當用日記」為日文，表示將眼前之事錄於日記之意。博文館為出版社，1887年成立於東京市。1895年起該館發行綜合性雜誌《太陽》，鼓吹「日本人主義」，為明治大正年間甚有影響力之刊物之一。出版格式化的日記，亦為博文館最受歡迎的產品之一。

5　李毓嵐，〈《林紀堂日記》與《林癡仙日記》的史料價值〉，收入許雪姬主編，《日記與臺灣史研究：林獻堂先生逝世50週年紀念論文集》（臺北：中央研究院臺灣史研究所，2008年），頁42-43、58。

6　李毓嵐，〈《林紀堂日記》與《林癡仙日記》的史料價值〉，頁65。

民族運動；盡力於保存漢文化的工作，如加入櫟社，即使在日人統治後期仍不改其維護漢文之決心。 戰後，任臺灣省參議會議員，後又任參政員、臺灣省政府委員。退任後改任臺灣省通志館館長及臺灣省文獻會主任委員，也任彰化銀行董事長。1949年9月23日赴日後，即不再回臺，直至亡故。其著作以《環球遊記》最爲膾炙人口。[7]

五、陳岑（1875-1939），彰化人。曾受漢文教育。爲林紀堂側室，育有魁梧、津梁、松齡及鶴年四子。陳岑亦有寫日記習慣。由於林紀堂早逝，又爲側室，日記反映陳氏較爲嚴謹單調的生活內容，與楊水心活潑外向成爲對比。陳氏以東京博文館印製之「當用日記」書寫，只保留了1924年分。[8]

六、楊水心（1882-1957），彰化人，楊晏然長女，曾受過私塾教育，17歲與當時18歲的林獻堂結婚，後生攀龍、猶龍、關關、雲龍，作爲林獻堂賢內助，她在羅太夫人過世後，即成爲霧峰林家的中心人物。她心性仁厚，恤貧濟困，不佞佛，喜歡吸收新文化。日治時期，曾參與愛國婦人會及臺中婦女親睦會等婦女團體，並積極參與一新會的各類活動，和當時其他傳統女性比較起來，顯現較爲活潑的特質。[9]現存楊水心日記爲1928、1930、1934及1942等四年，書於東京博文館印製之「當用日記本」。前二冊主要以臺灣長老教會通行之羅馬白話字及漢文書寫，後二冊則以漢文爲主，間夾日式、臺式之漢文，反映臺灣語文化的多樣性。[10]

7　http://taco.ith.sinica.edu.tw/tdk/灌園先生日記

8　http://ndaip.sinica.edu.tw/content.jsp?option_id=2841&index_info_id=5744

9　http://ndaip.sinica.edu.tw/content.jsp?option_id=2841&index_info_id=5644

10　http://ndaip.sinica.edu.tw/content.jsp?option_id=2841&index_info_id=5644

七、黃旺成（1888-1979），或做陳旺成，筆名菊仙，新竹人。臺灣總督府國語學校師範部乙科畢業，1911年在新竹公學校任訓導。1918年辭教職，組「良成商會」經營米、糖、油等買賣。兩年後結束，轉入臺中蔡蓮舫家為西席。1925年辭職，開始進行文化啟蒙的演講，加入文化協會，並於1926年任臺灣民報社記者及新竹支局長。文協左傾後脫離文協，成為創立臺灣民眾黨的主要人物之一，隨後並反對蔣渭水將黨改為以農工階級為中心的民族運動，堅守全民運動的本質。1932年陳旺成因故退出《臺灣新民報》。1936年當選新竹市會民選議員。戰後擔任三民主義青年團新竹分團主任，擔任《民報》總主筆，二二八事件後《民報》被查封，隨即避難上海。1948年擔任臺灣省通志館編纂兼編纂組長。1949年受遞補為省參議員。1951年任新竹縣文獻委員會主委，主編《新竹縣誌》，於1957年完成。1979年過世。[11]

八、蔡培火（1889-1983），號峰山，雲林北港人。幼年接觸基督教，習得教會羅馬拼音，並自學漢文、日文。1909年畢業於臺灣總督府國語學校師範部，在林獻堂資助下赴東京高等師範學校理科二部就讀，1920年畢業後任「新民會」幹事，同年回臺，任臺灣文化協會專務理事，並積極推動臺灣議會設置請願運動，因此於1925年被判禁錮四個月。1927年文協分裂後，蔡氏歷任臺灣民眾黨、臺灣地方自治聯盟顧問、臺灣新民報社取締役。後因局勢逼迫，舉家赴日，1942年轉居上海。戰後蔡氏曾任國民黨臺灣省黨部執行委員、1948年當選行憲第一屆立法委員，1950年任行政院政務委員。另任中華民國紅十字會總會副會長及臺灣省紅十字會會長。蔡氏篤信基督教，一生致力推動臺

---

11 http://taco.ith.sinica.edu.tw/tdk/黃旺成先生日記

語羅馬字化之運動。現存蔡培火日記爲1929-1936年間所書，並收錄於張炎憲主編之《蔡培火全集》（臺北：吳三連史料基金會）第一冊。此八年間之日記使用了三種語言，1929-1931年間爲教會羅馬拼音之臺灣白話字、1931年起則以蔡氏自創之「新式臺灣白話字」書寫，1934年後又改以漢文書寫。這些非漢文之日記內容曾於蔡氏生前，由其家屬譯爲漢文並經他過目後，重新謄寫，故收錄於全集中之日記均爲漢文。[12]

　　九、葉榮鐘（1900-1978），字少奇，彰化鹿港人。日治時期櫟社成員，臺灣文化協會重要幹部，「台灣地方自治聯盟」書記長，《台灣新民報》資深記者。光復之初任「歡迎國民政府籌備委員會」總幹事，策劃「臺中圖書館」文化活動，參加「光復致敬團」。二二八事件中，參與「臺中地區時局處理委員會」等工作。二二八事件後，任職彰化銀行，基本上退出政治活動。晚年專心撰述，著有《台灣民族運動史》、《台灣人物群像》等書，現有《葉榮鐘全集》行於世。現存之葉榮鐘日記藏於國立清華大學圖書館，[13]起於1931年，終於1978年，中缺1934、35、44-54、56、71等年分。

　　十、簡吉（1903-1951），高雄鳳山人。1921年自臺南師範學校講習科畢業，先後任教於鳳山及高雄第三公學校。1925年爲高雄新興製糖會社與佃農之土地爭議辭職奔走，並與張滄海成立「鳳山農民組合」，任組合長。次年與趙港、黃石順等創組「臺灣農民組合」，任中央常務委員。1927年赴東京向日本帝國議會請願抗議，並出席日本農民組合大會，同年12月臺灣農民組合召開第一次全島大會。1928年臺灣共

---

12 張炎憲，〈後記〉，收入張炎憲主編，《蔡培火全集》（臺北：吳三連史料基金會，2000）。

13 葉氏之文獻由其女葉芸芸女士捐贈予清華大學。目前這批資料已完成數位化工作。參見：http://archives.lib.nthu.edu.tw/jcyeh/main-track.htm 。

產黨成立，結識謝雪紅，臺灣農民組合漸成臺灣共產黨的外圍團體。1929年2月臺灣總督府進行全島大檢舉，簡吉入獄一年，1931年又以臺共黨員名義被捕，服刑十年。1949年10月擔任中共臺灣省工作委員會山地工作委員會書記，次年被捕，判處死刑。[14]

　　十一、楊守愚（1905-1959），原名楊松茂，守愚為筆名，另有村老、洋、翔、靜香軒主人、瘦鶴等筆名，為日治時期文學家。由於七歲起即受十一年漢文教育，漢文根柢厚，故一生創作小說五十二篇、新詩六十四首、漢詩一百二十七首，為當時中文小說創作數量最多之作家。戰後任教省立彰化職業學校（今彰化高工）國文、歷史老師。日治時期楊守愚亦積極參與社會文化運動，他曾因參加無政府主義思想團體「臺灣黑色青年聯盟」之活動遭拘役十七天，也曾代賴和主持《臺灣民報》學藝欄之編務。1935年底並參加楊逵所組之「臺灣新文學社」，與賴和一同負責《臺灣新文學》雜誌之編務。楊守愚小說題材豐富多元，多具改造社會、啟迪民智之目標。現存楊守愚日記為1936-1937年間所記，1998年由許俊雅、楊洽人編輯，彰化縣立文化中心出版。[15]

　　十二、吳新榮（1907-1967），字史民，號震瀛，筆名兆行。臺南縣將軍鄉人。1928-1932年就讀於東京醫學專門學校，畢業後返臺，與臺南縣六甲鄉毛雪芬女士結婚，並繼承叔父吳丙丁之「佳里醫院」，終其一生都在佳里行醫。吳新榮自幼受其父吳萱草影響，喜好文墨。於東京醫專時期即創辦《蒼海》、《南瀛會誌》、《里門會誌》等刊物，返臺後於1933年創立「青風會」積極推動臺灣文學活動，凝聚「鹽分地帶」文

---

14 http://taco.ith.sinica.edu.tw/tdk/簡吉獄中日記

15 參考臺灣大百科全書：http://taiwanpedia.culture.tw/web/content?ID=4564

學力量，1941年參與《民俗臺灣》之編輯，隔年發表〈亡妻記〉，被譽為臺灣版的《浮生六記》。戰後熱衷政治，因二二八事件被捕入獄百日。1950年當選臺灣省醫師公會監事。1952年起受聘為臺南縣文獻委員會委員兼編纂組長，1953年創辦《南瀛文獻》，至1960年完成《臺南縣志稿》十卷，對推動南瀛文史風氣貢獻極大。現存吳新榮日記為1933-1967年間所寫，中缺1934、1954兩年。[16] 目前已出版者為1933-1938年。

十三、楊基振（1911-1990），清水人。1934年畢業於早稻田大學，隨即進入南滿洲鐵道株式會社任職，1938年轉任華北交通株式會社天津鐵路局貨物科長。1945年任啟新水泥唐山工廠任副廠長，1946年回臺。1947年任臺灣省政府交通處，1976年退休，1977年移居美國。[17]

十四、呂赫若（1914-1950），本名呂石堆，臺中豐原潭子人，1934年臺中師範學校（今臺中教育大學）畢業。1935年以小說〈牛車〉獲刊於日本《文學評論》雜誌備受矚目。1939年赴東京武藏野音樂學校學習聲樂，並參加東京寶塚劇團，受當時日本文藝風氣啟發良多。1942年返臺，加入《台灣文學》擔任編輯，並擔任《興南新聞》記者。其發表作品不斷，諸如〈財子壽〉、〈風水〉等，甚至於1944年出版小說集《清秋》，成為日治時期首次發行單行本作品的臺灣作家。戰後，他懷抱著知識分子的理想與情思，通過蘇新介紹，進入《人民導報》、《自由報》，並鍛鍊中文寫作能力，前後擔任建國中學、北一女音樂老師。[18]

十五、高慈美（1914-2004），高雄岡山人。生於基督教家庭，計有

16 http://taiwanpedia.culture.tw/web/content?ID=4575

17 http://taco.ith.sinica.edu.tw/tdk/楊基振日記

18 http://taco.ith.sinica.edu.tw/tdk/呂赫若日記

兄弟姐妹十一人，慈美行二。祖父高長，是長老教會在臺最早的信徒及本地傳道師，父親高再祝爲畢業於總督府醫學校之開業醫，母許美爲臺灣初代西醫許翰民之長女。高慈美於1919年赴日本東京就讀幼稚園，1923年返臺讀小學，1927年再度赴日就讀下關梅光女學院，1931年入帝國音樂學校，主修鋼琴，師事笈田光及教授，1935年畢業。1937年與大稻埕富商李春生之曾孫李超然結褵。戰後她先後於靜修女中、省立師範學院（今師範大學前身）、政工幹校（即政治作戰學校）擔任音樂教師。現存高慈美日記爲1929-1932年間，高氏就讀梅光女學院至東京帝國音樂學校時期，書於東京希望社印製之「心の日記」，1932年則寫於日本社會運動家賀川豐彥所編之「Christian Diary」，內容多以日文書寫，間夾教會羅馬字。[19]

　　十六、鍾理和（1915-1960），屏東高樹鄉人。1928年畢業於高雄鹽埔公學校，因體檢不合格，無法升學，1930年受漢文教育，兩年後隨其父至美濃庄經營「笠山農場」。1938年偕妻往滿洲國，入瀋陽之滿洲自動車學校，長子鍾鐵民即於此時出生。1941年遷居北平，戰後返臺任教於內埔初中，唯因肺病辭去教職，返美濃定居。1956年以長篇小說《笠山農場》獲中華文藝獎金委員會頒給「國父誕辰紀念獎」，1960年病逝。其作品由張良澤編爲《鍾理和全集》全八冊，於年出版。[20]

　　十七、楊英風（1926-1997），字呦呦，宜蘭人。父親楊朝木、母爲陳鴛鴦，兩人常年於北京經商，是以楊英風小學畢業後即赴北京。1943年轉往東京美術學校建築系，師事朝倉文夫（羅丹Rodin之日本學生），對雕塑及景觀藝術產生興趣。1946年回北京就讀輔仁大學美術

---

19 http://ndaip.sinica.edu.tw/content.jsp?option_id=2841&index_info_id=5704

20 http://cls.hs.yzu.edu.tw/ZHONGLIHE/01/main_02.htm

系，隔年回臺定居，並與李定結褵。1948年再度入師大美術系就讀，為張大千、溥心畬學生，唯因經濟困難於1951年輟學，其後在《豐年雜誌》擔任美術編輯長達十一年。1953年楊氏以雕塑作品〈驟雨〉獲第16屆台陽美術展的「台陽賞」。1962年他辭去美編職務專心雕塑創作，並活躍於「五月畫會」，同年獲香港國際藝術沙龍展銀獎，其後旅居義大利三年。回國後開始以大理石材為雕塑，為1970年代許多大樓設計雕塑作品。1980年代，楊氏致力推動臺灣建築與景觀設計的學術研究，1990年獲第二屆世界和平文化藝術大獎。1997年因肺水腫病逝。[21]現存楊英風日記為1940-1948年間所寫，全書於活頁簿或筆記本，楊氏會於頁首自行設計封面和年曆、每月大事記等備忘格式，頗具個人特色。[22]

　　上述臚列的日記主人大體上均屬出生於1870-1930這六十年間，他們的身分包括了地主、政治社會運動者、醫師、律師、老師、音樂家、傳統詩人、新生代文學創作者。這些身分顯示了他們具有一定的社會影響力，而且大多數都與「臺灣文化協會」有相當密切的關係（如林獻堂、蔡培火、葉榮鐘、黃旺成）。他們彼此之間也多半相互認識，甚至是長期的社群成員（如同屬櫟社之林獻堂與張麗俊）、工作夥伴（如林獻堂與葉榮鐘、蔡培火）或生活伴侶（如林獻堂、楊水心夫婦；林紀堂、陳岑夫婦）、父子關係（黃旺成、黃繼圖）。他們也有相似志趣（如吳新榮、楊守愚、呂赫若、鍾理和之文學活動）因此，透過日記既可探究個別日記主人的生平及其社會角色，更可透過彼此交錯的人際網絡，了解更大的歷史事件（文化協會）的細緻內容；或者比對不同記

21　http://yuyuyang.e-lib.nctu.edu.tw

22　http://yuyuyang.e-lib.nctu.edu.tw/collection/searchasp?keywords=&SelectItem=
　　&view_db=literatureWorks

主對同一事件的記錄和認知。例如透過林獻堂、蔡培火、葉榮鐘、黃旺成日記，我們可以進一步了解1927年文化協會分裂以後，這個團體的一些動態，包括與臺灣民眾黨的關係、《臺灣民報》周刊轉型為《臺灣新民報》日刊的過程，以及「臺灣地方自治聯盟」的動向等等課題；或者也可以結合張麗俊、楊守愚、吳新榮、呂赫若等文學家的日記，探究1920-1950年代臺灣文學創作的心路歷程；或者比對上述在1945年時留有日記的資料，一窺戰爭結束時，臺灣人的心境；更或體會他們對1947年228事件的觀察和所想。這是都綜合日記所能得到更為多樣的可能性。

參、運用日記進行的研究成果

許雪姬教授曾經指出大部頭日記普受學界重視的原因如下：

（1）日記是當時人記當時事；

（2）長年記載周遭發生之事，可看出社會變遷的軌跡；

（3）對事或人的記載較為直接無隱，可真實反映史實；

（4）遊記型的日記可了解記主在他者的天空下，對自己的審視或他人的凝視。[23]

根據上述原則，晚近十年來舉辦了數次以日記史料為中心的研討會，並且集結出版了《水竹居主人日記研討會論文集》、《日記與臺灣史研究論文集》等書。收錄在這幾部論文集中的文章，內容十分多樣，包括日記史料價值的討論、日記真偽的考訂，以及依照事類性質，分

---

23 http://archives.ith.sinica.edu.tw/node/1132

門別類探討日記主人的文學創作或藝文活動、人際網絡、經濟投資、政治參與、休閒活動、宗教信仰、法律經驗、親友情愛等等。這些取徑不但大大增加了我們對於記主人生的多樣認識，也讓我們看到日記史料的多重性質。從另一個角度來看，我們可以發現，目前援引日記完成的研究，大體上有以下幾個特性：首先，絕大多數研究者，均將日記內容視爲記主對過去生活經驗的如實記錄，將日記內容按性質加以分類，並與記主相關之事件的其他文件相互比對，以求得記主對事件較爲個人的觀察或心得；或將記主所記內容視爲事件中不爲人知的祕辛，以探索事件更幽微的曲折；或將記主所記與大時代之制度相互對照，以明瞭制度規章運行中，受制之個人對此制度規章的認識、理解或反抗。不論如何，這些研究成果都是將日記內容視爲可以與客觀外在世界相互印證的史料或證據。更明確地說，這類研究是以日記爲基礎，以便探求更細緻、更不無人知的事件內容，或企圖了解更多客觀世界的樣貌。然而，這樣的研究，也往往忽略了將日記的性質當成是必須直接面對的研究對象而加以研究。而這種將日記當成是直接探究對象的取徑，即是我所說的未來新視角。

肆、未來可進一步研究的新視角

政大臺文所曾士榮教授長期以日記爲史料，探究臺灣人知識分子在殖民地政權下，對殖民統治的態度、因應之道，以求得其中臺灣人「自我認同」的內涵及特質。在他的研究中，他特別將日記史料，放到較爲寬廣的理論框架。他指出，日記史料至少可以有「精神史」、「日

常生活史」等面向。[24]曾教授的研究雖然以個案（黃旺成）日記為基礎，但卻能透過日記所勾連的人際網絡，追溯知識人思想淵源與心境變化，藉此關照、對照個人與其生活社會網絡及更大世局變動之間的互動關係。

我自己也比較偏重在這種有關日常生活史或精神史的架構下理解日記所具有的特性。我尤其強調，透過對於「時間」的理解，我們可能可以進步認識原本不被人重視的日記特性。這裏面可以分成以下幾個面向。

一、我們必須先了解每一位記主如何看待日記的功能。

二、我們必須仔細地注意記主記日記的習慣，以便推敲在日常生活中，日記與記主之間的關係，也就是說，寫日記究竟在記主日常生活扮演了何種角色？這層認識也會增進我們對於問題一的理解。

三、我們必須注意，記主在日記中所透露的時間概念。

四、如果書寫日記成為多數人共有的生活經驗，我們應該要重視這一共同又分殊結構（structure of common difference）[25]經驗所具有的社會文化意涵。

---

24 參見Tzeng, Shih-jung（曾士榮）*From Honto Jin to Bensheng Ren-the Origin and Development of the Taiwanese National Consciousness,* University Press of America, 2009. 最新的相關作品則可見曾士榮，《近代心智與日常臺灣：法律人黃繼圖日記中的私與公（1912-1955）》（臺北：稻鄉出版社，2013）。

25 structure of common difference 的概念原為人類學者 Richard Wilk 用以分析晚近全球化文化的漸趨同一又分殊現象，他認為全球化文化具有「結構」（而非內涵）上的趨於同一，但在不同文化脈絡下的人們，對此種同一性卻又有不同的認知，而「趨同」隱含有某種「霸權」，分殊卻又有消解抵抗此一霸權的可能，參見Richard Wilk, "The Local and the Global in the Political Economy of Beauty: From Miss Belize to Miss World", *Review of International Political Economy,* no. 2 (1995), pp. 117-34. 此處借用此一概念，以說明書寫日記在臺灣，甚至更大的東亞世界中，「格式化日記」所具有的「結構趨同性」，但在內容及使用上，卻在不同文化甚至不同使用者身上，可見其分殊性。

　　細部來看，每一位記主寫日記的內容風格均不甚一致，有些人偏向記事（如林獻堂）；有些人則偏向記「情」與「志」（如吳新榮、黃旺成、張麗俊）。前者日記較少見到記主記錄自己的情緒及情感，多半只記錄今日發生何事，今日做了何事、見了何人，說了何話；後者則有較多個人情感的直接舒發。有些記主的寫作風格也會轉變，例如1912年的《黃旺成日記》，充滿了剛開始在公學校教書的熱情，每天寫日記時，都會自立「本日反省」及「所感」兩欄，時時自我反省惕勵一番，於是有「慨歎心太強、態度稍顯傲慢。『談笑』過多，失去文雅。對於家人有失靜和」的反省，以及「對家庭、朋友、社會，沒有比靜和更必要的」所感。[26]可是這種每日三省吾身的記錄，到隔年即已不再出現。這也顯示，即使每一位日記主人，對於日記該具有何種功能，大概也都有自己的選擇和判斷。由於每位記主對待日記，以及對日記之認知有所不同，從日記所能看到的歷史圖像也會有很大的不同。

　　二、日記透露了什麼樣的日記主人時間觀？這裡可以分成幾個不同層次的分析：

　　（一）就物理時間的感知而言，日治時期逐漸通行的格式化日記（如東京博文館當用日記），提供人們頗為方便的時間記號；也會因著日記指引一年中日人為主的各種政治、宗教慶典，而使臺人就算不跟著參與，也無法不知道這些日式節慶。尤其是那些身負某些公共職務的人，尤其必須注意並參加殖民政府舉辦的節慶活動，例如黃旺成、林獻堂等人的日記中經常可以看到他們必須參加諸如始政紀念日、天長節或新曆賀正的活動。使用格式化日記的人也多半以陽曆記日，並

26　許雪姬主編，《黃旺成日記》（一）1912年，頁2-3（1月1日）。

知曉「星期」這個全新的時間單位；讓人驚訝的是，以十一行紙自行裝訂成冊日記的張麗俊，在毫無格式指引的狀態下，他也在日記中記載了十一年的「星期」單位，直到1919年為止。我以為這是張氏擔任保正職務，必須注意地方官衙作息而有的調整。可以表現傳統士紳對新時間單位的「工具性應用」。[27]

（二）就社會及心理時間而言，有關每日生活所面對的物理時間、社會時間及其相伴隨而來的殖民權力與控制，我過去已有初步的討論。還是以張麗俊為例，我過去曾提出一個問題：張麗俊有星期天嗎？意思是張氏的日記雖然非常工整規律地標記了每日的曜日，但是他的生活，是否也全然按照星期的循環規律，安排他的行事？根據1906-1920年日記的記載，我初步統計發現，有超過一半以上的星期天張麗俊在豐原街役場處理保正業務，平日周一至周五，反而可見他去豐原慈濟宮處理廟務、與朋友閒聊、在家整理帳簿或寫詩。我沒有仔細分析過林獻堂日記，不過非常粗略地觀察，他的星期節奏也與張麗俊類似；但是曾在公學校教書的黃旺成，他的星期節奏就相當鮮明，而自行開業的吳新榮醫師，其星期節奏及假期更是與其他三人不同。吳新榮就曾感歎：「休正的人大概是官吏、職員而已，……而在這醫業我何有正可休。」[28]

始政紀念日是日本殖民統治時期，極具象徵意涵的政治節日，是日不放假，但各級政府單位要舉行紀念儀式。以臺北為例，由總督率領各官廳主管至臺灣神社參拜，文官著大禮服；海陸軍官則著正裝。

---

27 參見呂紹理，〈老眼驚看新世界：從《水竹居主人日記》看張麗俊的生活節奏與休閒娛樂〉，收入臺中縣文化局編，《水竹居主人日記學術研討會論文集》（清水：臺中縣文化局，2005），頁369-400。

28 休正為新年休假之意。

參拜神社後要回總督府，由總督官房及民政部長官代表幕僚全體致辭；中午則在臺北俱樂部午宴。其餘各級地方政府及學校，則亦需舉行相關儀式。

面對殖民政府的安排，臺灣人有何對應？

我們看到早期擔任保正的張麗俊及教師黃旺成，受其職務限制，不得不參加此項典禮；林獻堂在1930年代則因設立「一新義塾」，亦受限於官府規定，不得不偶爾參加。但是這個節日在一般狀態下，除了學校的師生以外，地方政府似乎沒有特別強迫人民非得參加不可，是以可見張麗俊在擔任保正五年後，就請他的兒子代勞，參加這個儀式；上述四人的日記，沒有每一年都標記何時他們曾參加地方的紀念活動。而從張、黃的日記還可看到，始政紀念日的儀式多半只有兩小時，儀式結束後，各自還處理其私人事務。

比較值得注意的是幾次逢十年的的始政紀念日，殖民政府都會舉辦較為大型的慶祝活動，例如二十周年時在臺北舉辦「始政二十周年紀念勸業共進會」，有八十餘萬人次觀覽；三十周年時臺中、高雄亦分別舉辦地方共進會，而四十周年時，更舉辦了為期五十一天，參觀人數超過三百萬人次的「始政四十周年記念臺灣博覽會」。這些大型活動因而在許多人的日記中，都留下了較深刻的印痕。例如張麗俊和林獻堂都曾記錄了他們觀覽這些展覽會的觀察和心得。

但是，如果要更深一層探究日記主人在心理層次上對於時間的感覺，目前所見之日記則不見得能較深刻地回答這個問題，這當中大概只有吳新榮是比較具有自我反思的時間意識。吳新榮會經常檢視自己的日記，並且在日記中會提出對過去的檢討、對未來的期待。例如1935年6月19日，吳新榮有如下的記載：

有一天我抱絕大的理想，但不是夢：自開業：

五年後（1937年）：財產一萬圓、造營大醫院、旅行全臺灣；

十年後（1942年）：財產五萬圓、旅行全中國、獻匾金興宮；

二十年後（1947年）：財產十萬圓、旅行全世界、獻匾代天府。[29]

又如1936年新曆新年時，他又寫道：

1935年我都有進步，1936年我當然也要有進步，不但進步而已，我當然也要發展而加飛躍吧！[30]

這樣充滿熱情與希望的語句，常常在吳氏的日記中出現，顯現他對未來的憧景。他也會常常回顧過去，檢討自己，例如1938年6月30日，他寫道：

今年已過了一半。我一生中不曾遇過像今年上半年這麼多的致命性的問題。之前，曾寫有關因戰爭而帶來的社會問題，以及因女性帶來的精神打擊，以及為了南河的病所引起對科學的不信任等等。這三件事互為因果，導致我思想的動搖。下半年度裡，我對這些問題一定要做澈底的解決才行。

隔天日記裡又有如下的記載：

清算自己，清算周遭，我們的反省才能完全澈底。今日對我身邊的交友，即所謂鹽分地帶的伙伴做總檢討。……[31]

相較於張麗俊、林獻堂等出生於清末人的日記而言，吳新榮或楊

---

29 吳新榮著，張良澤總編撰，《吳新榮日記全集》第1冊（臺南：國立臺灣文學館，2007），頁118。

30 吳新榮著，《吳新榮日記全集》第1冊，頁177。

31 吳新榮著，《吳新榮日記全集》第2冊，頁265-267。

基振這些出生於二十世紀初的新生代的日記，顯示出兩種不盡相同的日記風格與時間表述。張麗俊和林獻堂的日記基本上以記載剛消失之過去的前一兩日的事情，雖然張麗俊較林獻堂情感更流露，但他們的日記以記事為主，少有記情者；而吳新榮和楊基振的日記，則不僅有著過去的記錄、現在的感知和未來的期待，並且也較直截地在日記中表達其情緒情感。這當中究竟可以表現出什麼樣的時間意識的轉變？其實是可以進一步探究的課題。

中央研究院藏《外交檔案》與北洋外交史研究

唐啓華*

壹、前言

　　1949年蔣介石把中央政府檔案帶到臺灣，現在這些檔案大多開放供學界做學術研究，其中包括《外交檔案》，讓臺北成爲研究中國外交史的重鎮，大陸的同行對此相當羨慕。目前《外交檔案》都已經數位化，有詳盡目錄，並已可在網上查詢（惟據大陸的同行反應，在大陸上網使用這批檔案常會有問題，相信應不難克服相關的技術問題），使用很方便。然而，被使用的程度還不是很好，希望各位年輕學子可以多加利用。

貳、《外交檔案》內容介紹

　　臺北中央研究院近代史研究所收藏的《外交檔案》（1861-1928），分爲三大部分，第一部分是總理各國事務衙門檔案（1861-1900），北京第一歷史檔案館也收藏有部分總理衙門檔案，但是不開放，無法做比

＊東海大學歷史學系教授

對，但是相信臺北的這一份應該是比較完整的。第二部分是外務部檔案（1901-1911），辛丑和約以後，總理衙門改組成外務部，一直到1911年為止。這部分檔案在一檔館也不開放，相信臺北的這一份應該也是比較完整的。第三部分則是北洋時期的外交部檔案（1912-1928），南京第二歷史檔案館藏有部分北洋政府檔案，其中外交部部分比較散亂，據該館稱帶去臺灣的是正本，剩下的副本留在南京。南京二檔館去年出版了十分之一的北洋政府檔案，其中73-84冊是外交部檔案，但是不完整。

臺北所收藏的北洋時期《外交檔案》，應是世界上收藏最完整，使用最方便的。這批檔案的特色是保留了清末洋務運動到民初北京政府時期的北洋派的視角。迄今中國近代史主要的詮釋典範是革命史觀及現代化史觀，在這兩種史觀之下，北洋時期常被負面評價。然而，現在回顧清末民初會發現當時政治社會呈現較多元開放的活潑氛圍，培養出許多人才，若能從北洋視角考察當時的歷史，可呈現與革命史觀相當不一樣的近代史。《外交檔案》很可能是北洋視角重新復活的關鍵。

1955年中央研究院近代史研究所籌備時，就是以這批檔案為起家老本，當時郭廷以先生帶著年輕研究人員，整理從外交部移交過來的的《外交檔案》，產生了許多紮實的研究成果，被稱之為中國近代史研究中的「南港學派」，奠定了今日臺灣近代史研究的堅實基礎。這批前輩學者從頭開始整理《外交檔案》，總理衙門檔案被使用的程度較高，其次是外務部時期，北洋政府時期檔案被使用的較少。年輕學子有興趣涉獵外交史者，可以使用這批檔案並且對照外國的檔案如英國Foreign Office（簡稱FO）檔案、美國Foreign Relations of the United

States（簡稱FRUS）檔案或是日本外交文書，進行多檔案對照研究。筆者過去在倫敦政經學院（LSE）求學時，便是以FO檔案與《外交檔案》對照爲基礎，完成博士論文。二十多年前當時使用《外交檔案》非常不方便，只能用鉛筆手抄，在倫敦PRO看FO檔案也只能鉛筆手抄，就這樣一筆一劃抄了幾年，完成紮實的研究。現在檔案完成數位化，可以很方便的在網上使用，現在的研究生們卻不太使用了，十分可惜。

參、觀點的對話

一、破除政治宣傳與神話

　　過去的中國近代政治軍事外交史的歷史，常受民族主義及革命史觀強烈的政治宣傳影響，往往先有結論再找材料證實。這種作法在過去或許有時代的需求，但是到了現在我們有責任從檔案中找回歷史的真相，以史實破除政治宣傳與神話的影響。筆者剛到倫敦求學時，尙無法區分政治宣傳與歷史事實的差別，上課時常以強烈的民族主義觀點或革命黨史觀，批評西方及日本帝國主義對中國的侵略，遭到指導教授當頭棒喝，提示區分歷史事實與政治宣傳的重要性，也因此決心進入檔案研究發掘真正的史實。

　　經過二十多年的研究，筆者體認到過去革命史觀對北洋政府的負面政治宣傳，已深植人心，國人提到北洋政府時，自然會聯想到軍閥內戰、禍國殃民的刻板印象，而民族主義觀點也常強調北洋軍閥是帝國主義的走狗。一談到民初歷史，自然以廣州政府爲正統。但是事實上，北洋政府是當時受到國際承認的中國合法中央政府，廣州只是地

方政權。諸如此類的政治宣傳，實在需要好好的清洗。

二、最近的研究狀況

近年來，有不少對北洋外交肯定的實證研究作品，逐漸修正過去的刻板印象。香港大學教授Guoqi Xu, *China and the Great War: Pursuit of a New National Identity and Internationalization* (Cambridge: Cambridge University Press, 2005)（中文版見徐國琦，《中國與大戰：尋求新的國家認同和國際化》，上海三聯書店，2008）以及其近著*Strangers on the Western Front: Chinese Workers in the Great War.* (Cambridge, Mass.: Harvard University Press, 2011) 以國際史的角度探討中國與歐戰以及華工在歐洲戰場的表現。日本東京大學川島眞教授的《中國近代外交の形成》（名古屋大學出版會，2004，中文版見《中國近代外交的形成》，北京大學出版社，2011），大量應用北洋外交檔案，以東亞史的角度討論中國近代外交的演變與進程。東海大學歷史學系唐啓華教授的《被「廢除不平等條約」遮蔽的北洋修約史（1912-1928）》（北京：社會科學文獻出版社，2010），也是利用北洋政府檔案與各國檔案對照，討論北洋時期的修約歷程。這些書都能實事求是的反映北洋時期中國外交的各個面向，大幅度修正過去受革命史觀與民族主義影響的刻板印象。

肆、外交史研究的特性

傳統中國沒有外交史這門學問，可說是受西方影響而成立的新學門。近代意義的外交，本是以民族國家為單位探討國與國之間的關

係。外交史的理論與研究法都來自於歐洲，基本上承襲蘭克建立的多元檔案對照研究法，他認為只要把檔案對照後，就可以如實呈現過去，這是一種西方式科學性的研究取向。研究對象著重於帝王及外交官，往往反映上層精英的觀點。二戰後，年鑑學派、社會經濟史崛起，外交史逐漸沒落。近二十年來後現代主義興起，重視文本與語境的關連，質疑歷史學實證研究的認識論基礎。重視檔案實證研究的外交史備受批判，造成很少年輕學生願意投身外交史研究，這種現象令人憂心。

中國近代史研究與西方學界的發展階段不同，西方經過現代史學充分的發展後，乃有後現代的批判，可豐富對歷史的理解。然而中國近代史尚未現代化，仍受前人革命觀點及民族主義強大的影響，實證研究基礎十分薄弱。此時若盲目追隨西方做後現代研究，只怕是以火濟火，會摧毀近代史研究的根基。當前學界需要的是以實證釐清史實，擺脫政治宣傳的遮蔽。做實證研究時，外交史研究的優點就可以發揮。外交史研究根基於外交檔案，尤其是各國觀點的互證，可以讓我看到不同的史實面向。外交史研究者必須在不同的個案研究中，累積足夠的個案之後才能找出歷史脈絡，而不是先有觀點，再從歷史檔案中找到佐證，常可突破政治宣傳的迷霧。

然而筆者雖然主張過去的革命史觀有修正的必要，但是不代表革命史觀不重要，否認其存在的價值，而是主張不能只有革命觀點，必須還要有其他的觀點，以多元的方式理解詮釋近代史。中國過去是弱，必須要靠民族主義凝聚人心抵禦外侮，現在中國逐漸強大，不能再以狹隘的民族主義史觀對待他國，外交史注重多國觀點互證，對中國建立全面平允的世界觀應有幫助。

伍、北洋外交研究舉隅

　　北洋一派的觀點，可以從外交檔案中恢復，並能重新詮釋中國近代史。北洋時期在文化社會上非常多元蓬勃。北洋派的影響力一直存在，即使在北伐之後，黃河以北各省仍在馮玉祥、閻錫山及張學良等北洋派的掌握之下，甚至到抗戰時期華北政權仍掛五色旗。北洋派有其長期傳承的歷史發展與影響，值得更進一步的研究。

　　外交是北洋時期表現最好的領域之一，《外交檔案》可提供許多不一樣的史實，例如我對《中俄協定》的研究即是一例。過去國共兩黨的教科書中，都強調蘇俄是第一個主動自願放棄在華不平等條約特權的國家，平等對華，因此孫中山聯俄容共，共同反帝廢約。然而筆者依據《外交檔案》，一點一滴重建中俄協定談判歷程，得出與過去的宣傳相當不同的結果。事實上，北洋政府從俄國革命起，就主動清理俄國在華條約特權，與蘇聯談判建交時，堅持依據加拉罕宣言要蘇聯無條件歸還外蒙古及中東鐵路，並放棄所有不平等特權。蘇聯則百般不願，最後雙方以《密件議定書》規範：在新條約尚未簽訂以前舊條約概不施行。而蘇聯與北京談判時，孫中山在孫越宣言中卻對外蒙古、中東路等問題做了讓步，換取蘇聯對他的援助。

　　總而言之，《外交檔案》是一個寶庫，可以提供相當不一樣的北洋視角，豐富我們對近代史的理解。

陸、結語

　　當我們看到很多依據檔案史料做出的研究成果與教科書說法不

同時，該如何面對之，我認為只有尊重史實。過去教科書中的革命政治宣傳，已經逐漸過時了，兩岸都已經告別革命。有些學者改用現代化理論取代革命史觀，但筆者認為這兩種史觀都是外來的，都不見得符合中國的歷史脈絡。以後國家的發展取決於我們怎麼去看待未來，對過去的理解越多元對未來的想像空間就越寬廣，期盼下一代的史學家可對近代史提出更多元的詮釋，更符合中國歷史發展脈絡的理解角度。

對於過去的政治宣傳，不宜一昧否定。宣傳也是一種史實，就如同Paul Cohen 說的歷史有很多調子，革命史觀也是一種調子。宣傳的史實基礎可能是錯誤的，但是宣傳在當時發生的影響則不能否定，對當時人而言，他們可能是真的相信宣傳的事情，做出許多拋頭顱灑熱血、可歌可泣的事蹟。歷史學家不可粗暴的指出當時宣傳運用的史實是錯誤的，而否認當時人的作為，因為宣傳發生的強大影響也是一個鐵一般的史實。歷史學家要謙卑地與這些長期以來大家信以為真的想法共處，讓史實與宣傳對話，希望下一代能逐漸擺脫宣傳的影響，走向更寬廣的未來。

從檔案看1949年前後

林桶法*

壹、歷史研究者需要知道什麼

孔尚任的《桃花扇》中有一段話:「養文臣帷幄無謀,豢武夫疆場不猛;到今日山殘水剩,對大江月明浪明,滿樓頭呼聲哭聲;這恨怎平。」(孔尚任《桃花扇·哭主》)對照《蔣中正日記》所記者有:「高級幹部無能、無方尚有何望。」、「高級將領凡軍長以上者,幾乎多是貪汙、怕匪。」[1]再比對明崇禎十七年(1644)明王朝面臨滅頂之災,明思宗召見閣臣時悲嘆道:「吾非亡國之君,汝皆亡國之臣。吾待士亦不薄,今日至此,群臣何無一人相從?」這種責怪謀臣不力的場景好像不斷的重複,我們對於歷史的轉折是要將之視為關鍵的年代還是無關緊要的年代,又如何展開研究。

一、從三段故事談起

(一) 2012年7月23日,柏克萊大學葉文心教授至國史館演講,提到中國大陸楊天石教授寫一篇〈「飛機洋狗」事件與打倒孔祥熙運動

* 東海大學歷史學系教授

[1] 《蔣中正日記》,1948年8月7日,上週反省錄,1948年10月18日,美國史丹福大學胡佛研究所藏。

──一份不實報道引起的學潮〉一文，[2]辯證在1941年12月10日搶救香港知識分子的一段往事，其大意是在1941年12月7日日軍偷襲珍珠港事件後，國府派飛機搶運在香港的黨、政、軍、經領袖及文化要人，包括《大公報》社長胡霖在內，結果12月10日，當飛機抵達重慶時，沒有看到胡霖和其他要員，只有孔祥熙的太太宋靄齡、女兒孔令偉和四條洋狗。掀起學生遊行示威，高喊打倒孔祥熙，並有「要人不如狗」的標語，中共報紙宣傳說要迎接文化要員，卻迎來孔二小姐的狗，可見國民黨的腐化。楊天石考證，當時這四條狗不是孔二小姐的狗，而是機師的狗。葉文心談到當時有一些年輕人詢問金沖及教授：楊教授這麼用功的抄日記，為何要研究這段歷史，到底是孔二小姐的還是機師的狗，真的那麼重要嗎？金教授的回答：能讓這麼用功的楊老先生花心思去探討一定有其重要性。[3]葉文心教授在引述這一段時強調受者的觀感，讓讀者感受過去某些事情並沒有被釐清。葉教授並強調文化史其實可以擺在國族或其他政治史的議題上作討論。

（二）在1947年初，傅斯年以〈這樣的宋子文非走不可！〉，[4]要宋子文下臺，1947年5月20日，參政會四屆三次會議在南京開幕。參政員黃宇人向宋子文、孔祥熙的孚中、揚子公司開火，稱這兩家豪門公司違反《經濟緊急措施方案》和《管理外匯暫行辦法》，利用特權套購外匯，從美國大量購買汽車、無線電器材、冰箱、藥品等嚴禁進口物資，轉手倒賣，攫取暴利，籲請政府澈底查辦。會後，俞鴻鈞去見蔣介石，匯報黃宇人及眾多參政員要求政府調查這兩家公司，蔣介石指

2　原文刊載於《南方週末》，2010年3月18日，

3　2012年7月23日，柏克萊大學葉文心教授至國史館演講內容之一部分。

4　原刊於《世紀評論》，1947年2月15日。

示由財政部、經濟部作個調查，監察院也應參與。隨後在7月29日，《中央日報》記者陸鏗報導宋批准孚中暨揚子等公司結匯三億多美元外匯，占國家同期售出外匯的88%。[5]當時轟動一時，後來才發現少了一個小數點（千位點），《中央日報》立即更正，可是沒有太多人注意。7月31日，特作更正，聲明兩點：

> 本報記者未見財政、經濟兩部調查報告之原件，故所記各節與原件當有出入之處；本報所載各公司結購外匯之數目，有數處漏列小數點，以致各報轉載時，亦將小數點漏列。孚中公司結匯實數為1537787.23美元，誤成了153778723美元，揚子公司結匯實數為1806910.69美元，誤成了180691069美元，兩家總數3344697.92美元，誤成了334469792美元。[6]

8月1日，《蔣中正日記》：「近日為宋家孚中、孔家揚子等公司，子文違章舞弊，私批外匯案，余令行政院澈查尚未呈覆，而《中央日報》副編輯乃探得經濟部所查報之內容，先行登載發表，並誤記數目以180萬元美金，記為一億八千萬美金，因之中外震驚，余嚴督財部公布內容真相，稍息群疑。子文自私誤國，殊為可痛，應嚴究懲治，以整紀綱。」8月2日，上星期反省錄：「對孚中與揚子各公司違法外匯，子文私心自用，如此，昔以其荒唐誤國，猶以其愚頑，而尚未舞弊之事諒之，今則發現此弊，實不能再恕，決不能以私害公，故依法行之，以整紀律。」[7]

5 《孚中揚子公司破壞進出口條例，財經兩部奉令查明》，《中央日報》版四，1947年7月29日（南京）。

6 《中央日報》版一，1947年7月31日（南京）。

7 《蔣中正日記》，1947年8月1日、8月2日。

　　（三）太平輪事件，是否是共諜所為。1949年1月27日，一艘載滿客貨的「太平輪」船隻，從上海要駛往臺灣的基隆，開出外海後與一艘載著二千七百噸煤礦與木材從基隆開往上海的「建元輪」相撞，「建元輪」噸位較小先沉下去，隨後「太平輪」也沉沒海中，造成一千多人葬身海中。雖是一件意外事件，卻引起許多的說法，《太平輪》記錄影片：「太平輪有三項重大失事原因：超載、超速、抄捷徑。然而追尋了生還者口述、救援者解答、海事專家推論，以及無數的檔案查閱後，發現失事原因有些蹊蹺，真的是人為疏失而產生的悲劇嗎？或是傳說中太平輪上載運千噸黃金，而成為國共互爭的戰地，才是沉船主因？」是否是黃金船？原因是否是共諜所為？成為討論的焦點。

　　第一段敘述，這四條狗是誰的重要嗎？論辯出機師的狗與孔家的狗，只能證明當時輿論已足以撼動人心，正如清朝的「叫魂」一樣，因此更應該探討的是為什麼人心容易被煽動？此外，是否每一個學者都要去研究國族認同或關鍵年代的關鍵事件嗎？每件歷史事件都應該擺在國族主義上去討論？這些都是值得討論或思考的問題。

　　第二段敘述，故事總有結尾，但學者有時會選擇自己要的資料，歷史的研究者在作詮釋的時候，是不是一定要作剪裁，怎麼剪裁？

　　如以有關二二八事件蔣介石的態度，1947年3月7日：「特派海陸軍赴臺增強兵力。此時共匪組織尚未深入，或亦未立。惟無精兵可派，甚為顧慮。善後方案尚未決定，現時唯有懷柔。此種臺民初附，久受日寇奴化，遺忘祖國，故皆畏威而不懷德也。」[8]如用此段的前半部好像證明蔣介石對「二二八事件」是採取懷柔，可是如看後半段則會

8　《蔣中正日記》，1947年3月7日。

認為蔣認為還是要以武力對付臺民較有效果。又如1946年6月30日蔣介石的日記：「六時起床即默禱、敬卜對共、對馬之方針，得示拒絕其要求。故對馬簽訂整軍與駐地之原則協定表示反對，並規戒其凡不能實現之協定手續，切勿再訂，以免自失人格。」可能會認為蔣迷信占卜，從1946-1947年的日記中確實時常禱告，但不能以一則日記斷定其迷信。

如果將《中央日報》陸鏗的報導，加上傅斯年的評論、蔣日記的內容，真的會認為宋犯了極大的錯誤。如果只看到更正啓事合起來，可能會認為只是報紙小數點的錯誤。真相是什麼？那麼我們怎麼知道，我查的檔案是否完整？

第三段敘述，顯示許多人關注的課題或記者的疑問，是否是歷史應釐清的課題？太平輪是不是黃金輪？太平輪事件是否與匪諜有關？其實應該分開，首先去探究該民船載運黃金的可能性。其次再論證該事件是否為共諜所為，當國共內戰期間有許多中共的地下人員在各地活動，即使該船有中共地下黨員，但是否與沉船事件有關，必須有更多的資料佐證，不能以一兩位口述者的回憶，就輕易下定論。

二、從那裏下手

（一）選定好的題材

達到一篇好論著的條件：使用新史料、提出新的見解、歷史的翻案、整輯清晰。沒有學者研究者，先定大的範圍，有若干研究成果後，進行較細、較新穎的題目。年輕學者不建議進行歷史翻案的研究，也不要「語不驚人死不休」，要有微觀的觀察與宏觀的視野，才能定出適合自己論述的題目。以1949年前後為例，許多人關注國共內

戰、總統副總統的選舉、國民黨內的派系問題、蔣介石下野及其來臺的課題、國軍的撤退等問題。其實仍有許多新的課題可作研究，以中共為題，如中共選擇在北京建都，有無不同的討論？中共如何突破外交的困境？中共部隊內部問題？中共是否有不同的派系？中共各地的接管等問題。

（二）利用新史料

　　過去幾十年不斷有新的史料整理開放，每一種史料應該有一些團隊進行研究，海關檔案及史料開放後，華中師範的馬敏、朱英等教授即進行相關的研究。蔣介石日記開放後形成的蔣學研究，與蔣相關的研討會及研究的課題甚多。（1）政治大學歷史學系，於2008年召開的「回歸歷史的蔣介石研究國際學術研討會」，論著中用到日記者有山田辰雄，〈探究蔣介石：史料應用、研究網絡與時代意義〉、金以林，〈汪精衛與國民黨派系的糾葛——以寧粵對峙為中心的考察〉、潘邦正，〈從蔣宋檔案檢驗西安事變〉等。（2）中研院近史所，於2008年召開「開拓或窄化？蔣介石日記與近代史研究學術研討會」，論著中用到日記者有：潘邦正，〈蔣中正日記的保存，開放及其影響〉、呂芳上，〈蔣介石的日記與日記中的蔣介石〉、林桶法，〈國史館館藏《蔣中正總統文物——領袖家書》的史料價值與運用〉等。（3）中研院近史所，於2009年召開「蔣介石的權力網絡及其政治運作國際學術研討會」，論著中用到日記者有：汪朝光，〈剪不斷，理還亂——抗戰中後期的蔣宋孔關係〉、伊源澤周，〈抗戰終了前後蔣介石對外關係的苦惱與掙扎——以蘇軍撤退東北為中心〉、劉維開，〈憲政體制下蔣中正與黨內派系的權力爭奪——以立、監兩院為中心的探討〉、黃道炫，〈長征初期的蔣

介石與粵系〉、黃自進，〈九一八事變以後的蔣中正對日外交：以國際聯盟爲中心〉、山田辰雄，〈1923年蔣介石蘇聯訪問〉、呂芳上，〈蔣介石：一位彈性的國際主義者──以1942年訪印爲例的討論〉、楊天石，〈從拒絕「聯德」到策劃推翻希特勒政權──蔣介石與抗戰期間的中德關係〉、張玉法，〈蔣介石引退前之困境及其脫困之道（1948-1949）──以蔣介石日記爲中心的研究〉等。（4）浙江大學主辦，2010年4月舉辦「蔣介石與近代中國國際學術研討會」，會中如楊奎松，〈大陸蔣介石研究的回顧與展望〉等學者，使用日記者愈來愈多。（5）中國文化大學史學研究所，2010年8月舉辦「蔣介石與世界國際學術研討會」。（6）中正文教基金會，2010年12月舉辦，「蔣中正日記與近代中國國際學術研討會」，會中的論文大多使用日記。（7）中國社會科學院近史所、政治大學歷史學系，2010年合辦「蔣介石的人際網絡學術研討會」，會中從蔣的軍事人脈到親情、愛情等都使用日記。

　　孔宋的檔案在美國史丹福大學胡佛研究所開放後，吳景平等學者即進行研究。學者一方面留意是否有新的檔案開放，一方面去發覺那些檔案未被應用。

（三）長期閱讀相關檔案史料

　　到底要先讀檔案還是先讀論著，論著是基礎，檔案是根本。不要有答案再找資料。要把自己的博碩士論文當成第一篇論文，也要當成最後一篇學術論著，第一篇論文當然是起點，必須關注延伸相關的課題。最後一篇學術論著，是對自己學術生命的交代。注意新史料，同時也要閱讀舊史料，追蹤資料，如蔣介石到底什麼時候拔光所有的牙齒？有人說蔣小時後愛咬冰塊，牙齒崩壞，但陳潔如在回憶錄中談到

與蔣認識時印象較深的確是蔣的牙齒相當長，[9]西安事變後，有說其五十一顆牙齒都沒有。追蹤蔣日記的幾則記載，從西安事變後，1937年4月21日：「在上海中山醫院，因牙疼，決盡除壞牙。」4月22日，拔牙二枚，4月25日，拔牙四枚，4月28日，又拔牙三枚，蔣在日記中特別記到：「自此父母所生之牙，已無一餘存，自感年將衰老。」[10]以此判斷，蔣於1937年4月已無牙齒，全部都是假牙，因此當看到1945年9月13日：「上午朝課後自十時至十二時修補牙齒。」9月17日：「近日鑲牙初成時覺痛楚夜難眠。」再閱讀侍衛熊丸說：「他因西安事變時背部受傷，渾身痠痛，骨科醫師牛惠霖建議他去拔牙，把牙齒全部拔掉後，痠痛自然好轉，委員長聽了建議，便把牙齒全部拔掉。把牙齒全部拔掉後，痠痛果真痊癒。但因裝了假牙，牙床容易萎縮，兩年後整副假牙不再適用，便易將口腔各處磨破，產生潰瘍。所以我們經常要替他把假牙取下，治療潰瘍。」[11]西安事變後隔年既然牙齒全拔光，後來牙齒的問題，應該說是口腔問題，因此來臺後的疼痛應與口腔有關。

（四）相對的批判，絕對的負責

歷史學者的必要條件是要有批判精神，多聞闕疑，慎言其餘，批判不是潑婦罵街，而是獨立思考後的價值判斷，學習過程保持幾分的懷疑，對於人、事應持批判的態度，但對於自己所下的批判要絕對的負責。也因為要負責，可以使自己的批判更理性，如此才能成一家之

9　陳潔如有如下的回憶：「他中上身材，體形略瘦，頭上光禿，顴骨聳凸，下巴寬闊，鼻子短直，說話時口帶濁音。顯露特長的牙齒，深沉銳利的眼睛及動人的嘴唇。」《陳潔如回憶錄：蔣介石陳潔如的婚姻故事》（臺北：傳記文學，1992），頁16。

10　分別參見《蔣中正日記》，1937年4月21日、4月28日。

11　陳三井訪問，《熊丸先生訪問紀錄》（臺北：中央研究院近代史研究所，1998），頁86。

言，現階段的論著已相當可觀，不要再當一個文抄公，這是不長進的行為，我們有責任追求真相，以供後人採擇，不要養成懶惰的習慣，要下一點功夫多讀一些史料與史著。歷史學家比較少用假設去思考問題，因為大部分的歷史學者都認為歷史是研究已發生的事實，因此假設是毫無意義的，但當我們在思考一些問題時，能夠多用一些「如果」，或許可以獲得更多的思考面向。哲學家李澤厚從清末革命所帶來的情形，去反思革命或者再革命的必要性，估不論有多少歷史學者贊成此種說法，但這樣的思考方式仍然是值得去嘗試的方向。在這樣的邏輯思考下，如果沒有中國共產黨新政權的成立，到底中國現在是一個什麼樣的國家，是三民主義的實現？還是權威體系與貪汙官僚領導下內鬥不斷的局面？又如國軍部隊是否在國共內戰間都貪生怕死？知識分子都同情中共？這些都可以更精確的分析，以下用實例作說明。

貳、檔案解決那些問題——以金門撤退為例

對於蔣介石及中華民國政府來到臺灣，有認為是一種有計畫的政治撤退，有認為是倉促逃亡，是大崩潰；[12] 兩極化的說法並不完全正確，當時政府機關的遷移既非完全沒有計畫，也不是計畫周詳，是根據時局的轉變做策畫，進行調整。如要了解其經過，必須找到相當的檔案，首先是蔣介石的決策，雖然蔣在行政院展開疏遷計畫，已準備

---

12 大陸學者金沖及、劉統等人都提出這種說法，金沖及，《轉折的年代——中國的1947年》（北京：三聯書店，2002）。劉統，《中國的1948年——兩種命運的決戰》（北京：三聯書店，2006）。臺灣學者陳錦昌，《蔣中正遷臺記》（臺北：向陽文化，2005），則用全盤計畫來形容蔣遷臺的布署。大陸野史作者如謝雪華，《大逃亡》（南寧：廣西人民出版社，2003）即用大逃亡做標題。

下野，執行遷移時已下野，但蔣仍有重要的影響，因此有關蔣的意見甚為重要，首先當然是日記，其次是國史館典藏的《蔣中正總統文物》包括《事略稿本》、《外交文卷》等在內。其三是國史館藏的《行政院檔》、《國民政府檔》，包括各部會的檔案。其四是各單位的檔案，典藏於中央研究院近代史研究所的《外交部檔案》、《經濟部檔》（包括資源委員會檔案），典藏於南京第二歷史檔案館《行政院檔》。此外，典藏於黨史館有關國民黨相關的會議等因與決策有關亦應參閱。同時，由於疏遷從南京、廣州、重慶到臺北，許多有關疏遷的細節，地方檔案館亦有部分的資料，如船艦及港口的問題，廣州市檔案館及上海市檔案館就提供一些資料。本小節以金門撤退的問題進行分析參閱檔案及檔案解決的問題。

金門撤守問題

1949年9月3日，蔣電湯恩伯，金、廈地區重要，無論遇何困難須堅苦撐持，文中提到：

> 今日局勢艱危已極，金廈地區萬分重要，不僅關係東南軍事之成敗，且影響剿匪全局之安危，惟其如此，故中以此無比艱鉅之任務，屬弟無論遇何困難，受何委屈必須堅苦撐持，以待中來解決一切。[13]

10月要求湯恩伯：「金門萬不可再失，必須就地負責督戰，不能

---

13 「蔣中正電湯恩伯金廈地區重要無論遇何困難須堅苦撐持」，〈革命文獻——蔣總統引退與後方布置（二）〉，《蔣中正總統文物》，國史館藏，典藏號：002-020400-00029-062。

請辭易將。」[14] 1950得知俄製噴氣式飛機排列在上海機場上，蔣乃決心放棄舟山群島集中全力在臺灣，以確保國家微弱之命根，5月1日蔣與周至柔談及飛機及定海問題，周認為：「以撤退為難，並以俄國噴氣機僅限防衛上海而不取攻勢。」[15]

美國方面，不論是國務院或來訪的第七艦隊司令史樞波（Struble Arthur）都明確表示，第七艦隊協防範圍只在臺灣與澎湖，金門及馬祖等離島不在其範圍，金馬撤守問題成為國軍參謀本部的研究焦點。7月18日，參謀本部召開會議，當時分為兩方面的意見，一方面陳誠、王世杰及柯克主張暫緩把部隊撤離；另一方面蔣介石及周至柔主張應該撤離守軍以保存實力。蔣以大陸失敗的經驗，認為當前國軍攻勢不能執行時，金門孤懸在外，不論增援或運補都很困難，而廈門及福州中共空軍的威脅日增，如果不把部隊撤出，恐以後來不及。周至柔則認為臺灣全島總預備隊兵力彈藥只有七個師，必須調回金馬的精銳部隊，對今後戰事方有把握。[16]

蔣後來裁示應把部隊撤離，但要先知會麥克阿瑟將軍，然此消息為美國駐臺代表師樞安（Robert C. Strong）所獲知，師樞安於1950年7月22日告知外交部北美司長陳岱礎，國軍將於十天之內自金門撤退。23日，再向葉公超部長做口頭聲明，如果中共向臺澎以外的島嶼進攻，美國將不參加其防衛，但美國政府絕不妨礙國軍在各島出發的防衛作戰行動，可是也再度強調不支持國軍轟炸大陸行動，美國第七艦隊受

14「蔣中正電湯恩伯金門萬不能再失必須就地負責督戰不能請辭易將」，〈革命文獻──蔣總統引退與後方布置（二）〉，《蔣中正總統文物》，國史館藏，典藏號：002-020400-00029-082。

15《蔣中正日記》，1950年5月1日。

16 周宏濤口述，汪士淳撰，《蔣公與我》（臺北：天下文化，2003），頁220-221。

命執行協防臺灣的條件之一，即是中華民國政府必須停止向大陸攻擊的海空軍軍事行動，如國軍不履行此約定的條件，第七艦隊將不協防臺灣。

7月7日的日記中提到：

> 麥帥參長對余訪韓訪麥之舉認為煩擾無禮，以其南韓軍事失利顯現其驚恐無措之神態。何世禮回臺面告麥帥本人之意，且未因第七艦隊司令來臺變更其訪臺之決心。上午入府辦公，指示至柔撤退金門之決心速作一切準備，加強臺灣本島之防務。[17]

7月8日師樞安到臺，蔣於7月9日與周至柔商討金門是否撤防問題，認為師樞安到臺灣後如金門隨之撤退，則中共必以為美國限制國軍範圍不許國軍在大陸沿海立足，則中共氣勢更張，故暫不決定。[18]蔣仍主張速撤為最近重要之大事，但美國麥克阿瑟並未同意，美國柯克亦以為金門保衛於我利多而害少，故暫緩撤兵行動。

7月31日，麥克阿瑟來臺訪問，蔣介石夫婦到機場迎接，下午四時，蔣與麥帥在國防部兵棋室舉行第一次會議；8月1日，在第一賓館舉行第二次會議。

蔣對於麥帥主動表達援助深表感謝，加以8月4日美軍噴氣式飛機進駐新竹機場及麥帥總部派其聯絡人員已到臺灣。8月5日，蔣到軍事會報討論金門守撤問題，決定固守不撤，[19]堅守金門已成為政策。

1950年的反省中特別提到為何放棄海南與舟山的理由：「五月二十

17《蔣中正日記》，1950年7月7日。

18《蔣中正日記》，1950年7月9日。

19《蔣中正日記》，1950年8月5日。

七日放棄西昌以及決心集中一切兵力保衛臺灣基地，故四月底乘匪攻海南之時放棄海南調軍防臺，此爲集中兵力第一步之實行。……其次巡視定海後，又悉俄式噴氣機發現於上海，乃決心放棄定海」[20]其主張自金門撤退亦是基於保衛臺灣安全的考量。後來決定保有金門，則是來自美國的態度及當時的戰局所作的改變。

當我們閱讀史料時要注意時間點、動機，有時因環境的不同作出相反的決策，不能完全以結果論進行分析，過程亦甚爲重要，特別是應掌握轉折的因素。

參、文本的使用 —— 檔案、日記與回憶錄史料相互比對

歷史學者由於重視史料，然而不同史料出現矛盾時，該如何處理甚爲重要，檔案、日記、著作、回憶錄甚至小說都可說是文本，一手資料當然被認爲最重要的史料來源，然而許多官式的文書，如果缺乏其他資料進行比對，可能無法瞭解其原貌。而個人的日記或回憶錄，如果沒有其他的資料進行佐證，也無法窺其日記中的原貌，《王叔銘日記》在1949年9月28日記到：「前兩天天氣陰雨，空軍英雄無用武之地，甚爲煩惱，今天放晴，乃派機再覓叛艦長治號之詭踪。」[21]前後日記並未談及海軍長治號的問題，必須從其他資料才能了解，由於長治號投共引起蔣的震怒，下令要炸毀該艦，因此要參閱相關資料。然

20《蔣中正日記》，1950年1月反省錄。

21 中央研究院近代史研究所藏，《王叔銘日記》，1949年9月28日（臺北：中研院臺史所，2008）。

而如果相關資料所記互有矛盾，或不同的意見時，到底要採用何者的記錄為準。或許可以列一個範本，如與事件較近與或較遠者，相信近者的記錄；史家與記者的見聞錄，相信史家；公文書與私人的文書，相信公文書；親自所見與耳聞者，相信親見者等原則，但這些都只是原則，有時同時是當事者所記事務就不同，因此應從其他方面加以佐證。

首先舉1949年國共北平談判前張治中至溪口見蔣為例，張治中與蔣經國記憶的矛盾。

蔣經國，《危急存亡之秋》：

> 3月29日：張治中以其即將赴平，特於昨日電呈父親，要前來溪口，當面報告政府所定的和談腹案。父親說：「他來不來無所謂」。今天他竟然來到溪口了。父親對他的態度非常冷淡，只邀他遊覽溪口附近的風景。我對張的理解也很深，他是一個沒有立場的投機人物，一切已經成了定型，所以也不願同他多談。3月30日：張治中到溪口來，得不到好的結果和反應，今天就悻悻然地走了。[22]

張治中，《張治中回憶錄》：

> 當時蔣住在溪口雪竇寺妙高臺，我和吳忠信也住在那裏，一住就是五天，以後回到溪口又住了三天，早晚起居都在一起，白天蔣和我們逛山水，其餘時間就談話。上午談，下午也談，吃飯談，逛山也談，晚上圍爐也談，這八天中，真是無所不談，一切的問題差不多都談過了。……由於這八天來的盤桓，我們用盡種種委婉的言詞來和蔣談，培養大家的感情，後來蔣的態度就緩和多

---

22 蔣經國，《危急存亡之秋》，1949年3月29-30日。

了。臨別還送我們下山到溪口，並一直送到寧波機場上飛機，歡
然握別。[23]

《蔣中正日記》：

3月29日：文白（治中）特來報告政府新定和談腹案，余對於重訂
一新憲法一條表示不能如此明確之態度，只可以不堅持原有憲法
之意，但必須經過合法之程序與方式之下修改之，乃爲最大之讓
步也。4月2日：上星期反省錄：南京求和代表團已到北平，未開
始談判而已受其輕侮與汙辱，殊爲文白也。而彼始終以共匪爲可
與，而不信余之警告及反對其克任代表之忠言，惟有聽之。[24]

　　在這三份資料中，可以證明的是張治中確實在北上參加北平會
談前有到溪口見蔣介石，也的確待了幾天。張治中認爲此次與蔣會晤
甚歡，蔣經國卻認爲沒有得到結果悻悻然離開，蔣介石本人則認爲其
告訴張必須堅守之原則。到底蔣、張會晤的情況如何？似乎從這三則
記載中難以判斷，將之從其他方面作分析，首先從此階段蔣的會客情
況，蔣對於來訪者，通常都會安排到溪口名勝參觀，並與客吃飯聊
天，張治中並沒有例外，其次從北平會談中的若干問題來分析，蔣經
國的觀察較爲接近蔣介石的態度。

　　其次舉1948年總統選舉時蔣介石欲推選胡適擔任總統候選人爲
例，以《胡適日記》、《蔣中正日記》及《陸鏗回憶與懺悔錄》爲例，其所
記不盡相同。

　　1948年1月上旬，報紙上登出李宗仁成立競選辦事處準備競選副總

---

23 張治中，《張治中回憶錄》（北京：文史資料出版，1985），頁787、790。
24《蔣中正日記》，1949年3月30日、4月2日。

統的消息，胡適在1月11日致信李宗仁表示讚賞，1月13日的北平《新生報》登載《假如蔣主席不參加競選，誰能當選第一任大總統》一文，文中提到胡適的名字。李宗仁於1月14日回信給胡適，認為為了表現民主的精神，以學問聲望論，請胡適當仁不讓、義不容辭出而競選。蔣私下贊成由胡適競選總統，2月26日，蔣介石和宋美齡遊覽廬山名勝觀音橋，做出決定：今日形勢，對外關係，只有推胡適以自代，則美援可無遲滯之藉口。黨內自必反對，但必設法成全，以為救國之出路。3月29日，第一屆國民大會在南京揭幕，總統、副總統競選大戲正式登場。30日，蔣介石指派王世杰向胡適傳話。講明因現行憲法規定，總統受到的約束太大，不如握有實權的行政院，自己有意擔任行政院長，但又不願總統職位落入除胡適之外的他人之手，希望胡適能參加競選。王世杰當即找到胡適，轉達蔣介石的意思。胡適聽完，回覆說自己認真考慮一下。次日，蔣介石請王世杰再聯絡胡適，當日下午3點，王又找胡適面談到晚上8點。在王的再三鼓動下，胡適明確表態說自己願聽從蔣介石的意見，一切聽總裁的安排。4月3日晚，蔣介石約見了胡適，在會談中，蔣介石表示支持胡適選總統，胡適答應蔣介石。4月4日國民黨全會不贊成由胡適選總統，主張非蔣不可，4月5日，蔣乃託王世杰表示歉意。這是事件的原委，僅錄幾則日記的內容。

《蔣中正日記》：

1948年1月15日：李宗仁自動競選副總統，而要求胡適競選大總統，其用心可知，但余反因此而自慰，以為無上之佳音。只要能有人願負責接替重任，余必全力協助其成功，務使我人民與部下

皆能安心服務，勿爲共匪乘機擴大叛亂則幸矣。1月17日：上星期反省錄：「近日心裡多爲讓賢選能之準備。最好國民黨在國民大會時交出政權，本人不加入競選，而提出推選國中無黨派之名流爲大總統。若果如願以償，則余爲國家爲軍事必使軍民不致因余退職而恐慌與動搖，願暫任參謀總長以協助繼任者；一俟軍民安定，不致應新舊交接爲匪所乘，則幸矣。」

《王世杰日記》：

2月10日，蔣先生往盧山休息，臨行前蔣先生語岳軍謂彼是否做總統，尚須考慮。憲法中有行政院對立法院負責之語，因此總統如過分干涉行政院，則與憲法精神不合。但時間如此危險，蔣先生無充分權力，將不能應付一切，此都在蔣先生考慮之中。[25]

《蔣中正日記》：

3月25日：選舉正、副總統是民主政治的開端，黨內外人士都可以自由競選，本人將一視同仁，沒有成見。
3月30日：昨日大開會儀式隆重莊嚴，而全體代表整齊嚴肅亦爲從來所未有。與雪艇談總統問題，屬其轉詢胡適之君出任余極願退讓，仍負責輔佐。

《胡適日記》：

下午三點，王雪艇傳來蔣主席的話，使我感覺百分不安。蔣公意欲宣布他自己不競選總統，而提我爲總統候選人，他自己願意做行政院長。我承認這是一個很聰明、很偉大的見解，可以一新國內外的耳目。我也承認蔣公是很誠懇的。他說：「請適之先生拿

25《王世杰日記》第六冊（臺北：中研院近史所，1980），頁173-174。

出勇氣來。」但我實無此勇氣！[26]

《蔣中正日記》：

3月31日：朝課後研究推胡適任總統之得失與國家之利害、革命之成敗、皆作澈底之考慮，乃下決心。

《胡適日記》：

晚上八點一刻，雪艇來討回信，我接受了。此是一個很偉大的意思，只可惜我沒有多大自信力。故我說：第一、請他考慮更適當的人選。第二、如有困難，如有阻力，請他立即取消，「他對我完全沒有諾言的責任」。

《蔣中正日記》：

4月1日：昨晚胡適博士接受推選總統之意，此心為之大慰，乃即召布雷詳述余之旨意與決心，屬其先告季陶與稚老，此乃黨國之大事件，余之決定必多人反對，但自信非貫澈此一主張無法建國，而且剿匪革命亦難成功。[27]

《胡適日記》：

4月1日：我今晚去看雪艇，告以我仔細想過，最後還是決定不幹。

《蔣中正日記》：

---

26 曹伯言整理，《胡適日記全集》第8冊，1946年3月30日至4月9日（臺北：聯經出版，2004），頁354-356。

27 《事略稿本》，4月1日：與張群院長研究推胡適出任總統事，張雖表贊成，惟以為胡性格有武斷之缺點。

4月2日：約健生談軍人不競選垂範於後世，勿蹈民初之覆轍，並示以余不任總統之決心，屬其轉勸德鄰，勿再競選副總統為要。

4月3日：約見李宗仁勸其停止競選，明示其余本人亦不競選總統之意，彼乃現醜陋之態，始尚溫順，繼乃露其愚拙執拗，反黨反政府之詞句。幾乎一如李濟深、馮玉祥之叛徒無異。

4月4日：全會先約四個副總統候選人與元老稚暉先生等討論總統副總統候選人提出國大辦法，匯合個人意見決定自由競選再開全會聽取各委員發表意見，至十二時，余作結論時提出余主張選舉黨外人士為總統候選人之意見書及余應本黨有人擅自競選副總統認為違反黨的紀律，如余為總統候選人必須先由黨公決，否則如不先由黨決定而即簽序提出，亦違反紀律，其他黨員或可違紀，而余身為黨魁決不能違反黨紀。

《事略稿本》：

4月4日：召見鄒魯、王世杰、于右任、居正、吳敬恆等談競選總統副總統事宜，蔣說明：一、余對總統事，未於事先表示參加與否之原因，乃因本人為一黨員，應尊重黨之決策，接受黨之令，在黨未決定以前余個人不能有所表示。二、近有人擅自競選副總，余認為違反黨紀，如余為總統候選人亦必先由黨公決，否則亦違反黨紀，在其他黨員或可違紀，而余自為黨魁，決不能違反黨紀，故余業以決定不參加總統之競選，今後雖不任元首之職，但仍將鞠躬盡瘁，為國效勞貫澈黨之政策，繼續與共匪鬥爭。三、總統一職，最好由本黨提出一黨外人士為總統候選人，此一候選人應具備下列條件。甲、當有民主精神及民主思想；乙、對中國之歷史文化有深切之瞭解；丙、對憲法能全力擁護並忠心實行；丁、對國際問題國際大勢有深切之瞭解及研究；戊、忠於國家富於民族思想。

至於有人或將認爲本人拒絕爲總統候選人，勢必在軍事、經濟各方面發生不良影響，然本人可以就此提出保證謂：「縱然小有影響，但絕無任何危險」。因此一決定爲本人數月來深思熟慮，本於革命形勢所得之結論。今日宜以黨國爲重，而不應計較個人得失，以達成中國國民黨數十年來爲民主憲政奮鬥之本旨

《蔣中正日記》：

4月5日：昨討論余提黨外人士爲總統候選人之主張，除稚老表示贊同之意外，其他皆表示異議，只就推選總裁爲總統候選人一點立言而多不涉本題。迫至七時余再作結論，並警告全會如全會不能貫澈余之主張則剿匪不能成功，而本黨且將於二年內蹈民國二年整個失敗之悲運。仍無人應之，不得已將此未決之案交與常會負責討論議決。今午批閱公文，得知常會決議仍須余爲候選人後，召雪艇從訪胡適，告以實情，故前議作廢，惟此心歉疚不知所至，此爲余一生對人最抱歉之事。好在除雪艇以外，並無其他一人，知其已接受余之要求其爲總統候選人之經過也，故於其應無所損耳。

《胡適日記》：

我的事到今天下午才算「得救了」。兩點之前，雪艇來，代蔣公説明他的歉意。

《蔣中正日記》：

4月9日：昨晚約胡適談話聚餐。

《胡適日記》：

4月8日：「下午八點，到主席官邸吃晚飯，別無他客，蔣夫人也不出來，九點二十分，始辭出。蔣公向我致歉意。他說，他的建議是他在牯嶺考慮的，不幸黨內沒有紀律，他的政策行不通。我對他說，黨的最高幹部敢反對總裁的主張，這是好現象，不是壞現象。他再三表示要我組織政黨，我對他說，我不配組黨。我向他建議，國民黨最好分化作兩三個政黨。」

《陸鏗回憶與懺悔錄》：

標題用「奉命通知胡適博士做總統候選人」，1948年4月1日，就在行憲國民大會召開後三天的晚上……陶希聖（國民黨中央宣傳部副部長兼《中央日報》總主筆）向我交底，他說已奉到總裁指示，要為胡適參選開始做一些準備工作，……為此，要和胡談一談，一方面看看他的反應如何，一方面要把這篇小傳寫好，陳布雷先生和他商量了，這一任務交給我完成。4月1日，胡適擔任大會執行主席的中午，散會後……我提出能不能今天下午給我一個向您請教的機會？他很爽快，約好當天下午散會後一談。……偏偏那天的會散得較晚，已經是華燈初上了。……我一邊告訴他，蔣先生已決定推他出任中華民國第一屆民選總統。……胡適那時的興奮之情，很自然的流露，我感覺到他手上出了汗。……我認為在這件事中，不僅胡適受了騙，我也受了騙。[28]

如果從檔案及胡適、蔣介石、王世杰的日記來看，陸鏗有誇大之嫌。蔣並沒有親自要陸鏗傳話給胡適，只是陶希聖認為蔣既有推胡出來競選總統，《中央日報》應負責專文，因此要陸鏗去採訪，陸鏗自以為是蔣的傳話者，以蔣過去的行事風格而言，應不會輕易派一位報社

的副總編傳話，更何況前年才發生揚子與孚中案，蔣對陸鏗應不至於如此信賴。因此當這些資料對比下，研究者應可判斷那些資料較接近歷史的眞。

肆、檔案範例

　　蔣介石自北伐統一後，掌握黨政軍大權，花許多的時間批閱往來電文，蔣自訂春季、冬季課程表中，星期五、六早上九到十一時是其批閱公文的時間（從日記來觀察，亦有其他的時間批閱公文），比較重要的公文及往來電文，蔣的侍從人員隨時呈上。每天的晚課包含散步、靜坐、閱讀、做操、修訂文稿等，閱讀往來電文成爲其每天的重要工作，有時公文甚多，蔣還會特別花一些時間清理積案。[29]

　　蔣如何批示，可能每一時期略有不同，大陸時期大多由其親自批閱，來臺之後，則又不同。僅介紹以下幾種行文批示方式：

---

29 1945年8月30日的日記提到：「上午，岳軍報告與毛談話經過情形，批閱公文、清理積案。」12月25日日記提到：「昨日朝課記事，未到紀念週，在寓清理積案。」

（一）蔣介石的「龍字形」批示方式：（檔案管理局，《國軍檔案》《青島平津區戡亂作戰經過概要》，1949年2月5日，檔號543.64/5022.2。）

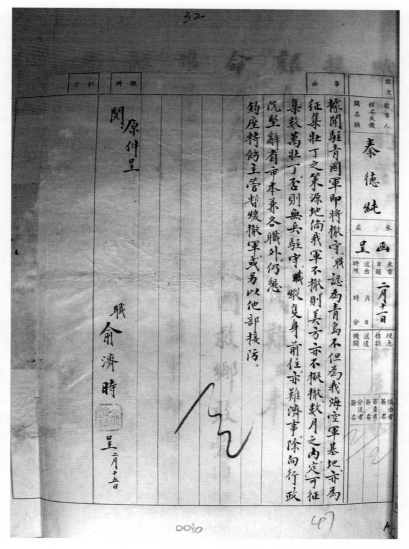

（二）蔣介石直接批示不簽字（檔案管理局，《國軍檔案》，《東南點編委員會》，檔號 000458700010）

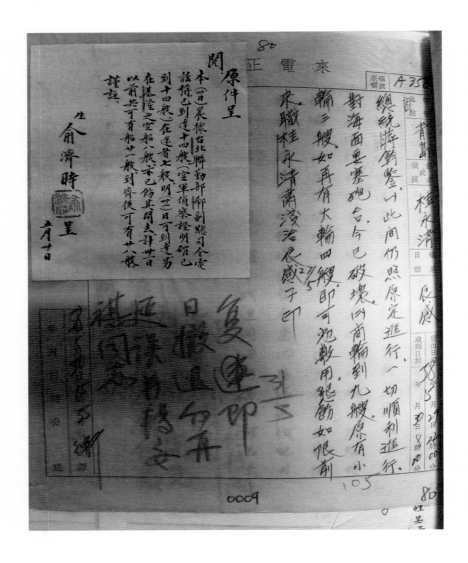

（三）蓋「蔣中正」印（檔案管理局，《憲兵司令部檔案》《劉自然案（五二四事件）》，檔號0552/1024。A000000000007569。）

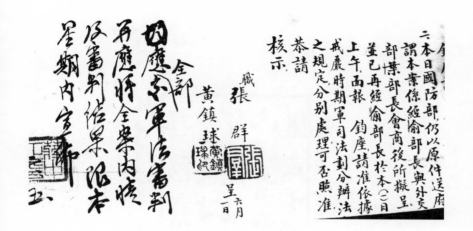

（四）蔣介石直接下達手令或電示（中國國民黨黨史委員會，《中華民國重要史料初編——對日抗戰時期》第七篇，頁18。）

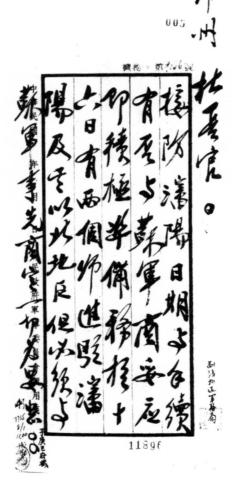

商要接防瀋陽之日期及手續電
蔣委員長致杜聿明司令官長令速與蘇軍

民國三十五年一月七日

（註：文本刊於編壹、聯蘇侵掠東北一七二頁）

　　如果是手批，通常用毛筆或紅色簽字筆，蔣會書寫批示的日期。從這些批示方式雖不能說明其決策模式爲何，但至少可以知道，蔣對於許多重要事件是有某種程度的瞭解或掌握，也具有決斷力如果是手批，通常用毛筆或紅色簽字筆，蔣會書寫批示的日期。從這些批示方式雖不能說明其決策模式爲何，但至少可以知道，蔣對於許多重要事件是有某種程度的瞭解或掌握，也具有決斷力。但檔案只是單一的資料，必須要找更多的史料作爲佐證才不至於偏頗。

伍、結論

　　檔案的功用，多因觀點與立場不同，持論見解互有差異，各以其自己的主觀，強調其作用，歷史家視檔案爲史料，可供編纂史籍之根據與參考。收藏家視檔案爲古物。行政家則視檔案爲治事之工具。檔案是研究歷史的基礎，歷史家必須承認檔案的侷限性與不可靠性，我不贊同西方學者（蕭伯納）所說：「小說除了人名是假的，其他都是眞的；歷史除了人名是眞的，其他都是假的。」但也應該警惕爲何會有人懷疑歷史的眞實性，更應該有（英）卡爾 （E. H. Carr, 1892-1982）的精神，卡爾曾說過：「歷史是歷史家和事實之間不斷交互作用的過程，現在和過去之間永無終止的對話。」[30]

　　自《蔣中正日記》公開後，雖然形成蔣學研究的盛況，但日記也被學者濫用，常見一篇論文都以日記爲文本，在史料學方面有內部考證與外部考證，日記是眞的外部考證，但不能說明日記所載的內容皆是

---

30 E. H. Carr著，王任光譯，《歷史論集》（臺北：幼獅文化公司，1991），頁23。

眞的,更何況以單一的資料作爲論述的依據是歷史家所唾棄者,所謂孤證不立,是史學家最基本的訓練,然而卻有史家迷信單一的權威檔案,令人不解。此外,常常看到學者放大日記的內容,如毛澤東到重慶開會蔣是否有意殺毛、蔣介石是否使用化學武器對付中共、蔣是否派人暗殺希特勒等,都只是應合記者的口味而已,事實上並非完全如此。有些學者更用推論來解讀日記,這些都應避免。在新文化史及後現代主義的衝擊下,檔案被視爲文本,有些人開始懷疑檔案的重要,歷史的研究不論從何角度而言,檔案雖非萬能,沒有檔案萬萬不能,從檔案解決問題是最可靠的途徑,但切記駕馭檔案,不要被檔案所駕馭。

國史館藏《閻錫山史料》與民國史研究

陳進金*

壹、前言

1949年，蔣中正政權從中國大陸潰敗，來到臺灣重新高舉中華民國的大旗，而毛澤東也在北京正式建立了中華人民共和國，自此海峽兩岸形成分裂分治的局面，並且延續至今。1950年代的海峽兩岸，在「反共抗俄」與「解放臺灣」的政策下，雙方彼此敵視，甚至武力相向，因此毫無任何相互交流的機會。之後，中共一再宣稱將「和平解放臺灣」，希望進行「第三次國共合作」，以達成統一中國的最終目的；而臺灣政府則堅持不與大陸談判，不與大陸通商、通郵、通航，以及不怕中共使用武力的「三不政策」（或云：不談判、不接觸、不妥協），致力於推動「三民主義統一中國」，海峽兩岸對峙的態勢依然。直到1980年代中葉以後，臺灣政府宣布：臺灣人員在國際學術、科技、體育、文化等方面可以和中共人員接觸；不久，即正式開放大陸探親，才開啟兩岸文化交流的大門。

由於海峽兩岸的長期隔閡，以及意識型態的影響等因素，使得海峽兩岸對於歷史研究與解釋顯有不同，尤其在民國史或國共關係史方

---

* 國立東華大學歷史學系副教授兼系主任

面，更是南轅北轍。如1982年海峽兩岸的民國史學者，就曾在美國芝加哥的亞洲年會中針對「辛亥革命」的屬性是階級革命或全民革命，展開面對面的激烈爭辯。[1]又如有關孫中山晚年是否曾有「三大政策」（聯俄、聯共、扶助農工），兩岸史家也有不同的看法。「聯俄容共」抑「第一次國共合作」，正代表著雙方不同的解釋與觀點。

　　1980年代以後的兩岸民國史學者，儘管觀點仍有歧異，但雙方均有一個共識，就是要多多交流。因此，自從1980年代後期始，中國的研究單位就開始邀請臺灣學者去參加學術討論會；臺灣的學者、研究生也開始赴中國蒐集資料。1990年9月，我就曾與中央研究院的張力教授一起前往北京、西安等地蒐集資料。至於，臺灣首度邀請中國歷史學者來一起召開學術討論會，最早應是於1992年由政治大學歷史學系與美國黃興基金會所聯合主辦的「黃興與近代中國國際學術研討會」，雖然只來了三位中國大陸學者，但仍可謂是破冰之旅。[2]之後，1994年的「中國歷史上的分與合學術研討會」邀請了十位中國大陸的學者與會，而且還是討論敏感的「分裂和統一」的問題，所以造成很大的轟動。[3]翌年（1995年），臺灣再度召開「慶祝抗日戰爭勝利五十週年兩岸學術研討會」，就邀請了三十二位中國學者與會，達到充分交流的目的。[4]往後幾年，幾乎每一年都有關於民國史的學術研討會在海峽兩岸

1　陳三井，《輕舟已過萬重山──書寫兩岸史學交流》（北京：社會科學文獻出版社，2011），頁3-21。

2　陳三井，《輕舟已過萬重山──書寫兩岸史學交流》（北京：社會科學文獻出版社，2011），頁51-62。

3　陳三井，《輕舟已過萬重山──書寫兩岸史學交流》（北京：社會科學文獻出版社，2011），頁63-79。

4　陳三井，《輕舟已過萬重山──書寫兩岸史學交流》（北京：社會科學文獻出版社，2011），頁94-100。

召開，中國、臺灣的學者或許觀點上仍有不同，但也慢慢養成尊重彼此看法的風氣，這應該是兩岸在民國史研究上一個可喜的現象。

此外，除了學者、教授們的互相交流以外，研究生的交流活動也正式展開。2000年5月，由胡春惠教授發起在廣州中山大學召開了一個完全以研究生為主的學術研討會，名為「兩岸三地研究生視野下的近代中國學術研討會」（第一屆），除了主席由教授們擔任外，論文發表和評論皆由研究生擔任。當年我還是政治大學的博士班研究生，曾代表政治大學在那一次的會議上發表論文〈東北軍與中原大戰〉，後來被刊登在中國社科院的《近代史研究》中。

海峽兩岸的史學交流，除了學術討論會的召開以外，相關大學的歷史學系也有一些合作的計畫，例如臺灣的政治大學歷史學系就跟中國人民大學、復旦大學、中山大學、北京大學、華中師範大學等校簽訂有合作計畫，彼此可以透過合作計畫相互交流。在臺灣，一向以研究民國史為主的政治大學歷史學系，早於1992年就開始聘請中國學者來擔任客座教授，例如章開沅、韋慶遠、楊奎松、朱英、陳紅民等，對於民國史研究的交流又更進了一層。另外也有交換學生計畫，例如北京社科院近史所的羅敏、復旦大學的馮筱才等年輕學者，都曾經是政治大學歷史學系的交換學生。雖然這幾年來，有關民國史研究的熱潮在臺灣逐漸消褪中，大型的民國史學術討論會也較少召開，但是兩岸民國史的學者間的交流仍不曾中斷，彼此觀點的歧異性也愈來愈少，例如有關蔣中正的評價也愈來愈接近了。

事實上，海峽兩岸的民國史學者交流中，除了透過上述的學術討論會的召開，學校合作計畫外；還有一個很重要的媒介，就是「民國檔案」的開放與利用。在臺灣，典藏重要的民國檔案的機構有國史館、中

國國民黨黨史館、中央研究院近代史研究所檔案館；又如國際關係史
的外交部檔案，或軍事史相關的國防部史政編譯局等單位，都典藏極
爲豐富的「民國檔案」。其中，尤以國史館所典藏的《蔣中正總統文物》
（原稱爲《蔣中正總統檔案》，以下簡稱《蔣檔》）的對外正式開放，更是
極具關鍵。1997年2月26日，國史館館長潘振球於中國歷史學會暨中國
近代史學會理監事蒞館訪問時，正式宣布館藏《蔣檔》即日起逐步對外
開放。[5]之後，許多來是自中國的學者，爲了一睹該檔案的文件內容，
如朝聖般湧進國史館，進一步加速兩岸民國史研究的學術交流。國史
館有專門單位、專門人員以及設備新穎的環境，提供來館閱讀檔案的
學者使用，並且儘量做到諮詢服務；這幾年來，國史館致力於進行檔
案數位化計畫，即審選該館現藏珍貴檔案，利用最新科技，分年進行
編目建檔、影像掃瞄，產出數位資料，並利用數位資料永不失眞、可
快速複製及多樣化呈現的特性，達到永久典藏的目的；同時將該數位
產品上載網路，全面開放各界研究應用。[6]是以，研究者運用該館檔案
資料，將更爲便利快捷。

　　在中國，有關「民國檔案」的典藏單位，除了各省市檔案館外，
主要是南京的第二歷史檔案館。從1980年代開始，臺灣學界開始絡繹
不絕地到南京第二歷史檔案館參閱檔案，當時的南京二檔館無論在調
檔、諮詢、甚至影印收費等方面，都提供非常便利且合理的服務。不
過，近年來情況似乎大不如以前，這幾乎已是兩岸的民國史學者所公
認的共識。曾經有一位在中國就讀博士班的臺灣學生，找我討論一些

5　陳進金，〈國史館藏「蔣中正總統檔案（大溪檔案）」正式對外開放〉，載《中國歷史學
　　會會訊》第58期（1997年7月），第13版。

6　有關國史館數位檔案檢索系統，可參閱網址：http://ahdas.drnh.gov.tw/main.php 。摘
　　取日期：2012年8月14日。

議題時，提到他在南京二檔館以及一些省市檔案館的遭遇，竟然有檔案管理人員對他說：「你是臺灣人，爲什麼要看『我們』的檔案呢？」這是讓人比較遺憾的遭遇。期待海峽兩岸的檔案管理者，都能夠拋棄本位主義，做好良善的閱讀檔案的環境，讓民國史研究者能充分利用彼此的檔案資料，因爲檔案存在的重要目的之一，就是被利用；沒有人利用或無法讓人利用的檔案，是「死」的檔案；唯有提供給研究人員充分利用的檔案，才是「活」的檔案，檔案也才存有意義；同時，也會對於海峽兩岸的學術文化交流有所幫助。

爲什麼現在是研究民國史的最佳時機？在五〇年代至八〇年代期間，近代中國史的研究是臺灣史學領域的顯學之一，學術機構大多從接收史料，整理資料著手，清末民初政治史的研究成果較爲豐碩，其中以中央研究院近代史研究所整理出版的《中國近代史資料彙編》十一種爲代表。[7]此外，官方倡導國民革命史觀，透過歷史教育以配合其基本國策，強調貶抑滿清、北洋政府，與反對共產革命的論述；[8]是以，此一時期民國史的研究雖然蓬勃發展，但很難不受現實政治的影響，形成學者從事研究的一種侷限。自八〇年代以後，由於臺灣時局的變遷，過去的政治禁忌逐漸被打破，國民革命史觀不再成爲唯一解釋民國政治發展的論點，政治人物的評價亦趨於多元；再則，有關民國史的新檔案亦相繼解禁出現，對民國史的研究提供了相當大的幫助與貢

---

7 中央研究院近代史研究所出版之《中國近代史資料彙編》計有，《海防檔》11冊、《中俄關係史料》24冊、《礦務檔》8冊、《中法越南交涉》7冊、《道光咸豐兩朝籌辦夷務始末補遺》1冊、《四國新檔》4冊、《中美關係史料》5冊、《近代中國對西方及列強認識資料彙編》6冊、《清季中日韓關係史料》11冊、《教務教案檔》21冊、《中日關係史料》12冊等，共計11種110冊。

8 呂芳上，〈二十世紀中國政治史的研究：新資料、新視野〉，載《近代中國》第160期（2005年3月），頁9-10。

獻。因此，目前可以說是閱讀檔案，運用檔案，以從事民國政治史研究的最佳時機，一方面少了政治上或意識形態上的羈絆，又有新檔案、新資料可資運用。基於此，民國史的研究值得學者期待與投注更多的心力。不過，自七〇年代起西方社會科學理論與方法傳入臺灣，成為影響歷史研究的重大因素，尤其近代社會經濟史的研究更是深受歐美史學發展的影響，新文化史（new cultural history）逐漸成為歷史學門研究的主流。[9]受到此一潮流的衝擊與影響，傳統的政治史、軍事史有逐漸式微的趨勢，臺灣學者真正利用檔案來從事民國政治史研究者，則已經越來越少了。

事實上，隨著檔案資料的大量開放，以及革命史觀的被揚棄，對於民國史的研究，定能開闢新領域、新議題，或釐清以往隱晦不明的史實，史學界應該「把政治放回到二十世紀中國史」。[10]是以，本文將以臺灣國史館所庋藏的《閻錫山史料》（原稱《閻錫山檔案》，以下簡稱《閻檔》）為主，簡單介紹該批檔案史料，並以個人運用該檔案資料所獲得的心得為例，來具體陳述該檔案與民國史的研究，期盼透過本文的介紹，能吸引更多民國史的同好，來利用檔案從事研究，進而提升民國史研究的廣度與深度。

9　Roger Chartier, *Cultural History: Between Practices and Representation,* Ithaca, New York: Cornell University Press, 1988, pp.37-45.

10　Joseph W. Esherick（周錫瑞），〈把社會、經濟、政治放回二十世紀中國史〉，載《中國學術》第1輯，轉引自呂芳上，〈二十世紀中國政治史的研究：新資料、新視野〉，頁28。

貳、閻錫山與《閻錫山史料》

閻錫山（1883-1960），字伯川，號龍池，山西五臺人。1902年（清光緒二十八年）入山西武備學堂，1904年（清光緒三十年）被清廷選送公費留學日本，先後在東京振武學校、弘前步兵第31聯隊，及東京士官學校等處學習軍事。[11]赴日初期，閻錫山的政治態度傾向康有爲、梁啓超的保皇黨；後因感受清廷腐敗無能，誤國太甚，乃毅然參加同盟會，投入革命的行列。[12]1909年（清宣統元年）3月，閻氏從日本陸軍士官學校畢業後返國，出任山西陸軍小學教官、監督，旋升任第四十三混成協第八十六標標統。1911年辛亥革命，閻錫山被推爲山西都督，組織山西軍政府；並曾與吳祿貞計劃組織燕晉聯軍，以阻止袁世凱率清軍入北京，因吳氏遇刺身亡而未成，遂使北方軍政大權歸於袁氏一人，此事件影響民國政局至鉅。[13]

1913年國民黨發動二次革命，閻錫山基於晉軍無力抵禦北洋軍、山西財政困窘、蒙古內犯危機等因素，決定背離國民黨，支持袁世凱。[14]1915年12月25日，蔡鍔、唐繼堯等組織「護國軍」討袁，反對帝制運動；閻錫山仍持擁戴袁氏的態度，曾致電政事堂云：

---

11 閻伯川先生紀念會編，《民國閻伯川先生錫山年譜長編初稿》第1冊（臺北：臺灣商務印書館，1988），頁15-23。

12 閻錫山，《閻錫山早年回憶錄》（臺北：傳記文學出版社，1968），頁4-5。Donald G. Gillin, *Warlord: Yen Hsi-shan in Shansi Province, 1911-1949,* Princeton, N. J., Princeton University Press,1967, p.12.

13 山西省政協文史資料研究委員會編，《閻錫山統治山西史實》（太原：山西人民出版社，1981），頁29-34。

14 曾華璧，《民初時期的閻錫山（民國元年至16年）》（臺北：國立臺灣大學出版委員會，1981），頁9。

　擬懇　皇帝乾綱獨斷，褫革唐繼堯、任可澄、蔡鍔等官職榮典，
　宣示罪狀；俾中外人等，咸知該逆等，不惟雲南之罪人，實爲國
　民之公敵。萬不能因二三叛臣，致礙帝制。[15]

　　旋袁氏敗亡，閻錫山繼續支持北京政權。段祺瑞執政時期，閻氏
除配合安福系操縱山西國會議員選舉外，並曾派遣晉軍征湘；[16]是以，
閻氏在當時被視爲安福系的一份子。[17]1920年直皖戰後，直系軍人掌握
北京政權，閻氏仍採支持北京政權的態度；1924年9月爆發第二次直
奉戰爭，閻錫山婉拒出兵協助直系；卻於11月派兵出石家莊，截斷京
漢路交通，以阻止援吳佩孚軍由河南北上，並擁護段祺瑞出任臨時執
政。

　　1926年7月，國民革命軍誓師北伐，旋即攻克武漢、南昌；此時，
閻錫山一方面與北方奉系張作霖相周旋，另一方面則派遣溫壽泉等人
與南方國民黨接洽，表示願「與黨軍同行」。12月1日，閻氏代表趙戴
文會見蔣中正，陳述山西加入國民革命軍的意願，約定北伐軍入豫或
至津浦路時，晉省將起而響應。[18]1927年1月，國民政府任命閻錫山爲
國民革命軍北路總司令；6月，山西省易幟，閻氏改組晉軍加入北伐的
行列。1928年1月，蔣中正復任北伐軍總司令，重整北伐軍，分全國爲

---

15 《政府公報》第5號（1916年1月10日），頁297-298。

16 閻錫山支持且配合安福國會選舉，並曾於1917年10月派商震率晉軍一旅赴湘。參閱
　　曾華璧，《民初時期的閻錫山（民國元年至16年）》，頁50-53、55-59。

17 Donald G. Gillin, *Warlord: Yen Hsi-shan in Shansi Province, 1911-1949*, p.22.

18 中國第二歷史檔案館編，《蔣中正年譜初稿》（北京：檔案出版社，1992），頁829；
　　秦孝儀總編纂，《總統蔣公大事長編初稿》第1卷（臺北：未對外刊行，1978年10
　　月），總頁131。1927年4月，「寧漢分裂」時，孔庚曾代表武漢國民政府赴山西，試
　　圖結納閻錫山。閻氏雖接待孔庚並回了兩封信，卻婉拒與武漢國民政府合作，而選
　　擇蔣中正的南京國民政府。參閱孔庚，〈到山西聯絡閻錫山的經過〉，載蔣永敬編，
　　《北伐期間的政治史料──1927年的中國》（臺北：正中書局，1981），頁129-132。

四個集團軍，閻錫山為第三集團軍總司令。

由上述可知，自1911年辛亥革命以後，閻錫山從依附袁世凱擁護帝制，到加入國民革命軍參與北伐；在在說明其政治主張之無常與現實主義的態度，卻也反映其以鞏固山西統治權為最高目標。

1928年北伐完成後，因實施國軍編遣和國民黨三全大會等因素，引發地方軍人一連串反抗南京中央的行動。在歷次反中央的軍事行動中，閻錫山表面上與南京國府維持良好關係，不但支持中央的討「逆」行動，且曾與張學良等聯名通電「擁護中央」。[19]然至1930年，閻氏與馮玉祥、李宗仁等地方軍人以武力反抗南京中央，爆發中原大戰。[20]後閻氏因戰敗潛往大連，1931年8月返回山西，翌年2月，閻氏被任命為太原綏靖主任，重掌山西軍政大權，推行「十年建設計畫」。1934年，日本侵華日亟，內蒙首當其衝，閻錫山乃成立「犧牲救國同盟會」，號召青年參加抗日工作，但因共黨勢力介入，於1939年12月釀成「犧盟之變」。[21]

1937年7月，中日戰爭爆發，閻錫山出任第二戰區司令兼山西省主席，提出民族革命的口號，支持中央抗戰。1945年8月，日本戰敗投降，閻氏迅速光復山西省各縣市；旋因國共內戰激烈，於1949年6月應代總統李宗仁之邀，出任行政院長兼國防部長，為國府遷臺貢獻良多。1950年3月1日，蔣中正復行視事，閻氏辭卸行政院長一職，轉任

---

19 閻錫山、張學良等於1929年12月20日聯名發表〈號電〉，宣稱擁護南京中央，〈號電〉發表後，韓復榘、孫殿英、王均、楊勝治等紛紛請求追加列名，石友三、楊虎城等亦通電響應，一時太原成為北方政局重心。參閱國聞週報社輯，〈一週間國內外大事述評〉，《國聞週報》第7卷第1期（1929年12月20日至12月26日），總頁2313-2315。

20 陳進金，《地方實力派與中原大戰》（臺北：國史館，2002）。

21 有關「犧盟之變」的詳細情形，可參閱王生甫、任惠媛，《犧盟會史》（太原：山西人民出版社，1987），頁612-618。

總統府資政；爾後，閻氏埋首著述十年，於1960年5月24日病逝於臺北，享年七十八歲。

　　綜觀閻錫山一生經歷豐富，身居黨政要津，民國成立後長期掌握山西政權，其與中央時分時合，使其評價頗富爭議，但其遺留的檔案，則蒐羅了民國以來重要史事資料，極具參考價值，民國史學者應加以重視。《閻錫山史料》原稱爲《閻故資政遺存檔案》，係由國家安全局於1971年9月移轉國史館典藏，經國史館初步整理後於1976年正式提供學術研究之用，惟當時仍有大部分資料屬於限閱，直至1990年代才完全對外開放閱覽。《閻檔》就其內容可分爲要電錄存、各方往來電文、日記及其他等四類，共計1,254卷，茲分述如下：

一、要電錄存

　　全名爲「閻伯川先生要電錄存」，包含籌印閻伯川先生要電錄存案、閻伯川先生要電錄存目錄、閻伯川先生要電錄存等，時間含括自1912年至1939年止，共計146卷33,605件。《閻檔》中的「要電錄存」，係閻錫山來臺後，就其在中國大陸與各方政治人物或部屬幕僚人員的往來文電，摘擇重要部分交由秘書依時間順序與歷史發展脈絡，編輯成冊。（如附錄1）

　　「要電錄存」每案之前皆有一「提綱」，略述該案的原委，其要目1912至1926年有：二次革命前維護黨國暨外蒙邊釁、袁氏稱帝、參戰、討伐復辟、護法戰役、巴黎和會與五四運動、直皖戰爭與陝鄂諸役、直奉戰爭、黎氏復職與曹錕賄選、討伐賄選擁段出山與協圖善後、討伐賄選勸吳下野與調和豫陝、反奉諸役浙孫反奉與吳氏再起、反奉諸役郭氏反奉與馮李衝突役、聯軍與國民軍戰役等案。1926

至1928年的要目有：北伐黨軍奠定贛鄂進克浙閩寧滬、北伐清黨始末與國府遷寧、北伐吳部解體與奉軍入豫、北伐奉張組安國政府、北伐西北軍東進、北伐北方黨政軍之運用、北伐北方軍參戰、北伐會師部署、北伐師晉北鏖戰津浦線出擊、北伐會師攻取京保、北伐接收京津、北伐華北善後、北伐東北易幟暨膠東靖亂等案。

1928至1937年的要目有：北伐後之中央政局、北伐附編遣實錄、北伐附三全會議及蒙藏事務、北伐附晉冀察綏黨政、處理西北軍事馮氏興戎、處理西北軍斡旋和平、處理西北軍事馮氏再變、兩湖事變、粵桂事變、中東路事件、解決唐變夾擊逆軍、解決唐變聲討唐逆、解決唐變收糾各部、解決唐變處理善後、討論黨國大事序幕、討論黨國大事軍事、討論黨國大事黨務、討論黨國大事政治、討論黨國大事外交、討論黨國大事財政及終結、寧粵合作、整理晉綏軍、晉軍抗日、晉軍剿共、解決孫軍、察省事變、內蒙自治、棉麥借款及閩省事變、冀察事件及華北偽自治運動、兩廣事變及中日交涉、綏遠抗戰、西安事變等案。1937至1939年的要目有：全面抗戰開始至平津陷落、全面抗戰南口會議暨張垣失陷、全面抗戰晉綏暨平忻戰役、全面抗戰娘子關暨太原戰役、全面抗戰敵犯晉南戰役、全面抗戰展開游擊戰創敵、全面抗戰策應魯南會議反攻、全面抗戰敵反攻晉南各役、全面抗戰反掃蕩戰等案。

根據上述要目，舉凡民國以來至抗戰初期的重要史事，皆已蒐錄於《閻檔》「要電錄存」中，學者可進一步參酌運用。至於本文所介紹之1912-1926年部分，國史館曾於2003-2005年期間，整理編印出版10

冊26卷的《閻錫山檔案：要電錄存》。[22]

二、各方往來文電

「各方往來文電」包含各方往來電文原案、各方往來電文錄存、馮（玉祥）方往來電文錄存、蔣（介石）方往來電文錄存、宋哲元部往來電文錄存、石友三部往來電文錄存、四川各部往來電文錄存、雜派往來電文錄存等八種，共計1,063卷108,304件。各方往來文電主要是載錄閻錫山與當時各派系、軍人或政治人物之間的往來函電；此外，還有由山西省電務處所節錄各派系、軍人或政治人物間的往來電文。

各方往來文電為《閻檔》中數量最多，內容亦最豐富的資料，可以提供相關議題的研究。「各方往來電文原案」，係指未經翻譯之原電文或親筆函件（如附錄2），計有677卷，36,498件。由於《閻檔》中的部分電文原案未標住時間，增加理解內容時的困難，讀者運用此批檔案時必須特別小心。「各方往來電文錄存」，則是指由「各方往來電文原案」再行抄錄者，計有183卷38,301件，此批檔案資料皆標明日期，較方便讀者利用。

「馮方往來電文錄存」，係指閻錫山節錄馮玉祥及其領導之西北軍人與各方的往來文電（如附錄3），時間含括1929年2月至1930年11月，計有33卷5,494件。「蔣方往來電文錄存」，係閻錫山節錄蔣中正及其部屬與各方往來的文電（如附錄4），時間含括自1929年3月至1931年12月，計有58卷10,526件。「宋哲元部往來電文錄存」，係1930年中原大

22 何智霖等編，《閻錫山檔案：要電錄存（1-10冊）》（臺北：國史館，2003-2005）。至於《閻檔》「要電錄存」中有關國民革命軍北伐時期的檔案資料，也可以參閱簡笙簧，〈閻錫山檔案北伐史料概述〉，載中華民國史料研究中心編，《中國現代史專題研究報告：第18輯》（臺北：國史館，1996），頁450-474。

戰後，閻錫山節錄宋哲元所領導西北軍（第29軍）及部屬與各方往來電文，時間含括1930年10月至1931年10月，計有13卷1,203件。「石友三部往來電文錄存」，係閻錫山節錄石友三與各方往來文電，時間含括自1929年12月至1931年7月，計有20卷2,648件。「四川各部往來電文錄存」，係閻錫山節錄四川各派系軍人間及與各方往來文電，時間含括1931年1月至12月，計有12卷1,378件。「雜派往來電文錄存」，係閻錫山節錄當時各大小派軍人、政治人物間的往來文電，包括奉系、桂系、雲南、貴州、四川、陝西、甘肅、通訊社，以及國民黨改組派、西山會議派和一些小股勢力地方軍人的往來電文。（如附錄5）。「雜派往來電文錄存」的時間含括1929年3月至1931年12月，計有67卷12,256件，是瞭解當時地方派系軍人間合縱連橫的第一手資料。[23]

三、日記

日記全名為《閻伯川先生日記》，係記載閻錫山自1931年2月17日至1959年3月29日的日記（附錄6），計有20卷4,829件。《閻檔》中的日記並非閻氏親筆記錄，而是由其秘書重行抄錄謄寫，內容主要記載閻氏個人道德修養、感想及治理山西省的相關政策，與一般記載每日事務者不盡相同。此一「日記」似屬於「有意史料」，應為閻氏蓄意留存者，故其史料價值有限；不過，在研究閻氏傳記，尤其是掌理山西省政的探討，仍具史料價值。[24]

---

23 陳進金，〈《閻錫山檔案》的史料價值及其運用——「以雜派往來電文錄存〉為例〉，《兩岸資訊社會的史學與應用學術討論會論文集》（臺北：銘傳大學通識教育中心，2001），頁65-80。

24 陳進金，〈《閻錫山檔案》的史料價值及其運用——「以雜派往來電文錄存〉為例〉，《兩岸資訊社會的史學與應用學術討論會論文集》，頁78。

四、其他

包含雜牌軍隊人名表、閻伯川先生遺存文件、各方民國26年往來電文登記簿、京本存檔各號密冊、京本登記簿以及閻錫山密呈總裁稿案等。

參、《閻錫山史料》與民國史研究舉隅

《閻檔》中的文獻資料,除了「要電錄存」含括時間較長外,其餘大都為1920、30年代的資料,尤其是「雜派往來電文」則集中於1929、1930、1931三年,筆者曾根據這批資料相繼完成《地方實力派與中原大戰》、《機變巧詐:兩湖事變前後軍系互動的分析》兩本專書,主要是透過兩湖事變(1929年)與中原大戰(1930年)兩個專題的研究,來瞭解北伐後的中央與地方關係。[25]是以,本文謹就個人參閱該檔案暨以往研究所得,分別從「《閻錫山史料》與回憶錄的對話:以《李宗仁回憶錄》為例」、「《閻錫山史料》與歷史事件研究:以1930年的擴大會議為例」、「《閻錫山史料》與歷史人物研究:以四川軍人劉文輝為例」等三方面,舉例論述如下:

一、《閻錫山史料》與回憶錄的對話:以《李宗仁回憶錄》為例

《李宗仁回憶錄》一書,係史學家唐德剛親自訪談李宗仁記錄而成,一直是民國史學者經常引用的一本著作,陳存恭曾有專文評論。[26]

---

25 陳進金,《地方實力派與中原大戰》(臺北:國史館,2002);陳進金,《機變巧詐:兩湖事變前後軍系互動的分析》(臺北:輔仁大學出版社,2007)。
26 陳存恭,〈評《李宗仁回憶錄》——兼論新桂系與中央的關係〉,載《國史館館刊》編

但是《李宗仁回憶錄》一書仍有許多過於主觀論述，以1926年兩廣統一為例：當時的廣西省歷經戰亂後的殘破，曾希望能夠與廣州統一財政，藉以分擔餉項。不過，廣州國民政府卻無意統籌軍餉，針對此一情形，《李宗仁回憶錄》一書提到：

> 廣西爲廣東以外由中央直接管轄的第一個省分。我們歷經數年的血戰，才把全省統一；復以全力將軍、財、民、教各政整理就緒之後，赤膽忠心將全省毫無保留地雙手捧獻中央。不幸當局目光短小，氣度狹隘，滿腹生意經，竟認爲統籌辦理廣西省務爲「蝕本生意」，而不願接收，硬性責令我們「自理」，使廣西形成半自治狀態。此例一開，國家法度全失。其後，中央本可「賺錢」的省分，如湖南等，在我軍克服之後也循例「自理」，鬧出各省割據之局。而始作俑者，厥爲中央政府的負責人，豈不可嘆！[27]

事實上，李宗仁這段回憶，過於美化自己及桂系，所謂「赤膽忠心將全省毫無保留地雙手捧獻中央」，事實並不然，因爲兩廣協商統一之前，廣州國民黨中央黨部，曾派遣甘乃光至廣西協助組建黨務工作，卻遭到李、黃的拒絕。國民黨中央政治會議乃議決：由李濟深通知李宗仁等人，不准自行組織黨部，李等亦不予理會。同時，中央欲派遣第七軍黨代表，亦遭到桂系的拒絕，最後廣州妥協，改派黃紹竑爲第七軍黨代表，實際上等於沒有黨代表。而當時國民政府必須負擔客軍餉項，確已無力再負擔桂系軍費；李宗仁若是如此贊成財政統一，等到1928年1月，宋子文正式就任國民政府財政部長，開始要求「對於稅收整頓計畫及辦理狀況，仰即造具詳細表冊，加注說明。」並致電各軍

輯委員會編，《國史館館刊》復刊第1期（1987年1月），頁179。
27 李宗仁口述，唐德剛撰寫，《李宗仁回憶錄》（廣西：廣西人民出版，1980），頁192。

政長官云：「中央與各省休戚相關，端賴共相維護。」[28]卻未見當時已擁有兩湖勢力的桂系有較積極的回應。不過，上述回憶卻無意間透露出桂系對「賺錢」的湖南之重視，正所謂「在我軍克服之後也循例『自理』，鬧出各省割據之局。」因此，當國民革命軍完成北伐後，南京中央準備撤銷各地政治分會，欲收回這個「賺錢」的省分時，桂系的反應就非常激烈了。

有關1929年兩湖事變的爆發的原因，《李宗仁回憶錄》提到：是因為蔣中正挾天子以令諸侯，志在消滅異己的一場戰爭；是南京中央處心積慮要消滅第四集團軍所激起的，是夏威、胡宗鐸、陶鈞三人魯莽，掉入圈套，予中央「討伐」的口實。[29]至於兩湖事變期間，李濟深被蔣中正扣留的原因，《李宗仁回憶錄》提到：他曾一再勸阻李濟深不應該去南京，否則反而會促成內戰，他說：

> 我勸任潮千萬不可去南京，否則必被扣留無疑。因為他雖然未在廣西做過事，卻一向被目為「桂系」，和我李、白、黃三人有特殊友誼。而任潮又是在粵軍起家的，廣東將領都為其舊部，他如在滬擔任調人，以渠在兩廣的德望和實力，蔣氏投鼠忌器，必不敢貿然對武漢用兵。他如輕易去京而為蔣所拘押，則中央必以干辭厚祿引誘粵籍將領陳銘樞、陳濟棠等背叛李濟深，如是則廣西頓失粵援，武漢完全孤立，中央大軍四面合圍，則第四集團軍必被全部繳械而後已。以故李濟深如不去南京，戰爭或者可免。如去南京，則適足以促成內戰，並危及其本身安全。李濟深聽我分析

28《財政公報》第6期（1928年2月1日），轉引自吳景平，《宋子文政治生涯編年》（福州：福建人民出版社，1998），頁60。

29 李宗仁口述，唐德剛撰寫，《李宗仁回憶錄》，頁391、398。

後，極以爲然，當即對我說，他決不去南京。[30]

李宗仁此段回憶，猶如江湖半仙算命，往後歷史的發展，幾乎完全照著上述這一段話進行。事實上，這只是李宗仁的事後孔明的飾詞；同時，李氏還有另一個目的，就是要把兩湖事變的戰爭責任，完全歸給南京中央和蔣中正。上述這段話頗令人質疑，首先是李宗仁果真是如此分析情勢，那李濟深爲何還是決定入京呢？李宗仁提到李濟深決定入京時，「他（李濟深）告訴我說，以國事爲重，抱著跳火坑的精神，去京一行。」[31]這樣的說法充滿著矛盾，因爲照李宗仁的分析，李濟深到南京反而會引起內戰，且李濟深也「極以爲然」，所以李濟深若真的以國事爲重的話，應該回廣東整軍待發，至少應留在上海，才能避免戰爭；李濟深選擇去南京，將導致戰爭，怎能說是以國事爲重呢？

再者，李宗仁的回憶中，把後來粵軍將領陳銘樞、陳濟棠支持南京中央，乃至第四集團軍敗回廣東的歷史發展，皆歸因於李濟深入京，也有待商榷。蓋因蔣中正此時確有和平解決湘變之意，就在李宗仁發表辭職通電後，蔣氏還親自致電勸告李宗仁云：「日前吳（敬恆）先生來，已與其詳商湘事辦法，一俟兄與任潮兄等抵京，即可開誠相商，內部糾紛何難解決。」同時向李氏說明：「政府調防，係爲安定人心，護衛中樞，已與吳先生等及伯璇（即張定璠，1891-1944）兄詳言

---

30 李宗仁口述，唐德剛撰寫，《李宗仁回憶錄》，頁398。

31 李宗仁口述，唐德剛撰寫，《李宗仁回憶錄》，頁399。李宗仁的回憶認爲李濟深在上海時，差點被他說服，拒絕入京；但根據曾經擔任過李濟深重要幕僚的梁漱溟之回憶，李濟深離開廣東前曾與廣州要員商量議，表示必須入京一趟，以示兩廣並無他心。參閱梁漱溟，〈追記廣州往事〉，載氏著，《憶往談舊錄》（北京：金城出版社，2006），頁145-146。

之。」[32]後來情勢發展導向雙方武力相向，並非此時的蔣氏所樂見。

根據《閻檔》中的資料記載，李宗仁上述回憶隱瞞了一件重要事實，即李宗仁與蔡元培、李煜瀛、吳敬恆、張靜江四大黨國元老及李濟深在上海會商解決辦法的同時，他正同時通電白崇禧、胡宗鐸等桂系將領，指揮武漢胡宗鐸等人，與開平白崇禧部隊的軍事部署。例如，3月12日致白崇禧〈文電〉指示與東北軍于學忠聯繫；[33]同一天，李宗仁又致漢口潘宜之（1893-1944）〈文戌電〉云：「弟非達目的，決不入京。」[34]3月13日，李宗仁已經確定戰略，準備集結兵力向南京中央主力部隊突攻。[35]此時，武漢桂系部隊並不聽從中央政治會議的要求，即雙方軍隊應各駐原防，不得自由行動。兩湖桂系部隊的擅自專斷，才是南京中央最後決定以軍事方式來解決湘變的最大關鍵，其與李濟深是否入京，並無絕對必然關係。李宗仁為何選擇不隨李濟深一起入京，是因為「像蔣先生這樣的人，還有什麼人格可言」[36]，還是他正在指揮武漢戰事，根本無意以和平方式來解決此次紛爭呢？

---

32 袁惠常編，《民國十八年之蔣介石先生》，國史館藏，《蔣檔》，〈文物圖書〉，事略稿本，民國18年3月9日。吳淑鳳編註，《蔣中正總統檔案：事略稿本（1929年1月至5月）》第5冊，頁165-166。國聞週報社輯，〈一週間國內外大事述評〉，《國聞週報》第6卷第10期（1929年3月17日），頁3。

33 「李宗仁致白崇禧文電」，1929年3月12日，〈雜派民國18年3月往來電文錄存〉，《閻檔》，國史館藏，檔號：18.0372.42/0032-3，微捲第43捲。

34 「李宗仁致潘宜之文戌電」，1929年3月12日，〈雜派民國18年3月往來電文錄存〉，《閻檔》，國史館藏，檔號：18.0372.42/0032-3，微捲第43捲。

35 1929年3月13日白崇禧曾經致電李宗仁、黃紹竑、胡宗鐸等云：「德公既決定採用璇兄乙項戰略，集結兵力向對方主力部隊突攻，則敵軍瓦解；萬一馮有不利於我之行動時，再用丙項戰略，先取贛省，與兩粵（廣）聯成一氣，再圖進取。湘省現狀不如電中顧慮之甚。」參閱「白崇禧致胡宗鐸李宗仁黃紹雄（竑）元午電」，1929年3月13日，〈雜派民國18年3月往來電文錄存〉，《閻檔》，國史館藏，檔號：18.0372.42/0032-3，微捲第43捲。

36 「蔣中正沒有人格可言」是李宗仁晚年回憶所持的理由。參閱李宗仁口述，唐德剛撰寫，《李宗仁回憶錄》，頁398-399。

　　是以，透過上述事例，將《李宗仁回憶錄》與《閻檔》相互參照，有助於我們去釐清歷史事實，並進一步分析其原委。

二、《閻錫山史料》與歷史事件研究：以1930年的擴大會議為例

　　擴大會議，全稱為「中國國民黨中央黨部擴大會議」，係指1930年「中原大戰」期間，閻錫山、馮玉祥聯合改組派汪兆銘、陳公博和西山派鄒魯、謝持等，在北平所召開欲另立黨統的會議。[37]該會議不僅通過宣言、起草約法，並且組織了國民政府，與南京國民政府相對峙。以往有關擴大會議的論著，大多屬於回憶性文章，或偏重於強調國民黨內的派系鬥爭，比較缺乏客觀而深入的討論。[38]但是，即使是親自參與其事者，其回憶亦不一定完全正確，例如鄒魯有關擴大會議的回憶曾云：

　　及汪北來，表示接納。那時閻部已和平接收平、津各機關。民國

37　郭廷以，《中華民國史事日誌》冊2（臺北：中央研究院近代史研究所，1984），頁597-598。

38　有關回憶擴大會議的文章甚多，舉例如下：（1）鄒魯，《回顧錄》冊1（臺北：三民書局，1974），頁368-373。（2）陳公博，〈北平擴大會議〉，載汪瑞炯、李鍔、趙令揚編註，《苦笑錄：陳公博回憶（1925-1936）》（香港：香港大學亞洲研究中心，1980），頁226-257。（3）薛篤弼，〈擴大會議始末〉，載趙政民主編，《中原大戰內幕》（太原：山西人民出版社，1994），頁458-460。（4）冀貢泉，〈閻錫山與擴大會議〉，載趙政民主編，《中原大戰內幕》，頁445-453。（5）鄧哲熙、戈定遠，〈馮玉祥與擴大會議〉，載趙政民主編，《中原大戰內幕》，頁454-457。（6）田象奎，〈國民黨擴大會議始末〉，載中國人民政治協商會議山西省委員會文史資料研究委員會編，《山西文史資料》，第58輯（1988年7月），頁22-28。偏重於強調國民黨內的派系鬥爭的論著，舉例如下：（1）張同新，《國民黨新軍閥混戰史略》（哈爾濱：黑龍江人民出版社，1982），頁399。（2）郭緒印主編，《國民黨派系鬥爭史》（上海：上海人民出版社，1992），頁91-92。（3）韓信夫，〈閻錫山與北平擴大會議〉，載相從智主編，《中外學者論張學良楊虎城和閻錫山》（北京：人民出版社，1995），頁227。

> 十九年六月十三日，我們就在北平成立擴大會議，產生政府，同
> 時反對中央的戰事也就正式爆發。黨的方面，我們主張以黨權還
> 諸全黨，所以預備召集四全大會。[39]

上述這段回憶，有幾點明顯錯誤：（1）擴大會議成立的日期是 7
月 13 日，不是 6 月 13 日，而國民政府則延至 9 月 1 日才正式成立。
（2）擴大會議成立時，汪兆銘仍蟄居香港，迨成立後才北上，於 7 月
23 日抵達北平。（3）閻、蔣雙方戰事正式爆發於 5 月中旬，早於擴大
會議成立近兩個月。（4）擴大會議主張召集的是國民黨三全大會，不
是四全大會。有關 1930 年擴大會議的學術研究，首推沈雲龍〈擴大會
議之由來及經過〉一文，沈氏運用報章雜誌、當時人回憶錄，和部分函
電等資料，全面探討閻、汪等北平擴大會議之醞釀、爭論、成立及影響
的歷程。[40]沈文雖為研究擴大會議的重要論著，但仍然有其限制和不足
之處，如擴大會議召開前改組派和西山會議派的黨統之爭與化解的情
形，東北軍等地方實力派對於擴大會議的態度等，受限於史料均無法深
入的分析。

事實上，改組派和西山會議派的黨統之爭與化解的情形，透過《閻
檔》即可找到答案。1930 年 3 月下旬，陳公博、王法勤（改組派）、鄒
魯、謝持（西山會議派）、趙丕廉、賈景德（晉閻代表）等人，在北平
什剎海召開會議，討論組織中央擴大委員會，解決黨政問題。[41]由於改
組派只承認粵二屆，否認滬二屆，鄒魯等人則堅持粵、滬二屆平等，

39 鄒魯，《回顧錄》冊2，頁317。

40 沈雲龍，〈擴大會議之由來及經過〉，原文發表於《傳記文學》33卷4期（1978年10
月），本文參考沈雲龍，《民國史事與人物論叢》（臺北：傳記文學出版社，1981），
頁265-283。

41 郭廷以，《中華民國史事日誌》冊2，頁565。

當時在香港的汪兆銘也反對粵、滬二屆並存，兩派因黨統問題而起紛爭，遂使該次會談毫無具體成果。[42] 會後，謝持曾致電許崇智表示：「改組派又欲否認滬二屆，討論數日，持等堅持滬二屆平等談，致無結果。閻有組軍政府計畫，大勢如此，滬主張斷難實現，應專效力軍事為善。」[43] 鄒魯也寫了一封長電給馮玉祥，文中云：

> 軍事進展之時，黨事未能商妥，至歉；而未能商妥之故，由於改組派必欲存彼方之二屆，而否認滬方之二屆。……且就粵二屆證之，委員為卅餘人，反蔣者未及半數，其中改組派則不過數人，非特不能代表粵二屆，乃欲否認滬二屆，必為整個團結之障礙。證之數年來，反共反蔣均係滬二屆，豈反共反蔣出自汪等則為功，出自弟等則為罪乎？進而言之，黨統實已破碎，而改組派則破碎之破碎，實不配再言黨統。[44]

謝持、鄒魯均對北平會議中，改組派否認滬二屆的態度表示不滿，謝持且似有放棄再協商之意。

西山會議派、改組派北平會商破裂後，陳公博、王法勤即於4月1日首途太原，與閻錫山晤談。據陳、王致胡宗鐸〈微電〉中表示：「閻對鄒魯所提滬二屆亦不苟同，但堅持政府由黨產生，且政府組織應網

---

42 〈謝持致曹叔季江電〉，1930年4月3日，〈雜派民國19年1月至12月往來電文〉，《閻檔》，國史館藏，檔號：19.0372.42/0032-1-12。微捲45捲。〈王法勤陳公博致陶冶公盧蔚乾微電〉，1930年4月5日，〈雜派民國19年1月至12月往來電文〉，《閻檔》，國史館藏，檔號：19.0372.42/0032-1-12。微捲第45捲。

43 〈謝持致曹叔季江電〉，1930年4月3日，〈雜派民國19年1月至12月往來電文〉，《閻檔》，國史館藏，檔號：19.0372.42/0032-1-12。微捲第45捲。

44 〈鄒魯致馮玉祥青電〉，1930年4月9日，〈雜派民國19年1月至12月往來電文〉，《閻檔》，國史館藏，檔號：19.0372.42/0032-1-12。微捲第45捲。

羅各方,爲表示團結已派人赴平接鄒、謝來并。」[45]遂有4月中旬的太原黨務會議。鄒魯對於解決黨統紛爭,曾經提出三種解決辦法:(1)用一屆行使職權;(2)用滬、粵兩個二屆行使職權;(3)用革命方式另起爐灶。然基於黨統已破碎,鄒氏認爲宜採用革命方式,捨棄法統觀念,以有歷史及功績的同志組織幹部行使職權。[46]赴太原前夕,也與閻的代表賈景德、溫壽泉舉行秘密會談,獲得初步共識爲:將黨事另行討論,先組織最高政治會議,並由該會產生政府。[47]但此一會議結果,仍須徵求閻、馮及張學良同意後,才能正式對外發表。鄒、謝等人就帶著這一方案赴太原謁閻,但並沒有獲得閻的認可,閻錫山仍堅持政府需由黨產生。

1930年4月中旬,改組派、西山會議派在太原召開黨務會議,又因黨統問題而陷入僵局。[48]由當時樊鍾秀駐太原代表陳子猷的一封電文中,更可以瞭解其爭論情形,陳子猷說:

> 刻西山派、改組派均在此間,弟擔任東道爲之調解;在場面上均說的堂皇,頂眞交涉,則改組派堅持不讓步。前三日頗樂觀,今又成僵局,閻因之亦不敢組織政府,爲便利軍事起見,已另尋別

45 〈王法勤陳公博致胡宗鐸微電〉,1930年4月5日,〈雜派民國19年1月至12月往來電文〉,《閻檔》,國史館藏,檔號:19.0372.42/0032-1-12。微捲第45捲。

46 〈鄒魯致馮玉祥青電〉,1930年4月9日,〈雜派民國19年1月至12月往來電文〉,《閻檔》,國史館藏,檔號:19.0372.42/0032-1-12。微捲第45捲。

47 〈危道豐致張學良青電〉,1930年4月9日,〈雜派民國19年1月至12月往來電文〉,《閻檔》,國史館藏,檔號:19.0372.42/0032-1-12。微捲第45捲。

48 鄒魯、謝持等人於4月11日離開北平,12日晚抵達太原;14日與陳公博、王法勤及晉方代表趙丕廉、榮鴻臚、辜仁發、袁鴻昌、郭懋治等舉行談話會;16日舉行太原會議。見國聞週報社輯,〈一週間國內外大事述評〉,《國聞週報》第7卷15期(1930年4月11日至4月17日),總頁2558。〈白雲梯陳公博致胡宗鐸轉汪兆銘巧電〉,1930年4月18日,〈雜派民國19年1月至12月往來電文〉,《閻檔》,國史館藏,檔號:19.0372.42/0032-1-12。微捲第45捲。

徑促政府早日成立。各將領一面敦請東北就職，一面請閻先成立
臨時政府或軍政府，或能成爲事實。如政治無辦法，軍事雖勝利
亦屬徒勞，此不易之理。[49]

因爲黨事一直無法妥善解決，坊間傳出陳公博極力聯馮制閻，並
唆使平津工人大罷工以脅制閻氏。[50]此則消息雖未經證實，卻足以反映
黨統問題之糾結難解。基於此，閻、馮及駐晉各代表都曾電請汪兆銘
赴太原，陳公博、白雲梯也致電汪氏北上領導一切，並表示汪若北上
有三大意義：（1）表示誠意助閻倒蔣；（2）或可解決黨事；（3）可擴大
宣傳。[51]但汪氏亦不認同鄒魯等堅持聲明粵、滬二屆合併之議。曾致電
陳公博、王法勤云：

> 中央黨部擴大會議，乃吾人最低限度之主張，決不再退一步。環
> 龍二屆較之蔣之僞三代會更爲滑稽。……弟意宜詳告閻公，二中
> 與西山已無可調停，閻公若重視西山，即請閻公與西山共同組織
> 中央黨部及政治完全責任。[52]

對於汪兆銘這封近乎決裂的電文，閻錫山派商震、冀貢泉手持親

---

49 〈陳子猷致樊鍾秀巧電〉，1930年4月18日，〈雜派民國19年1月至12月往來電文〉，《閻檔》，國史館藏，檔號：19.0372.42/0032-1-12。微捲第45捲。

50 〈劉珍年致趙輔宸眞巳電〉，1930年4月11日，〈雜派民國19年1月至12月往來電文〉，《閻檔》，國史館藏，檔號：19.0372.42/0032-1-12。微捲第45捲。事實上，此時黃少谷由上海北上居間聯繫，亦化解陳公博和鄒魯等人的部分歧見。參閱羅敦偉，《五十年回憶錄》（臺北：羅敦偉發行，1952），頁63-64。

51 〈白雲梯陳公博致胡宗鐸轉汪兆銘巧電〉，1930年4月18日，〈雜派民國19年1月至12月往來電文〉，《閻檔》，國史館藏，檔號：19.0372.42/0032-1-12。微捲第45捲。

52 〈胡宗鐸葉琪致陳公博王法勤簡電〉，1930年4月21日，〈雜派民國19年1月至12月往來電文〉，《閻檔》，國史館藏，檔號：19.0372.42/0032-1-12。微捲第45捲。

筆函往晤陳公博等人，謂黨務仍歸汪氏負完全責任。[53]至於黨事，依然盼望容納左右兩派。

另一方面，陳公博認為因鄒魯堅持滬二屆黨部，致使北平、太原會議均無進展，乃與傅汝霖等相偕轉赴平、津與覃振等商洽進一步辦法。陳公博等以覃振為西山會議派中較易溝通，且不反對改組派者，與之磋商數日，終使北方黨務問題露出了一線曙光。覃、陳商議的原則為：（1）以黨國為前提，消釋一切個人或派別之意見；（2）完全採取非常手段，撇開數年來黨的一切糾紛。在這兩項原則下決定：對於黨務，則召開第三次全國代表大會；對於國事，則召開國民會議並制定約法。[54]談判數月的黨事，有了解決之勢，謝持、王法勤、白雲梯、鄒魯等人，也相繼由太原赴北平加入會商。[55]終於決定：粵、滬二屆各自發表結束宣言，再發表一封聯名總宣言。

西山會議派、改組派好不容易獲得的共識，因為汪兆銘的一封電文又起波折。1930年6月1日，汪兆銘發表〈東電〉，舊話重提二屆黨統問題，他說：

> 頃聞西山同志有所不慊於二中。然十五年春間之第二屆代表大

---

53 〈王法勤白雲梯陳公博致胡宗鐸有電〉，1930年4月25日，〈雜派民國19年1月至12月往來電文〉，《閻檔》，國史館藏，檔號：19.0372.42/0032-1-12。微捲第45捲。

54 國聞週報社輯，〈一週間國內外大事述評〉，《國聞週報》第7卷第18期（1930年5月2日至5月8日），總頁2597-2598。

55 1930年5月4日至7日，覃振、張知本、茅祖權、傅汝霖、陳公博、胡宗鐸、郭泰祺、葉琪和陶冶公等九人在天津會談得初步決議，即函電閻、馮及在太原黨內要人。11日，王法勤、白雲梯、謝持由太原抵北平，會議移往北平續商；19日，鄒魯、趙丕廉又自太原來北平加入會商。見國聞週報社輯，〈一週間國內外大事述評〉，《國聞週報》第7卷第18期（1930年5月2日至5月8日）、第7卷第19期（1930年5月9日至5月15日）、第7卷第20期（1930年5月16日至5月22日），總頁2597-2598、2617、2629。

會，實繼承十三年春間第一屆之後；既以至誠接受總理遺囑，且
於第一屆之最低限度政綱，全部不加增減惟期努力使之實現。自
是以來，由統一廣東而統一全國，不但於黨務上為最高機關；於
政治上、軍事上，亦為全國之指導者。雖其間因容共問題惹起糾
紛，而十六年秋間實行分共，仍由於二中決議。……固知西山同
志另有其幹部組織，然以客觀的事實論，若否認二中，則不但十
二年以來黨的樞機為之一斷，十三年以來以國民革命精神，亦幾
於摧滅。同人所以力倡黨統之說者，實不僅為形式著想，此亦願
西山同志予以諒解者也。[56]

汪兆銘的〈東電〉再度強調粵二屆為正統，遂引發鄒魯、謝持的不
滿，於5日發表〈歌電〉駁斥之，並指出「今日而商黨，第一應體察人
民向背之心理，第二應顧慮軍事政治之環境，第三應澈底覺悟，泯去
派別之私，不執一成之見，以謀團結整個的黨。」[57]12日，汪氏又發
表〈中央黨部擴大會議之必要〉一文，雖然表示願與西山會議派盡釋前
嫌，一致努力，但依舊主張粵二屆正統論。[58]北方黨統之爭再起。

這期間曾傳出汪、蔣合作，閻另組勞動國民黨等未經證實的消
息，[59]而且汪兆銘與鄒魯又打起了筆戰，[60]改組派和西山會議派似乎已

56 國聞週報社輯，〈一週間國內外大事述評〉，《國聞週報》第7卷第22期（1930年5月30
　日至6月5日），總頁2650。

57 國聞週報社輯，〈一週間國內外大事述評〉，《國聞週報》第7卷第22期（1930年5月30
　日至6月5日），總頁2652。

58 汪兆銘，〈中央黨部擴大會議之必要〉，載南華日報社編，《汪精衛先生最近言論集
　（1930年）》（香港：南華日報社，1930），頁207-215。

59 〈張篤倫致劉文輝巧電〉，1930年6月18日，〈雜派民國19年1月至12月往來電文〉，
　《閻檔》，國史館藏，檔號：19.0372.42/0032-1-12。微捲第46捲。〈危道豐致張學良
　敬電〉，1930年6月24日，〈雜派民國19年1月至12月往來電文〉，《閻檔》，國史館
　藏，檔號：19.0372.42/0032-1-12。微捲第45捲。

60 汪兆銘和鄒魯等為了〈以黨治軍〉、〈以人治軍〉在報上打起了筆戰。見汪兆銘，〈以

宣告決裂；但實際上，覃振曾致電汪兆銘勸其犧牲成見，晉閣代表趙
丕廉、冀貢泉亦從中努力斡旋，終使兩派同意合作。[61]其辦法為：兩派
發表一通聯名宣言；粵二屆發表提議召集擴大會議宣言，再由滬二屆
發表贊同宣言；署名則皆為「中國國民黨第二屆中央執行委員會」。[62]至
此，西山會議派、改組派的黨統之爭乃告落幕，北平擴大會議遂於7月
13日成立；並發表宣言。[63]容納左右兩派的北平擴大會議，自認承繼國
民黨的正統地位，否認以指派代表產生的南京國民黨三全大會，準備
召集另一個中國國民黨三全會議。

由上述討論可知，沈雲龍〈擴大會議之由來及經過〉一文中，所無
法討論黨統之爭的情形，透過《閻檔》資料的記載與分析，已能呈現全
貌，吾人即可進億步瞭解水火不容的西山會議派和改組派何以會合作
一起反蔣。

三、《閻錫山史料》與歷史人物研究：以四川軍人劉文輝為例

過去有關四川軍人的研究論著，大多以通論性為主；以往學者
較少討論其與單一歷史事件的關係，尤其是分析四川各派軍人間的態

人治軍？〉，載南華日報社編，《汪精衛先生最近言論集（民國19年）》，頁232-243。

61 〈覃振致汪兆銘支電〉，1930年6月4日，載季嘯風、沈友益主編，《中華民國史史料
外編——前日本末次研究所情報資料》冊38，頁283；〈覃振致傅汝霖宥電〉，1930
年6月26日；〈危道豐致王樹翰東電〉，1930年7月1日，〈雜派民國19年1月至12月往
來電文〉，《閻檔》，國史館藏，檔號：19.0372.42/0032-1-12。微捲第45捲；冀貢泉，
〈閻錫山與擴大會議〉，載趙政民主編，《中原大戰內幕》，頁447-450。

62 國聞週報社輯，〈一週間國內外大事述評〉，《國聞週報》第7卷第28期（1930年7月11
日至7月17日），總頁2715。

63 國聞週報社輯，〈一週間國內外大事述評〉，《國聞週報》第7卷第18期（1930年5月2
日至5月8日），總頁2597-2598。

度。[64]以1930年中原大戰為例，劉文輝何以選擇支持閻錫山？劉文輝到底是受何人影響呢？此外，專門研究四川軍閥的柯白（Robert A. Kapp）認為：中原大戰期間，川省軍人中誰也沒有認真考慮過出兵援助閻、馮；同時根據一位英國人托勒（Walter Toller）的觀察，相信當時的四川沒有爆發內部衝突的威脅。[65]柯白（Robert A. Kapp）上述的論點是否符合歷史事實呢？根據《閻檔》資料，將可以回答上述疑問。

1926年7月，國民革命軍誓師北伐；8月，四川軍人劉湘等部通電申討吳佩孚，支持北伐軍。[66]同年底，川省軍人楊森、劉湘、賴心輝、劉成勳、劉文輝、鄧錫侯、田頌堯等，相繼接受國民革命軍編制。至此，四川名義上內附國民政府，實則形同半獨立狀態；且川軍間的相互攻伐，並未因易幟而稍歇，1927至1929年仍爆發多次的內戰。[67]川省僻處一隅，其實力不足以威脅南京中央，國民政府大都採取羈縻政策，以懷柔籠絡方式爭取其合作。四川地方當局，鑒於本身力量有限，亦多遙奉中央號令，與南京國府維持著脆弱的和諧關係。1930年中原大戰前夕的四川，逐漸形成劉文輝、劉湘二人對峙的局面，而劉文輝的態度為何呢？

---

64 試舉四例如下：（1）Robert A. Kapp, *Szechwan and the Chinese Republic: Provincial Militarism and Central Power, 1911-1938,* New Haven: Yale University Press, 1973.（2）蕭波、馬宣偉，《四川軍閥混戰（1927-1934）》（成都：四川省社會科學院，1984）。（3）匡珊吉、楊光彥，《四川軍閥史》（成都：四川人民出版社，1991）。（4）彭宗誠，〈劉湘及其與國民政府之關係〉（臺北：國立政治大學歷史研究所碩士論文，2000年6月）。

65 Robert A. Kapp, *Szechwan and the Chinese Republic: Provincial Militarism and Central Power,* 1911-1938, p.74.

66 周開慶，《民國劉甫澄先生湘年譜》（臺北：臺灣商務印書館，1981），頁37。

67 主要有三次下川東戰役，見孫震，《八十年國事川事見聞錄》（臺北：四川文獻研究社，1979），頁135-138；蕭波、馬宣偉，《四川軍閥混戰（1927-1934）》，頁35-133。

　　1930年2月23日，閻錫山等45人聯名通電（漾電）提出黨統問題，主張全體投票以解決黨國糾紛。[68]劉文輝亦列名其中。為此一通電，劉氏駐南京代表揭樹勳於3月4日具文呈送南京國府，稱劉文輝素以服從中央為職志，在晉並無代表，〈漾電〉列名實係冒竊。[69]8日，劉文輝親自電告蔣中正申明擁護中央之意；14日，蔣覆電表示：「非屬行編遣不足以救國土，亦非屬行編遣不足以止川亂，兄所認定與中央同，惟貫澈斯旨在有堅定不移之信仰，與犧牲一切之精神。……川亂為中國縮影，兄即洞見癥結，則治不患無術。」[70]19日，蔣重申由劉文輝與劉湘共同負責四川政局之解決。[71]蔣氏殷切期望劉文輝能穩定川局，但劉氏卻另有意圖。

　　閻錫山〈漾電〉發表後，相繼有何鍵、韓復榘、毛光翔、金樹仁、王金鈺、楊虎城、劉珍年、楊森、劉文輝等人聲明係遭閻冒列。[72]劉文輝一再向南京中央表示被冒列，其事實為何？仍有待相關資料查考。不過，閻錫山發表〈漾電〉前後，劉文輝與駐北平代表楊嘯滄的往來文電中顯示，劉氏決非「以服從中央為職志」；相反地，劉氏所疑慮的是

---

68 〈閻錫山致蔣中正蒸電〉、〈蔣中正致閻錫山文電〉及此後雙方往來電文，見國史館藏，《蔣檔》，〈革命文獻〉，原件，統一時期，第7冊；陳訓正，《國民革命軍戰史初稿》第2輯，第2卷（臺北：出版者不詳，1952），頁46-65。

69 周開慶，《民國川事紀要》，頁416-417；〈揭樹勳致劉文輝皓電〉，1930年3月18日，〈雜派民國19年1月至12月往來電文〉，《閻檔》，國史館藏，檔號：19.0372.2/0032-1-12。微捲第45捲。

70 〈蔣中正致劉文輝寒電〉，1930年3月14日，〈特交文卷〉，交擬稿件，冊（2），總編號：091，《蔣檔》，國史館藏。

71 〈蔣中正致劉文輝電〉，1930年3月19日，〈特交文卷〉，交擬稿件，冊（2），總編號：083，《蔣檔》，國史館藏。

72 陳訓正，《國民革命戰史初稿》第2輯，第2卷，頁65；周開慶，《民國川事紀要》，頁416-417。

閻錫山此次反蔣是否會「圓滑不堅」。[73]劉文輝並進一步派遣私人代表楊嘯滄、段升階、張篤倫等人赴山西太原，以便與閻錫山取得聯繫。[74]3月19日，楊嘯滄電告劉文輝已與閻錫山方面接觸，晉閻擬推定劉為川路總指揮；同一天，劉文輝也寫了一封電文給太原的胡畏三，表示：「獨夫禍國，憂患日深，武力是矜，迄無後悔，百、煥二公左提右挈，共拯艱危，文輝馬首是瞻，竭誠擁護。」[75]足見劉文輝一方面向南京國府否認列名〈漾電〉，另一方面則積極聯絡晉閻，冀望在閻、馮等反蔣戰役中，取得西南地區的領導權。

4月1日，閻錫山、馮玉祥、李宗仁分別於太原、潼關、桂平通電就中華民國陸海空軍總司令、副司令職；4月5日，南京國府下令通緝閻錫山等，並積極備戰。[76]此時，劉文輝態度仍持觀望，其駐南京代表揭樹勳向南方示好，駐北平、太原代表楊嘯滄、魏卓然、張篤倫、胡畏三等則與北方親善。劉氏之南北代表對中原大戰的態度亦不一致，揭樹勳主張「鎮壓反動，不使川局影響中央」；張篤倫等則認為「倒蔣時機確已成熟，且勝算可操」。[77]從劉文輝給張篤倫等人的文電中可以

---

73 〈楊嘯滄致劉文輝篠電〉，1930年2月17日；〈楊嘯滄致劉文輝宥電〉，1930年2月26日，〈雜派民國18年3月至12月往來電文〉，《閻檔》，國史館藏，檔號：18.0372.42/0032-3-2。微捲第44捲。當時閻錫山曾因韓復榘、石友三的和平通電猶豫不決。見〈趙輔宸致劉珍年真電〉，1930年3月11日，〈雜派民國19年1月至12月往來電文〉，《閻檔》，國史館藏，檔號：19.0372.42/0032-1-12。微捲第45捲；馮玉祥，《馮玉祥日記》冊3(南京：江蘇古籍出版社，1992)，頁135-137、139。

74 〈劉文輝致胡畏三皓電〉，1930年3月19日，〈雜派民國19年1月至12月往來電文〉，《閻檔》，國史館藏，檔號：19.0372.42/0032-1-12。微捲第45捲。

75 〈楊嘯滄致劉文輝皓電〉，1930年3月19日；〈劉文輝致胡畏三皓電〉，1930年3月19日，〈雜派民國19年1月至12月往來電文〉，《閻檔》，國史館藏，檔號：19.0372.42/0032-1-12。微捲第45捲。

76 郭廷以，《中華民國史事日誌》冊2(臺北：中央研究院近代史研究所，1984)，頁567-569。

77 〈揭樹勳致劉文輝魚電〉，1930年4月6日；〈張篤倫致劉文輝宥電〉，1930年4

看出，劉氏的態度漸漸傾向北方的晉閻，並且已思考如何團結四川各股勢力，使之對北方大局有所裨益。[78]劉氏態度轉變的關鍵之一，即為北方代表們的強力遊說，其中尤以張篤倫、胡畏三最為顯著。[79]不過，劉文輝對於公開反蔣和率兵出川助閻，仍有所顧忌而顯得猶豫不決。因此，張篤倫、胡畏三、冷融、魏卓然等人又再三致電劉文輝，剴切說明切勿因劉湘態度而錯失為統御西南地區的領袖，應速發討蔣通電並完成四川各邑及滇、黔一致反蔣工作。[80]張篤倫的宥電即云：

> 今蔣倒已無疑問，時期決不甚遠。若我公受人牽制，繼續鮮明其主張，使前此首義地位漸歸消寂，則去歲以來之經營，徒作甫澄（劉湘）之工具。此役戰事之烈，誠屬空前。我方不出兵而立於

月26日，〈雜派民國19年1月至12月往來電文〉，《閻檔》，國史館藏，檔號：19.0372.42/0032-1-12。微捲第45捲。

78 相關文電極多，僅舉數例如下：〈劉文輝致胡畏三東電〉，1930年4月1日；〈劉文輝致張篤倫江東〉，1930年4月3日；〈劉文輝致張篤倫轉陳公博王法勤鄒魯謝持篠電〉，1930年4月17日；〈劉文輝致胡畏三養電〉，1930年4月22日；〈劉文輝致胡畏三張篤倫卅電〉，1930年4月30日；〈劉文輝致胡畏三宥電〉，1930年5月26日，〈雜派民國19年1月至12月往來電文〉，《閻檔》，國史館藏，檔號：19.0372.42/0032-1-12。微捲第45捲。

79 張篤倫、胡畏三等人極力遊說劉文輝加入閻、馮集團，相關文電甚多，僅舉數例如下：〈張篤倫致劉文輝刪電〉，1930年4月15日；〈胡畏三致劉文輝篠電〉，1930年4月17日；〈張篤倫致劉文輝感午電〉，1930年4月27日；〈胡畏三致劉文輝皓電〉，1930年5月19日；〈魏卓然致劉文輝漾電〉，1930年5月23日，〈雜派民國19年1月至12月往來電文〉，《閻檔》，國史館藏，檔號：19.0372.42/0032-1-12。微捲第45捲。

80 相關文電極多，僅舉數例如下：〈胡畏三致劉文輝銑電〉，1930年5月16日；〈魏卓然致劉文輝漾電〉，1930年5月23日；〈魏卓然致劉文輝支電〉，1930年6月4日，〈雜派民國19年1月至12月往來電文〉，《閻檔》，國史館藏，檔號：19.0372.42/0032-1-12。微捲第45捲。〈張篤倫致劉文輝篠電〉，1930年6月17日；〈楊嘯滄冷融致劉文輝敬亥電〉，1930年6月24日，〈雜派民國19年1至12月往來電文〉，《閻檔》，國史館藏，檔號：19.0372.12/0032-1-12。微捲第46捲。此外，透過胡畏三、張篤倫等人居間聯繫，劉文輝與汪兆銘、陳公博等改組派人士互通電文，劉氏並曾以金錢援助汪。見〈陳公博致劉文輝刪電〉，1930年4月15日；〈張篤倫致劉文輝卅電〉，1930年4月30日，〈雜派民國19年1月至12月往來電文〉，檔號：19.0372.42/0032-1-12。微捲第45捲。

勝我（利）者之列，其利便就過於此，坐視而失之，豈不甚可惜哉！[81]

在張篤倫等人勸說下，劉文輝依然躊躇不前，其主要原因係川省政情複雜，派別多且積習錮深，實難以達成共識；此外，堅決擁護寧蔣的劉湘駐守重慶，扼住全川咽喉要塞，亦使劉文輝不敢冒然表態擁閻討蔣。

自5月中旬閻、蔣展開大戰以來，反蔣聯軍在南北戰場均取得主控權，獲得大部分戰役的勝利，尤其6月下旬攻陷山東濟南，更為反蔣軍進展之高潮。此外，閻錫山成功化解改組派和西山派的黨統爭議，而於7月13日在北平召開擴大會議，與南京中央黨部互爭黨統。有鑒於此，胡畏三、張篤倫相繼電勸劉文輝速發通電逼蔣下野，以收最後之奇功，為西南放一異彩。[82]冷融也先後會晤汪兆銘、閻錫山，並請晉閻委任劉文輝為第七方面軍總司令。[83]8月22日，閻錫山正式任命劉文輝為第七方面軍總司令。[84]9月6日，劉文輝與鄧錫侯、田頌堯等聯名發表魚電，要求寧蔣下野。[85]猶豫不決近半年的劉文輝，終於選擇支持閻錫山。

---

81 〈張篤倫致劉文輝宥二電〉，1930年6月26日，〈雜派民國19年1月至12月往來電文〉，《閻檔》，國史館藏，檔號：19.0372.42/0032-1-12。微捲第46捲。

82 〈胡畏三致劉文輝篠電〉，1930年7月17日；〈張篤倫致劉文輝巧電〉，1930年7月18日，〈雜派民國19年1月至12月往來電文〉，《閻檔》，國史館藏，檔號：19.0372.42/0032-1-12。微捲第46捲。

83 〈冷融陳倫楊嘯滄段升階致劉文輝艷電〉，1930年7月29日，〈雜派民國19年1月至12月往來電文〉，《閻檔》，國史館藏，檔號：19.0372.42/0032-1-12。微捲第46捲。

84 郭廷以，《中華民國史事日誌》冊2，頁611。

85 國聞週報社輯，〈一週間國內外大事述評〉，《國聞週報》7卷37期（1930年9月12日至9月18日）。載沈雲龍編，《近代中國史料叢刊第三編》第6輯（臺北：文海出版社，影印版，出版年月不詳），總頁2825。

　　自2、3月蔣、閻進行電報戰之來，劉文輝即依違兩端，隨著其駐北方代表張篤倫、胡畏三、冷融等人的強力遊說，劉氏漸漸傾向晉閻，但也顧及政治現實，一直不敢冒然公開反蔣。事實上，劉文輝深知此次蔣、閻間戰爭的勝負，決定於東北軍的向背。7月13日，張學良駐平代表危道豐列席北平擴大會議，已引起其注意。[86]8月7日，擴大會議召開第一次正式會議，北方已有組織國民政府計畫；此時，冷融、張篤倫、胡畏三等人的來電，一再傳達張學良東北軍已決定加入北方政府，並派鮑文樾攜帶具體方案到太原與閻錫山洽商的訊息。[87]因此，加強劉文輝擁閻反蔣的決心。此外，川籍要人謝持居間聯絡，終使劉文輝、鄧錫侯、田頌堯、劉存厚等結合一致參加北方政府。[88]

　　9月6日，劉、鄧、田發表〈魚電〉反蔣；12日，冷融答覆記者詢問時表示：川省將於半個月內動員15至20萬兵力，東下直搗武漢，其中劉文輝部將有8萬兵力；並說明此次全川聯合討蔣，不僅解決國事，亦可解決川事。[89]14日，汪兆銘派王東臣、陳欣庸二人，約集川軍各代表冷融、胡畏三、王蔭椿、甘澤霖、吳蓮炬、張篤倫、胡銳、謝勤等人協商儘速出兵。[90]翌日，北平擴大會議推劉文輝為國府委員，同時電

86 〈宏賓楚湘致劉文輝漾電〉，1930年7月23日，〈雜派民國19年1月至12月往來電文〉，《閻檔》，國史館藏，檔號：19.0372.42/0032-1-12。微捲第46捲。

87 〈張篤倫致劉文輝宥電〉，1930年8月26日；〈冷融致劉文輝儉電〉，1930年8月28日；〈張篤倫致劉文輝艷電〉，1930年8月29日；〈胡畏三致劉文輝卅電〉，1930年8月30日；〈冷融致劉文輝卅電〉，1930年8月30日；〈冷融致劉文輝東電〉，1930年9月1日，〈雜派民國19年1月至12月往來電文〉，《閻檔》，國史館藏，檔號：19.0372.42/0032-1-12。微捲第46捲。

88 季嘯風、沈友益主編，《中華民國史史料外編——前日本末次研究所情報資料》冊38（桂林：廣西師範大學出版社，1993），頁540。

89 季嘯風、沈友益主編，《中華民國史史料外編——前日本末次研究所情報資料》冊38，頁540、541。

90 〈冷融胡畏三王蔭椿甘澤霖吳蓮炬張篤倫胡銳謝勤致劉文輝並轉鄧錫侯田頌堯劉存

劉、鄧、田速出兵東向會師江漢。[91]不料，9月18日張學良發表巧電，籲請各方即日罷兵，靜候南京中央措置，同時派遣于學忠、王樹常率東北邊防軍第一、二軍入關。[92]至此，已通電反蔣卻尚未出兵的劉文輝等，已隨著閻、馮聯軍即將瓦解而無力再「憫民命之垂絕，慨國脈之將亡」[93]了。

　　基於上述，可知中原大戰初期，劉文輝一方面向南京蔣中正示好，另一方面也與山西閻錫山親善，隨著閻、馮、汪等在軍事上和政治上獲得成果而漸漸傾向於北方政府；這期間，其駐北平、太原代表張篤倫、胡畏三、冷融等人，實扮演極重要的角色。其中張篤倫、胡畏三對劉文輝強力遊說的電文，尤堪稱為經典。是以，研究四川軍閥，不應忽略各派軍人駐外代表們的地位。

　　至於研究四川軍閥的柯白（Robert A. Kapp）認為：中原大戰期間，川省軍人中誰也沒有認真考慮過出兵援助閻、馮；同時根據一位英國人托勒（Walter Toller）的觀察，相信當時的四川沒有爆發內部衝突的威脅。事實上，中原大戰期間，除了劉湘曾經出兵協助寧蔣接防宜、沙外，劉文輝、鄧錫侯、田頌堯、李家鈺四人雖然最後都表態支持晉閻，但卻是一兵未出、一彈未發，因此說川省軍人沒有認真考慮過出兵援助閻、馮，確實呈現了部分史實。不過，沒有出兵並不代表未曾

　　厚楊森李家鈺寒電〉，1930年9月14日，〈雜派民國19年1月至12月往來電文〉，《閻檔》，國史館藏，檔號：19.0372.42/0032-1-12。微捲第46捲。

91 郭廷以，《中華民國史事日誌》冊2，頁623；國聞週報社輯，〈一週間國內外大事述評〉，《國聞週報》7卷37期（1930年9月12日至9月18日），總頁2825。

92 陳進金：〈東北軍與中原大戰〉，頁30。

93 〈憫民命之垂絕，慨國脈之將亡〉係劉文輝等發表之〈魚電〉內容，見國聞週報社輯，〈一週間國內外大事述評〉，《國聞週報》7卷37期（1930年9月12日至9月18日），總頁2825。

認真考慮過要出兵，而沒有認真考慮過出兵援助閻、馮，也不代表不想要出兵。如鄧錫侯、田頌堯曾計畫合力撲滅劉湘，或經綏定、取道湖北，再繞竹山直趨荊宜；李家鈺也曾向寧蔣請纓出征，及召集天池會議擬假道綏定等等，均為川省軍人考慮過出兵的明證。但他們出兵鄂西，皆是為了將防區勢力擴至兩湖，如劉湘雖然出兵協防宜、沙，卻也沒有繼續挺進武漢加入討伐閻、馮的行列。足見四川軍人大都重視個人防區的擴充，即若率兵出川，也不太可能真正去援助閻、馮、蔣。

此外，有關中原大戰時四川沒有爆發內部衝突的威脅一語，頗值得商榷。終至中原大戰落幕，四川軍人間雖未發生衝突，但並非意謂沒有爆發衝突的威脅。由於劉湘利用長江交通，扼制川省各派軍人，幾乎成為「眾矢之的」，鄧錫侯、田頌堯、李家鈺均有解決劉湘的計畫；甚至汪兆銘及擴大會議要求劉文輝等出兵時，皆有劉湘不配合則予以消滅的提議。再者，托勒的觀察報告日期為10月18日，斯時中原大戰已近尾聲，川省軍人們正相繼否認列名通電，反蔣勢力已趨於瓦解。托勒就事後結果，遽以推測四川沒有爆發衝突的威脅，是對當時的實況缺乏深入的觀察，吾人由《閻檔》中各派軍人的往來函電中，足以證明當時的四川內部確有爆發衝突之虞。

四、結語

自1997年2月，前國史館潘振球館長正式宣布對外開放《蔣檔》以來，到國史館借閱該檔案者，絡繹不絕，幾乎天天都有人埋首在國史館閱覽室振筆抄錄《蔣檔》資料。而同樣是國史館典藏的重要檔案資料之一的《閻檔》，卻一直乏人利用，實在是現代史學者的一大損失。近

年來，才開始有一些研究者注意到《閻檔》，運用《閻檔》來從事專題研究，但是《閻檔》所能提供的相關議題研究仍多，還是一個值得好好閱讀運用的民國史寶庫。

其次，《閻檔》不僅是研究閻錫山的一手原始資料，對於民國成立以來的重要史事，仍具有高度的參考價值。以「要電錄存」為例，幾乎含括民國初年至抗戰初期的重要歷史事件；再以「雜派往來電文錄存」為例，係閻錫山節錄當時各大小派系軍人、政治人物間的往來文電；是以，即使與閻氏無關的議題，亦可參考《閻檔》中的相關檔案資料。因此，民國史研究者不應自我設限，誤認只有研究閻錫山才要參考《閻檔》。事實上，民國史若干議題的探討，或許《閻檔》較《蔣檔》更能提供寶貴而直接的資料。

本文的目的並非在討論或釐清某一歷史事件、人物，只是希望能達到一點點索引和導讀的功用；期盼透過本文的初步介紹，能讓讀者對《閻檔》產生興趣，並利用該檔案從事研究。研究者若能將《閻檔》與《蔣檔》或其他資料交相參照比對，一定可以突破以往的限制，進而提升民國史研究的深度與廣度。

附錄1：要電錄存

附錄2：各方往來電文原案（一）

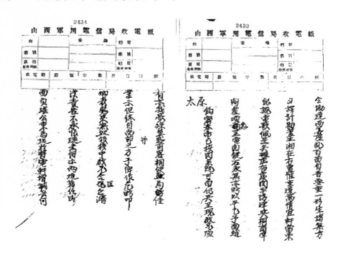

附錄2：各方往來電文原案（二）

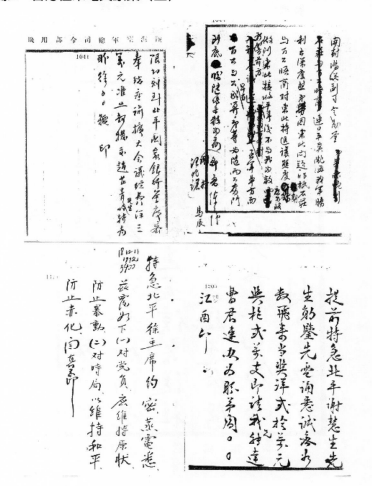

附錄2：各方往來電文原案（二）

陸海空軍總司令部用牋

1041

限即刻到北平閻總司令鈞鑒：密。奉總座諭據大會議經費仍注三萬元，准由部撥到。並請先生青峨特為聆復。○○。號印

18.12.11 17.20 3400

特急北平徐主席鈞：密。蒸電悉。茲覆如下(一)對黨員，應維持原狀，防止暴動。(二)對時局，以維持和平，防止赤化。閻蒸印

1203

提前特急北平謝慧生先生鈞鑒：先電誦悉。誠齋兄款飛書，當奬洋貳於萬元，與花貳萬支即請我之轉達書君速來為盼。弟閻。○。江酉印

附錄2：各方往來電文原案（三）

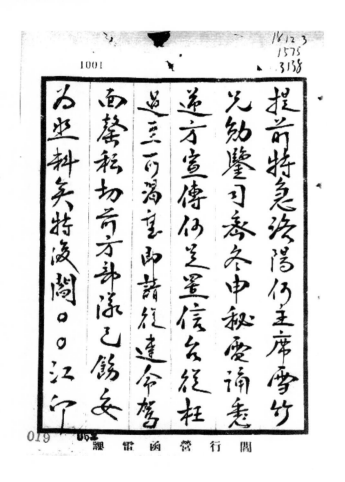

附錄3：馮方往來電文錄存

附錄4：蔣方往來電文錄存

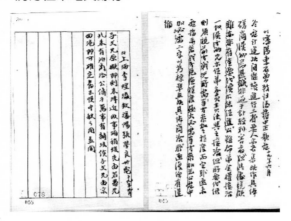

附錄5：雜派往來電文錄存

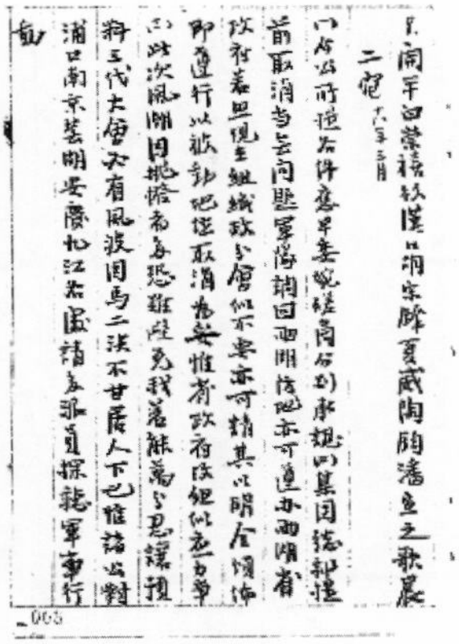

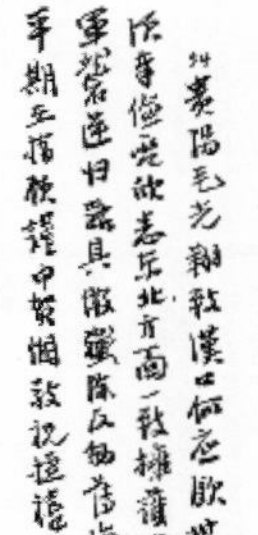

附錄6：日記

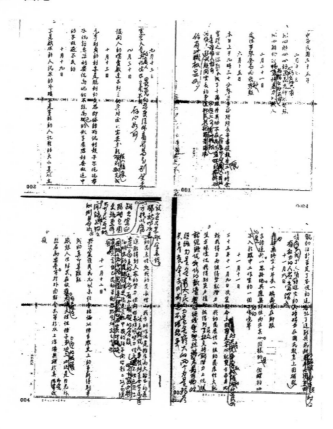

國民政府的內政外交研究——
以《宋子文檔案》為中心

吳景平*

壹、人物檔案對於民國史研究的關係

目前中國大陸的國家和地方兩級政府檔案館所藏歷史檔案,大體以機構檔案為主,個人檔案為次。如位於南京的中國第二歷史檔案館(以下簡稱二檔館)是大陸地區集中典藏民國時期檔案的國家級檔案館,藏量豐富,共有1,354個全宗、220萬卷,但其中個人檔案僅有52個全宗,約8,000卷,涉及到的人物有蔣介石、孔祥熙、馮玉祥、翁文灝、郭泰祺、蔡元培、張靜江、朱啓鈐、熊希齡、顧維鈞、丁文江、陳布雷等。其中孔祥熙的檔案還是以其活動的部門為線索,將直接相關重要的檔案資料從館藏其他全宗中彙集而成的。

上海市檔案館典藏各類檔案共2,117個全宗,280餘萬卷,其中絕大部分是黨機構、工商團體、企業、文教事業單位命名的全宗。嚴格意義的人物檔案全宗只有一個,共385卷,且係根據收集來的零散檔整理而成。

* 上海復旦大學歷史學系教授

重慶市檔案館典藏民國時期的檔案有370個全宗，468,790餘卷。該館館藏的近代人物檔案，雖然豐富，但並無一個獨立的專門全宗，而是散見於各個全宗的不同案卷之中。如蔣介石、孔祥熙、陳立夫、馮玉祥、何應欽、陳誠、張伯苓、郭沫若、陶行知等民國人物，抗戰時期主要在重慶活動，但他們的個人檔案主要在各個組織機構案卷之中，其內容主要是他們與重慶地方政府及有關人物往來函件、手令及部分活動記錄。

臺灣國史館現藏史料中，人物檔案包括總統文物和個人史料，如蔣介石、汪精衛、閻錫山、蔣經國、陳誠等十餘個全宗，雖然內容十分豐富重要，相對於該館所藏的諸多機構檔案（包括國民政府、各院、各院屬部會等），也屬於少數。

學術文化機構藏檔，則往往多以人物檔而聞名。如上海市圖書館藏《盛宣懷檔案》；臺灣中研院近史所藏《胡適檔案》、《丁文江檔案》、《朱家驊檔案》、《居正檔案》等；美國哥倫比亞大學珍本手稿館藏《顧維鈞檔案》、《陳光甫檔案》、《張學良檔案》、《熊式輝檔案》等；美國史丹福大學胡佛研究所藏《宋子文檔案》、《孔祥熙檔案》、《張嘉璈檔案》、《黃郛檔案》、《史迪威檔案》、《魏德邁檔案》、《楊格檔案》等。

另外，在民國史著作中，使用人物檔案的情況已經漸多。以大陸中華書局2011年版多卷本《中華民國史》為例，列入參考文獻目錄並注明出處的就有：

一、大陸地區藏人物檔案

《蔡元培檔案》（二檔館）、《徐樹錚檔案》（二檔館）、《馮玉祥檔案》（二檔館）、《汪精衛檔案》（二檔館、上海市檔案館）、《陳公博檔

案》（上海市高等法院、二檔館）、《張作霖檔案》（遼寧省檔案館）、《張靜江檔案》（二檔館）、《周佛海檔案》（江蘇省檔案館）、《吳稚暉檔案》（二檔館）、《褚民誼檔案》（江蘇省檔案館）

二、海外及臺灣地區典藏人物檔

《丁文江檔案》（中研院近史所）、《趙恒惕檔案》（中研院近史所）、《蕭宜增檔案》（黨史館）、《蔣介石檔案》（國史館）、《陳誠檔案》（國史館）、《閻錫山檔案》（國史館）、《李漢魂檔案》（哥倫比亞大學珍本手稿圖書館）、《陳立夫檔案》（哥倫比亞大學珍本手稿圖書館）、《張發奎檔案》及日記（哥倫比亞大學珍本手稿圖書館）、《顧維鈞檔案》（哥倫比亞大學珍本手稿圖書館）、《熊式輝檔案》（哥倫比亞大學珍本手稿圖書館），《宋子文檔案》（史丹福大學胡佛研究所）、《張嘉璈檔案》及日記（史丹福大學胡佛研究所）、《居里檔案》（史丹福大學胡佛研究所）、《胡漢民檔案》（哈佛大學燕京學社）等等。

總的看來，民國人物檔案得到了越來越多的研究和利用，但是，從中國大陸地區學者的角度出發，對於臺灣及海外有關國家所藏人物專檔的瞭解遠遠不夠，遑論充分應用。以下為本人數年來查閱民國人物檔案的一些體會，供同學們參考。

貳、與國民政府研究相關的主要人物專檔簡介
一、蔣中正總統文物（國史館典藏）

蔣介石的簡歷毋庸贅言。作為國史館典藏之《蔣中正總統文物》（以下簡稱《蔣檔》），集國民政府內政外交、體制機制、組織人事諸領

域的重要史料之大成，是研究自國民革命以來各重要事件和人物時，需要首先檢索的人物專檔。

舉一個較國民黨政權爲冷僻的例子。1935年的「新生事件」發生在上海，《新生》週刊登載了一篇筆名「易水」的雜文〈閒話「皇帝」〉，因裡面提及日本天皇，在日本方面的屢屢施壓之下，該刊主編杜重遠被判入獄。本人在上海市檔案館檢索「新生」和「杜重遠」，並無實質性的發現。但是查了國史館的《蔣檔》，找到了多份相關史料，其案卷號、標題及日期如下：

> 蔣中正總統文物002080200237017蔡勁軍電楊永泰呈蔣中正特區法院開新生週刊事件第二次庭訊杜重遠被判處十四個月判決後有少數中國青年當庭散發反動傳單當經制止及蔣中正回電悉1935-07-09 1935-07-12
>
> 蔣中正總統文物002080200237069吳鐵城函楊永泰抄呈與日本總領事石射豬太郎接洽新生週刊事談話記錄 1935-07-11
>
> 蔣中正總統文物002080200239035戴笠電蔣中正立委董其政等對法院判決新生事件杜重遠徒刑不滿聘律師向法院聲請上訴等 1935-07-19
>
> 蔣中正總統文物002080200240029陳果夫電蔣中正與日交涉新生週刊事件請可否准齊世英趨成都面謁請示對日外交意見及蔣中正回電暫勿約齊世英1935-07-19
>
> 蔣中正總統文物002080200455055吳鐵城電蔣中正上海新生週刊侮辱日本皇室案已應日方要求辦理並將該刊負責人員杜重遠等移請租界法院起訴情形等文電日報表1935-07-04
>
> 蔣中正總統文物002080200455135何應欽吳鐵城等電蔣中正據蕭振瀛來電稱因察哈爾事待理中止赴四川及上海特區高二分院判決新生週刊負責人杜重遠徒刑立即執行等文電日報表1935-07-10

這些文電是迄今為止本人所見到的國民黨當局就「新生事件」對日交涉情況的最詳盡的記錄，也是探尋蔣介石所起作用的重要文件，有助於理解同時期國民黨中政會速記錄（藏於國民黨黨史館）的相關內容。

應當指出，隨著近年來《蔣中正日記》在學界和社會的持續高溫，尤其應當強調《蔣檔》的重要性。《蔣中正日記》提到的人和事，限於文字篇幅，往往是「點到即止」；且迄今為止無法檢索其內容，以至於要以《蔣中正日記》為基本史料來進行專題性研究，幾乎是不可能的。但《蔣檔》就不同了。《蔣中正日記》中提到的，基本上在《蔣檔》中都可以找到較為系統的資料，來龍去脈，前因後果，甚為明瞭。如關於抗戰初期汪精衛集團之外的國民政府方面與日方的祕密接觸，不少研究者定位於「祕密謀和」、「洽和」，這在《蔣中正日記》中也有多處提及，但均語焉不詳。而在國史館藏《蔣檔》中，有標名為「和平醞釀」的專題文檔六組，內容極為詳盡，而罕見有學者公開徵引。至於《蔣中正日記》中沒有提到而在《蔣檔》中有著詳實記載的人或事，則是太多了。例如，只要把《蔣檔》中的「籌筆」目錄或任意拿一冊事略稿本，比照相應的日記，便可以很清楚瞭解《蔣檔》史料價值的不可替代。

二、《孔祥熙檔案》（美國史丹福大學胡佛研究所典藏）

孔祥熙早年留美，畢業於歐柏林大學，曾任國民政府工商部長、實業部長、行政副院長和院長、財政部長、中央銀行總裁，是著名的宋氏家族長女宋靄齡的丈夫。史丹福大學胡佛研究所藏《孔祥熙檔案》，係孔祥熙長女孔令儀於2006年捐贈，計有103盒，其中100盒為常規尺寸檔，3盒為oversize材料。經整理和技術處理後，已有51盒自

2010年1月起開放，以縮微膠片（68卷）方式提供閱讀，包括發言、談話、往來函電、會議和會談記錄，內容涉及政治、經濟、外交等。以下內容值得關注：

1、西安事變：孔檔第2盒第12、13兩個資料夾，共160餘頁，主要是自1936年12月13日起的往來電報，包括事件解決進程中標誌性節點第一時間的密電，如宋子文初抵西安、宋子文偕宋美齡共抵西安、蔣介石宋美齡及端納脫離西安等。另有孔祥熙要求特赦張學良致國民政府文稿、大量關於陝甘善後檔，包括宋美齡致閻寶航電稿等。

2、張學良往來函：孔檔第3盒第1資料夾，約90頁。實際內容既有孔祥熙與張學良之間的往來函電（如中原大戰後期張學良表態支持南京），也有西安事變解決後孔祥熙與蔣介石之間關於如何處置張學良及西北善後的電文。

3、與其他人物往來函：涉及多位重要人士，如

（1）閻錫山、馮玉祥函電：孔檔第1盒第2至第5資料夾。

（2）汪精衛、胡漢民函電：孔檔第4盒第8至第11資料夾。時間為1935至1938年。

（3）陳光甫函電：孔檔第9盒第1資料夾。

4、英文函電：孔檔第7盒第3至第10資料夾、第8盒第1至6盒，時間為1917年至1948年。

5、財經類專題檔：主要有

（1）貿易委員會：第9盒第5資料夾。

（2）海關事務：第9盒第7資料夾。

（3）外匯委員會：第9盒第8資料夾。

（4）金融與銀行：第13盒第3至第4資料夾。

（5）工商部：第17盒第1至第3資料夾。

（6）中央銀行：第17盒第4至第6資料夾、第35盒第16-21頁。

（7）四聯總處：第17盒第7資料夾。

（8）中國農民銀行：第17盒第8資料夾。

（9）中央信託局：第17盒第10資料夾。

（10）稅則：第18盒第1至第8資料夾。

（11）四行：第19盒第1至第3資料夾。

（12）經濟委員會：第21盒第1至第6資料夾、第22盒第1至第4資料夾。

（13）財政部：第35盒第22至26資料夾、第49盒第4資料夾。

（14）戰時金融委員會：第44盒第11至第20資料夾。

（15）貨幣政策、稅制、貨幣管理：第45盒第1至第6資料夾。

6、中國國民黨：這部分檔案在已經開放的案卷中占有很大的比例，具體有

（1）中國國民黨全國代表大會：第30盒第1至第7資料夾、第31盒第9至第20資料夾、第32盒第4、6至第7資料夾。

（2）中國國民黨中央執行委員會：第26盒第2至第8資料夾、第27盒第1至第12資料夾、第29盒第2至第12資料夾、第30盒第8資料夾、第10至12資料夾、第31盒第1至第8資料夾、第32盒第1資料夾、第32盒第6至第10資料夾、第33盒第14資料夾、 第34盒第15資料夾。

（3）中國國民黨中政會：第35盒第1至第15個資料夾、第34盒第5至15資料夾、第35盒第1至6資料夾。

（4）中國國民黨中常會：第32盒第2至第3、第5資料夾。

7、行政院：第36盒第1至第3資料夾、第43盒第10至24資料夾、第44盒第1至20資料夾，第45盒第7至12資料夾，第46盒第1至14資料夾、第48盒第1至第4資料夾、第49盒第1至3資料夾、第50盒第1至10資料夾、第51盒第1至18資料夾。

8、國防最高委員會：第38盒第11至14資料夾、第39盒第1至13資料夾、第40盒第1至18資料夾。

9、國民會議：第41盒第1至28盒、第42盒第1至20資料夾、第43盒第1至第9資料夾。

除了史丹福大學胡佛研究所藏《孔祥熙檔案》之外，在美國哥倫比亞大學珍本手稿圖書館較早便開放有孔祥熙的口述歷史文字稿和部分檔案的微卷。微卷中有關於西安事變的函電，其中第一部分各資料夾包含381份函電；此外值得提及的有行政院檔（會議記錄和報告等）、1936-1944年期間駐外大使館致外交部和孔祥熙的電文；1944年10月29日顧翊群、宋子良、席德懋、冀朝鼎關於美軍清算美軍墊款的說明函等。

三、《顧維鈞檔案》（哥倫比亞大學珍本手稿圖書館典藏）

顧維鈞早年留學美國哥倫比亞大學，專攻國際關係，獲得博士學位，回國後供職北京民國政府，是出席巴黎和會與華盛頓會議中國政府代表團成員，後曾任北洋政府外交部長、內閣總理；國民政府時期先後駐法國公使、大使，駐英國和美國大使，後任職國際法院大法官。

上世紀六十年代，美國哥倫比亞大學對顧維鈞進行口述訪談時，在唐德剛先生的建議下，顧維鈞將這批畢生積累、保管的檔案捐獻給

了母校哥倫比亞大學。目前美國哥倫比亞大學珍本手稿圖書館收藏的
《顧維鈞檔案》經過整理的有227盒，尚有50多盒仍未被整理。目前所
見《顧維鈞檔案》中，內容最早的爲1906年中英關於西藏問題的談判
檔案，以及民初開始職業外交官生涯的檔案，包括1913年西姆拉會議
關於西藏問題的文件，巴黎和會、華盛頓會議，北洋時期其他外交交
涉文件，1931年九一八事變後參加李頓調查團的檔案，以及任駐法、
英、美公使大使時期（1932-1956），國際法院法官時期（1957-1966）的
檔案，並有國聯文件、聯合國文件和諸多重要國際會議和組織的檔案
等等。顧維鈞在各個時期的日記、書信、電報、會談記錄等資料，有
非常完好的保存。由於顧維鈞特殊的人生經歷和身分地位，他的個人
檔案的內容超出了其個人職業、甚至中國外交的範疇，還廣泛涉及民
初以來中國政治、軍事、社會、經濟、文化各個領域，以及諸多中外
名人。顧維鈞檔案數量之大、涉及事件之廣而重要，在民國人物檔案
中極爲罕見。雖然國內外諸多學者曾閱讀和使用過這批資料，但由於
整體上的數量過於巨大、內容極其龐雜，其中大量是英文，還有不少
是法文，這就給檔案整理者、研究者帶來了諸多困難，所具有的學術
價值仍未被充分挖掘。目前，哥倫比亞大學與上海市圖書館已經達成
協議，開始合作進行顧維鈞檔案的數位化專案，相信這一工作將有助
於《顧維鈞檔案》的開發和利用。

四、《陳光甫檔案》（哥倫比亞大學珍本手稿圖書館典藏）

　　陳光甫爲民國時期知名銀行家，自1915年創辦上海商業儲蓄銀行
後，長期擔任總經理，該行爲著名的「南三行」之首。抗戰前後兩度代
表國民政府赴美談判財經援助；後擔任中英美聯合平準基金會主席。

目前上海市檔案館收藏有上海商業儲蓄銀行檔案，總數達10,000餘卷。哥倫比亞大學所藏爲陳光甫個人檔案，是根據原中國銀行總經理張嘉璈的建議，由陳光甫本人於1962年底至1963年初捐贈給哥倫比亞大學，入藏哥大珍本手稿圖書館。陳光甫捐贈時所附清單顯示，檔案分爲140餘卷，大部分有標題。根據陳光甫的要求，這批檔案命名爲"K.P. Chen Papers"，整體入藏，不能與哥大圖書館其他檔混雜，在陳光甫去世後可以開放提供學者查閱。《陳光甫檔案》經整理後開放，共分9盒，各盒標題爲：

第1盒：1936年白銀使命。

第2、3盒：1938年借款使命。

第4盒：世界貿易公司。

第5盒：1941-43年的平準基金與平準基金委員會。

第6盒：1947-48年的外匯平衡基金委員會。

第7盒：專題資料，主要有：陳光甫撰寫的上海銀行戰後經營方針、自傳資料、幣制改革檔、國際經濟會議文件、1936-1947年間致蔣介石孔祥熙等人函稿、1947-1948年國務會議檔、1947-1948年美援檔、上海銀行1949年1月編印之《陳光甫先生言論集》、上海銀行1949年2月編印之《本行生長之由來》、臺灣中國旅行社1963年編印之《中國旅行社簡史》等。

第8盒：陳光甫撰寫之日記、信函、備忘錄、演講稿等（1942-1947年）。

第9盒：陳光甫撰寫之日記、信函、備忘錄、演講稿等（1948年至1950年6月）。

除了上述9盒《陳光甫檔案》之外，哥大珍本手稿圖書館還收藏著

陳光甫的口述歷史稿。

哥倫比亞大學典藏《陳光甫檔案》，重點不在上海商業儲蓄銀行的經營管理，而是陳光甫受命於國民政府所擔任的幾次特殊使命，即1936年赴美國洽商與簽署白銀協定；1938-1940年間在美國達成的桐油借款和滇錫借款協定，期間設立復興商業公司和世界貿易公司；1941-1943年出任中英美平準基金會主席；1947-1948年出任國民政府外匯平衡基金委員會主席。與已經開放和刊行的其他文獻相比，哥倫比亞大學典藏《陳光甫檔案》具有不可替代的重要價值。

參、《宋子文檔案》的概況

宋子文早年就讀與上海聖約翰大學，後留學美國哈佛大學，主修經濟學，畢業後又曾就讀於哥倫比亞大學。宋子文曾擔任孫中山先生的英文秘書，後擔任過中央銀行行長（1924-1927）、總裁（1928-1933）、財政部長（1925-1933）、中國銀行董事長（1935-1944）、駐美代表（1940-1943）、外交部長（1941-1945）、行政院副院長（1928-1933）、院長（1945-1947）、廣東省政府主席（1947-1949）。宋子文還長期爲國民黨中央委員、中央政治委員會委員。雖然在大陸、臺灣和海外的政府檔案機構中都收藏有涉及到宋子文的檔案，但典藏於史丹福大學胡佛研究所的宋子文個人檔案，則爲中外研究者最爲關注。這是因爲，胡佛研究所藏《宋子文檔案》，係宋子文本人生前各個時期收集、整理，晚年保存在其紐約寓所的檔。1971年宋子文去世後，其家屬將這批檔案捐給胡佛研究所，1978年經過整理後，《宋子文檔案》部分開放；2003年宋美齡去世後，《宋子文檔案》中直接涉及宋美齡的

部分開放。美國政府對於《宋子文檔案》各盒的開放，均進行過審核，曾抽出過相當數量的敏感檔案，對於開放閱讀有所限制。目前經過整理、審查而開放的宋子文檔案共有65盒，數萬頁。

目前胡佛藏《宋子文檔案》主要內容及相應的分布為：

第1-10盒：英文信函（Correspondence）。

第11-19盒：英文公務文件（Office File）。

第20-34盒：英文主題檔（Subject File）。

第34盒：英文演講稿和文稿（Speeches and Writings）。

第34-37盒：原先送審後解密的英文文件。

第38、39、41-42盒：中文函電稿。

第43-44盒：中文主題檔。

第45-57盒：原先送審後解密的中文檔。

第40、65盒：超大尺寸檔（Oversize Material），包括圖表，地圖，報告書等。

第58、59盒：與蔣介石往來函電。

第60-64盒：其他專題文件。

此外，《宋子文檔案》還包括了專門的影像、照片資料。

肆、從《宋子文檔案》看國民政府的政治體制及其運作

宋子文在上世紀二十年代和三十年代主持財政部和中央銀行期間，便與蔣介石多次發生衝突。按照國民政府的相關制度規定，宋子文數次拒絕了蔣介石在預算外的經費需求。而到了1933年，這方面的

衝突發展到了以宋子文辭去在國民政府中的主要職務而暫告平息。當時為了解決宋子文的辭職問題，蔣介石不得不數次徵求國民黨中常會和中政會主要成員的意見，以求達成一致。

1933年宋子文辭職之後，於1935年出任中國銀行董事長，但這一職位並非國民政府的行政職位。直到1940年6月，宋子文以蔣介石私人代表的身分駐美，1941年12月被任命為外交部長，但依然駐美，直到1943年10月回國。

《宋子文檔案》及其他相關文獻（如《中華民國重要史料初編》第三編戰時外交）顯示了不同階段裡國民政府對美交涉的體制和相應人士是不同的。

一、王正廷使美階段（1937-1938）

在王正廷使美階段，作為最高決策者的蔣介石本人並不直接決定對美交涉具體事宜，而是由行政與財經主官孔祥熙代表國民政府直接處理；在美國，則由駐美大使王正廷從事尋求財經援助的工作，並向行政院長孔祥熙直接報告；蔣介石並不繞開孔祥熙直接對王具體指示。時任中國銀行董事長的宋子文並不介入對美交涉，僅限於關注其所在之中國銀行對美借款事項中，應承擔之責任義務和相應之權益。

二、陳光甫駐美階段（1938-1940）

蔣介石（最高決策者）

孔祥熙（行政與財經主官）

胡　適（駐美大使）

陳光甫（駐美特使）

在陳光甫駐美階段，雖然蔣介石對於中美關係的大局和政治領域問題較爲關注，但依然由孔祥熙代表國民政府直接負責對美財經關係，處理由孔祥熙委派的特使陳光甫爲主、繼王正廷之後出任駐美大使的胡適爲輔的尋求美國財經援助工作；蔣介石並不繞開孔祥熙直接對陳具體指示，駐美大使胡適對於陳光甫進行的工作基本上也是知曉的。宋子文也並不參與對美交涉，但關注對美借款事項涉及中國銀行的方面。當時在國民政府總的外交決策體制中，蔣介石是最高和最後的決策者，並非都是蔣介石一個人說了算，孔祥熙、孫科、王世杰、張群等人都會參與決策商議過程，但宋子文卻被排除在外。

三、宋子文駐美時期（1940-1943）

宋子文駐美階段，在對美外交中關乎全域性、政治性的問題上，蔣介石掌控全域，並在重慶直接從事重大交涉，如多次會見美國大使（如詹森大使、高思大使）、特使（如羅斯福的助理居里）、軍事代表（如馬格魯德和史迪威）；宋子文則在美國承擔了主要的工作，駐美大使胡適則處於輔助地位。

胡適在其日記和書信中都提到，自從宋子文來到美國之後，胡收到蔣介石的電文明顯減少，意思是宋子文居中阻撓。但《宋子文檔案》顯示，是蔣介石首先明確要求宋子文對美尋求美國援助時繞開胡適。宋子文抵美初始便得到蔣介石明確電示：「耀密。借款事不必與胡使相商，請兄逕自進行爲便。此時擬召胡使回國，未知有否不便之處。」以後，蔣介石與宋子文之間多次談到取代胡適駐美大使的人選問題，雖然宋子文當時無論在行政院還是外交部都沒有任何職位。

宋子文對陳光甫在美設立的世界貿易公司也基本上撤開，另行

組織了國防物資供應公司，在美註冊運作。這點也有蔣介石的明確電示：「微（五日）電悉。購機事不可委託世界公司。請兄要以此爲重要任務，全力以赴之。中正手啓。」

　　蔣介石還在其日記中多次表示了不滿，如：「胡適、郭泰祺與陳光甫等，毫無志氣，不知責任，更無國家觀念，惟以私利權位爲謀，對於此等政客奸商官僚不道非人之所爲，時起忿憤，不可抑止，豈不自小哉。」（《蔣中正日記》1941年12月6日）而此時胡適爲駐美大使，郭泰祺爲外交部長，陳光甫則爲中英美平準基金會主席。

　　當時孔祥熙作爲行政院副院長、財政部長和中央銀行總裁，直接分工處理財經領域，包括對外財經關係，是體制和制度安排的體現；孔要求直接瞭解宋開展對美接洽的具體情況，並對如何進行對美交涉發表意見，進而全面掌握所獲得財經援助的使用權。而宋子文自駐美伊始，便要求只對蔣介石負責，主要向蔣介石報告對美交涉情況並接受蔣的指示。這樣一種完全不同與王正廷、陳光甫階段的方式的確立和維繫，是宋子文所力主的，並且基本上得到蔣介石的首肯和支持，其本質上卻是由戰時政治體制的基本特點——最終最高決策權集中於蔣介石所決定的，但卻與當時的制度安排不盡相符。

伍、從《宋子文檔案》看國民政府與主要大國的關係

一、對英國外交

　　宋子文無論是駐美代表還是外交部長，都直接參與了對英國的交涉，如在美國、加拿大參加盟國領導人會議和軍事協商會議期間，多

次與邱吉爾等人就中國戰場的地位、反攻緬甸、西藏問題進行交涉；
1942年底1943年初，宋子文與英國大使薛穆進行了中英新約談判；
1943年7月至8月，宋子文還對英國進行過正式訪問。

二、對美國外交

　　戰時，宋子文長期駐美，設立過國防供應公司，廣泛結交美國
政府各階層各部門負責人，與美國總統羅斯福、總統特別助理霍普金
斯、國務卿赫爾多次會談，涉及到當時中美關係諸多重大問題。宋
子文駐美時期達成了多筆借款，包括鎢砂借款（1940年）、金屬借款
（1941年）、平準基金借款（1941年）、五億美元財政借款（1942年）。另
外，圍繞美國對華租借援助，以及中國對於美國的回惠租借關係，宋
子文與美方進行的具體接洽的次數就更多了。宋子文直接參與和處理
了蔣介石對於美籍政治顧問拉鐵摩爾聘任，直接與美國陸軍部長史汀
生討論過史迪威來華後的基本職權，更與美國高層人士多次討論過撤
換史迪威的問題。而抗戰後期宋子文與蔣介石的嚴重衝突，也是因史
迪威事件而引發。1944年底起宋子文出任行政院代理院長、院長後，
參與了多項對美交涉。

三、對蘇俄外交

　　宋子文非常關注中國對蘇俄關係的狀況，尤其爲1945年7、8月間
的莫斯科會談，做了大量準備，包括研究自清末以來中蘇之間達成的
主要雙邊協定及相關檔。在莫斯科會談期間，宋子文與蘇俄最高領導
人史達林、外交部長莫洛托夫進行了多輪十分艱難的會談，曾力圖在
外蒙古獨立、旅順租與蘇方爲軍港、大連爲自由港、中長鐵路合營等

問題上，盡可能維護中國的主權與主要利益；在談判進程中，宋子文與蔣介石之間有著密切的電報往來。《宋子文檔案》中十分完整地保存著與蘇方歷次會談的中文和英文兩套記錄，宋子文與蔣介石之間歷次往來電報稿，中蘇達成各項協定的中方擬稿及修訂過程稿。

四、若干重大國際交涉案例

《宋子文檔案》中有若干重要國際會議的文件，如1943年莫斯科外長會議，1945年的聯合國制憲大會即三藩市會議。其中莫斯科外長會議文件，主要是宋子文與駐蘇大使傅秉常之間的往來電報。而三藩市會議的文件，則包括宋子文赴美參會期間與蔣介石和外交部之間歷次往來電報、三藩市會議各階段的會議記錄和通過的會議決議案、中方為參見三藩市會議準備的各項文件。

陸、結語

最後需要指出，在運用《宋子文檔案》研究具體個案時，應當與其他直接相關的檔案文獻結合起來。如關於西安事變，《宋子文檔案》中有其本人的日記和他的副官的日記，彌足珍貴；另外還有此後較長時期內宋子文關心被管束中的張學良、關心在海外的張學良夫人于鳳至，以及張的子女的大量檔案。但是，如果要全面研究宋子文對於西安事變和張學良的態度，無疑還要全面把握國史館藏《蔣檔》、《國民政府檔案》和《閻錫山史料》，胡佛研究所及哥倫比亞大學藏《孔祥熙檔案》中的相關內容等等。